数学解题新思路

奇妙接龙法

徐世震　著

苏州大学出版社

图书在版编目(CIP)数据

奇妙接龙法/徐世震著．—苏州：苏州大学出版社，2010.7（2012.3 重印）
ISBN 978-7-81137-497-1

Ⅰ．①奇…　Ⅱ．①徐…　Ⅲ．①数列-中学-课外读物
Ⅳ．①G634.603

中国版本图书馆CIP数据核字(2010)第124825号

奇妙接龙法
徐世震　著
责任编辑　李　娟

苏 州 大 学 出 版 社 出 版 发 行
（地址：苏州市十梓街 1 号　邮编：215006）
宜兴市盛世文化印刷有限公司印装
（地址：宜兴市万石镇南漕河滨路 58 号　邮编：214217）

开本 787mm×960mm　1/16　印张 11　字数 195 千
2010 年 7 月第 1 版　2012 年 3 月第 2 次印刷
ISBN978-7-81137-497-1　定价：26.00元

苏州大学出版社营销部　电话：0512-65225020
苏州大学出版社网址 http://www.sudapress.com

自 序

求学时，同学赐我雅号："傻子，杜撰先生！"缘由是，我有疑问，曾在课上请教老师，引发哄堂大笑，搅扰课堂气氛. 我的疑问是："课本上只谈等差数列与等比数列，为什么不见等和数列和等积数列？"年少无知，荒唐疑问，真是傻到极点！

当我甘为人梯登上三尺讲台后，鬼使神差又让陈年旧疑萦绕脑际……

一天，偶阅一书刊有范例：计算 $\sum_{i=1}^{n} i^5$，细读其解，冗繁乏味，乃漫步静思良策. 回首骤见小侄女与伙伴在玩名为"接龙"的扑克牌游戏，停观揣摩，体味游戏规则，似有所悟，遂即试笔探索，竟获简捷解法，因而将思路冠名"接龙法". 接龙法使我开窍，释我陈年旧疑. 苦苦追索等和数列所蕴玄理，聚得涓涓之流，终于集成《奇妙接龙法》书稿，迟迟付梓，唯恐难以相契当今时令.

本书将递推数列分成两大类：一是线性递推数列；二是非线性递推数列. 书中郑重陈述等和数列即是等积数列，两者合一，深蕴玄理. 等和数列是一阶或二阶线性递推数列，而等积数列却是非线性递推数列. 这种奇异数列独具矛盾对立两重性——既属线性递推数列，又属非线性递推数列，岂可遗忘！辨析玄理，略陈管见点滴：

1. 具有矛盾对立两重性的奇异数列，本身就凸显线性递推数列与非线性递推数列存在通用求解法则的可能性. 等和数列能成为沟通线性递推数列与非线性递推数列的桥梁.

2. 运用接龙法开创新思路，架构一个公式化模式，既能应用于求线性递推数列的通项，又能兼用于求前 n 项和，使得等比数列、等差数列与高阶等差数列、等和数列与高阶等和数列、差比数列与高阶差比数列，以及一类混合数列共享统一解法.

3. 由等积数列推广到一般形式——线性分式递推数列，可以架构线性分式递推数列的通项模式. 将架构原理应用于探索其他非线性递推数列的求解思路，此举乃是上策.

4. 数列 $\{a_n\}$ 存在极限，自古即有经典求解法则，即是假设 $a_{n+1}=a_n=x$ 作代换,转化为关于 x 的一元方程而求解.本书在架构线性分式递推数列的通项模式时,也运用这种古老的经典法则,并赋予其崭新生命力,证实该法则在不存在极限的问题中也可施行.这种循环蜕变是质的飞跃,体现对立统一规律具有强劲的创新原动力.

5. 探索线性分式递推数列的特征根时发现:该数列的通项 $a_n=f(n)$ 必须定义在整数集 **Z** 上方能获得正确理解,因而新概念"双翼数列"自然而然凸显.再者,由于我国近年已对自然数概念作了修正(属于传统理念的自然数集记作 $\mathbf{N}^*$,修正理念的自然数集记作 **N**),因而大量的权威参考书在探究数列 $\{a_n\}$ 时,引进 a_0,并将该数列通项 $a_n=f(n)$ 定义在 **N** 上.凡此种种,笔者认为已经搅扰传统经典理念下的通项概念,时至今日,未见权威性定论公示.

众所周知,既然数列的通项 $a_n=f(n)$ 是定义在 $\mathbf{N}^*$ 上的函数,那就必须与经典函数概念相契.譬如说,经典理念认为两个函数 $y=f_1(x)$ 与 $y=f_2(x)$ 当且仅当解析表达式相同且定义域相同时,方称是相同的函数.这是一条必须遵循的原则.现在再探本书第三章中的例 3.15,在原题中部分如此描述:

已知数列 $\{a_n\}$ 中,$a_1=5$,$a_2=2$,$a_n=2a_{n-1}+3a_{n-2}(n\geqslant 3)$,….

兹录该题两种描述答案的形式如下,以供思考.

$$a_{n-2}=\frac{1}{4}[13\times(-1)^{n-3}+7\times 3^{n-3}](n\geqslant 3\text{ 且 }n\in\mathbf{N}), \quad (1)$$

$$a_n=\frac{1}{4}[13\times(-1)^{n-1}+7\times 3^{n-1}](n\in\mathbf{N}^*). \quad (2)$$

考察(1)式,与原命题叙述十分贴切.

考察(2)式,与传统经典理念十分吻合.

作为典范性答案是不是应该认同(2)式?为什么?

6. 采用数列作为"MM"的"MMM",能覆盖数学许多层面,特别在函数方程方面尤显奇异有趣.

追忆年少傻想疑问,谁能预料疑问还能滋润思维,从中更能品出无限乐趣.傻子傻想,还想表白表白新鲜的傻想疑问,提供疑问之前先申明:

(1) 下面所选疑问的探索程序中特地安插一种古老的代换法则,旨在说明赋予它新生活力——数列不存在极限时也可施行.

(2) 探索过程中每个步骤均作诠释,具体内容附在括号之内.

(3) 每例由初始条件 a_1 可以探究 a_2,从而判断数列 $\{a_n\}$ 不存在极限,在下面的探索程序中不再重复诠释.

提供的疑问是:

辨析所列各例对采用的代换法则作出的诠释是否合乎情理?是否堪称完美?

请公正评判.

【疑问 1】 已知数列$\{a_n\}$满足$a_{n+1}+a_n=5$,且$a_1=2$,试诠释:

$$a_{n+1}+a_n=5\Leftrightarrow(-1)^n\left(a_{n+1}-\frac{5}{2}\right)=(-1)^{n-1}\left(a_n-\frac{5}{2}\right).$$

诠释如下:令$a_{n+1}=a_n=x$,代入$a_{n+1}+a_n=5$,得

$2x=5\Rightarrow x=\frac{5}{2}$(有限数$\frac{5}{2}$在欧氏直线轴上可以定位),

所以$a_{n+1}+a_n=5\Leftrightarrow a_{n+1}-\frac{5}{2}=-\left(a_n-\frac{5}{2}\right)$(代换法则有助滋生递推因子$a_{n+1}-\frac{5}{2}$与$a_n-\frac{5}{2}$,则$5=\frac{5}{2}+\frac{5}{2}$说明是等价代换)

$$\Leftrightarrow(-1)^n\left(a_{n+1}-\frac{5}{2}\right)=(-1)^{n-1}\left(a_n-\frac{5}{2}\right).$$

注 疑问 1 示明:运用古老法则探究等和数列,合理合法,不言而喻.而等和数列即等积数列,再由各项都不为零的等积数列引申推广为线性分式递推数列,由此,古老法则成为架构该数列特征方程的主干元素.古老法则起了质的飞跃,并在探索非线性递推数列求解思路中发挥强劲作用.逆向思考:有了质变的古老法则,在属于线性递推数列的等和数列中占有合理合法地位,引人注目!

循此一脉相传的理念探索疑问 2、疑问 3、疑问 4,更能深刻认识这条古老法则的真谛.

【疑问 2】 已知数列$\{a_n\}$满足$a_{n+1}+a_n=n$,且$a_1=2$,试诠释:

$$a_{n+1}+a_n=n\Leftrightarrow(-1)^n\left[a_{n+1}-\frac{1}{4}(2n+1)\right]=(-1)^{n-1}\left[a_n-\frac{1}{4}(2n-1)\right].$$

诠释如下:令$a_{n+1}=a_n=x$,代入$a_{n+1}+a_n=n$,得

$x=\frac{1}{2}n$($n\to\infty$时,$x\to\infty$在欧氏轴线上无法定位,因此必须将欧氏直线添加无穷远点之后视为仿射直线,则可承认无穷大"∞"存在).

仿效疑问 1 作等价代换可得

$a_{n+1}+a_n=n\Leftrightarrow a_{n+1}-\frac{1}{4}(2n+1)=-\left[a_n-\frac{1}{4}(2n-1)\right]$(当$n\to\infty$时,

$\lim\limits_{n\to\infty}\dfrac{\frac{1}{4}(2n+1)}{\frac{1}{2}n}=\lim\limits_{n\to\infty}\dfrac{\frac{1}{4}(2n-1)}{\frac{1}{2}n}=1$,从而得知$\frac{1}{2}n\to\infty$、$\frac{1}{4}(2n+1)\to\infty$、$\frac{1}{4}(2n-1)\to\infty$是等价的,分别以$\frac{1}{4}(2n+1)$与$\frac{1}{4}(2n-1)$代换$\frac{1}{2}n$,既体现等价代换,又体现递

推性. 这种代换法则有助滋生递推因子 $a_{n+1}-\frac{1}{4}(2n+1)$ 与 $a_n-\frac{1}{4}(2n-1)$，从思维高品位视角审视可知：在疑问 1 与疑问 2 中代换法则同宗）.

从而即得

$$a_{n+1}+a_n=n\Leftrightarrow(-1)^n\left[a_{n+1}-\frac{1}{4}(2n+1)\right]=(-1)^{n-1}\left[a_n-\frac{1}{4}(2n-1)\right].$$

【疑问 3】 已知数列 $\{a_n\}$ 满足 $a_{n+1}-a_n=5$，且 $a_1=2$，试诠释：

$$a_{n+1}-a_n=5\Leftrightarrow a_{n+1}-5(n+1)=a_n-5n.$$

诠释如下：令 $a_{n+1}=a_n=x$，代入 $a_{n+1}-a_n=5$，得 $x-x=5$（在 $\mathbf{R}$ 上方程是矛盾方程，无解，因此必须再度探研）.

所以 $0\cdot x=5$（首先将"0"视为无穷小量，这样 $x\to\infty$，由于仿射直线容纳无穷大量，可无定位，因此必须将无穷大"∞"与有限数等同看待，这样的仿射直线称为射影直线）.

从而记作 $x=\frac{5}{0}\to\infty$（这是背经叛典、逼于无奈傻想所取的代号，承认分母为零时分数有意义，非合法的数学语言，不作为准；再者，当 $n\to\infty$ 时，$5(n+1)\to\infty$，$5n\to\infty$ 与 $\frac{5}{0}\to\infty$ 是等价的，它们之间的代换是等价代换）.

仿效疑问 1 作等价代换可得

$a_{n+1}-a_n=5\Leftrightarrow a_{n+1}-5(n+1)=a_n-5n$（从数学分析、射影几何视角审视疑问 1、疑问 2、疑问 3，代换法则同宗）.

【疑问 4】 已知数列 $\{a_n\}$ 满足 $a_{n+1}-a_n=n$，且 $a_1=2$，试诠释：

$$a_{n+1}-a_n=n\Leftrightarrow a_{n+1}-\frac{1}{2}(n+1)n=a_n-\frac{1}{2}n(n-1).$$

诠释如下：令 $a_{n+1}=a_n=x$，代入 $a_{n+1}-a_n=n$，得

$x-x=n$（$n\in\mathbf{N}^*$，矛盾方程在 $\mathbf{R}$ 上无解，因此必须再度探研）.

所以 $0\cdot x=n$（诠释与疑问 3 相同，从略）.

所以 $x=\frac{n}{0}\to\infty$（无奈取此代号，不作为准. 当 $n\to\infty$ 时，将 $x=\frac{n}{0}\to\infty$ 与 $n\to\infty$ 比较，可知 $x=\frac{n}{0}\to\infty$ 是高阶无穷大. 由此即知 $\frac{1}{2}(n+1)n\to\infty$、$\frac{1}{2}n(n-1)\to\infty$ 与 $x=\frac{n}{0}\to\infty$ 是等价的，它们间的代换是等价代换）.

所以 $a_{n+1}-a_n=n\Leftrightarrow a_{n+1}-\frac{1}{2}(n+1)n=a_n-\frac{1}{2}n(n-1)$（从高位思维视角审视

疑问 1、疑问 2、疑问 3、疑问 4，代换法则同宗）.

探研数列，对于 $n\to\infty$ 的研讨是无法回避的，对于 $x\in\mathbf{R}$ 也有经典著作描述 $x\in(-\infty,+\infty)$，不是充分说明无穷大“∞”在 $\mathbf{R}$ 上是不能承认它的！因此，正确认识无穷大是重要的、必要的探研课题. 如果在 $\mathbf{R}$ 上以恒等变换原理诠释接龙法基本定理，其深刻性何以体现？当然，以教学而言，作为教者应有“一桶水”，思维品位越高越好.

学习《自然辩证法》与《矛盾论》，获益匪浅，懂得对立统一规律是宇宙的根本规律，是唯物辩证法的实质和核心. 依循这条真理探研数列，新创接龙法架构线性递推数列通项模式定理，而将经典理念认为矛盾对立但具线性递推数列属性的一大批各色各样的数列纳入统一范畴以后，特别再与由等和数列拓展的具有最小正周期 $T=t+1(t\in\mathbf{N}^*)$ 的摆动数列（数列 $\{a_n\}$ 满足 $a_{n+t+1}+a_{n+t}+a_{n+t-1}+\cdots+a_n=$ 非零常数）的特征根是 $t+2$ 次单位根中的虚根互相挂钩时，思路豁然开朗. 又以接龙法新创架构线性分式递推数列通项模式定理（它是属于非线性递推数列的一族数列的统一求解公式），统一之后，又有新生矛盾出现. 首先傻想：什么原理可使矛盾对立的线性递推数列与线性分式递推数列重获统一（本书已有定论）？其次傻想：由线性分式递推数列求解模式的架构原理如何才能探索出其他非线性递推数列的合理求解思路（本书仅吐新芽）？莫道数列是科研小题，涉足方觉深奥如大海，波澜汹涌，又觉玄妙若长空，风云虚幻. 傻想易入“非想非非想处”，书中谬误难免，恳请批评指正.

目录

前 言

求解数学问题,贵在创新,此乃本书要旨.《奇妙接龙法》开宗明义,对传统经典理念弥缝补苴,以猎通古今之变!

1. 常数数列$\{a_n\}$是最最简易的一类数列,若$a_1\neq 0$,则该数列既是等差数列(公差$d=0$),又是等比数列(公比$q=1$),它的两栖性启发逆向思考:对于公差$d\neq 0$的等差数列与公比$q\neq 1$的等比数列,能否由它们所满足的逆推关系式分别经过等价变换而转化为新型的常数数列?本书独特新创接龙法作出肯定回答,继而运用接龙法深入探索传统经典范例,辩证剖析、筛选甄别、严谨论证,列出款款形变模式.

2. 按二阶常系数微分方程经典理念,彰显特征方程与特征根以协同接龙法架构k阶线性递推数列的统一求解模式定理(求通项与前n项和两者可兼用),潜心探研发现传统理念束缚产生的现象:r阶等差数列与r阶差比数列本是一对“孪生兄弟”,一个被传统理念视为宠儿扬名古今中外经典名著,另一个却鲜有论述. 20世纪60年代“弃儿”闯入《奇妙接龙法》书稿,迄今方付梓露面.

探一探特征根的非凡性能即可知晓:r阶等差数列是$r+1$阶线性递推数列,它的$r+1$个特征根都是1;而r阶差比数列也是$r+1$阶线性递推数列,它的特征根是$q\neq 1$.由特征根揭示一对孪生兄弟的血缘关系,两兄弟间的其他奥秘随之荡然无存.

3. “弃儿”回归焕发英姿,定然万众瞩目.力挺接龙法伴同“弃儿”壮行而创设如下定理:

定理1 设$\{a_n\}$为差比数列,且满足$a_n=[\lambda_{21}(n+t)+\lambda_{22}]q^{n-1}$($\lambda_{21},\lambda_{22},q,t$为常数,且$\lambda_{21}\neq 0,q\neq 1,t\in\mathbf{Z}$).

若$\dfrac{\lambda_{22}}{\lambda_{21}}=\dfrac{1}{q-1}$,则$a_n=\dfrac{\lambda_{21}}{q-1}[(n+t)q^n-(n+t-1)q^{n-1}]$.

定理2 设$\{a_n\}$为高阶差比数列,且满足$a_n=n(n+i)q^{n-1}$(i,q为常数,

且$q\neq1$).

(1) 若$i>0$且$i=\frac{q+1}{q-1}$,则

$$a_n=\frac{1}{q-1}[(n+1)nq^n-n(n-1)q^{n-1}];$$

(2) 若$i<0$且$i=\frac{q+1}{1-q}$,则

$$a_n=\frac{1}{q-1}[(n+i+1)(n+i)q^n-(n+i)(n+i-1)q^{n-1}];$$

(3) 若$i=0$,则

$$a_n=\frac{1}{q-1}\left[(n+1)n-\frac{q+1}{q-1}\cdot n+\frac{q+1}{(q-1)^2}\right]q^n-\frac{1}{q-1}\left[n(n-1)-\frac{q+1}{q-1}(n-1)+\frac{q+1}{(q-1)^2}\right]-q^{n-1}.$$

创设定理本意:辩证剖析,深刻领悟,结合对照例 2.3、例 2.4 进一步梳理思路,娴熟转化规律,而后亦能灵活作出有律转化.虽说接龙法可以由新创定理启蒙,但它却以自身潜力献技.细细咀嚼本书所言:r阶差比数列接龙法形变模式随r值变化而变化,但在变化中存在不变因素,此乃形变模式体现客观规律的核心,真是一语中的.

4. 由于传统经典理念认为等和数列与等积数列简易肤浅,致使等和数列与等积数列双双"隐姓埋名".其实此类数列本身具有矛盾对立的两重性——既属线性递推数列,又属非线性递推数列,貌似简易肤浅,实则深蕴玄理.遗忘也罢,复苏也罢,传统经典理念束缚产生的现象,难以抹尽.

由等和数列$\{a_n\}$满足$a_{n+1}+a_n=a_1+a_2(a_1a_2\neq0)$可得

$$a_{n+1}a_n=a_1a_2\neq0\Rightarrow a_{n+1}=\frac{t}{a_n}(t=a_1a_2\neq0). \quad (1)$$

而(1)式是线性分式递推数列$a_{n+1}=\frac{pa_n+t}{ra_n+s}$($p,t,r,s$为常数,且$r\neq0$,$p,t$不同时为零)的一个特例.

本书彰显特征方程与特征根的非凡性能以协同接龙法架构线性分式递推数列的统一求解模式,其架构原理能为探索非线性递推数列另辟坦途.

5. “MMM”是“数学模型方法”的简称. 本书以数列为“MM”伴随接龙法探索恒等式、不等式、三角、函数方程的求解思路，充分发挥离散型理念对于连续型问题的催化作用. 审视第六章中数处知识点：

(1) 诸多文献探究计算 $\left[\sum_{i=1}^{100}\frac{1}{\sqrt{i}}\right]$ 一题，提供了很多方法，本书新创求解公式：

定理　若 $n=p^2$ 或 $n=p^2-1$（$p\geqslant 2$ 且 $p\in\mathbf{N}$），则

$$\left[\sum_{i=1}^{p^2-1}\frac{1}{\sqrt{i}}\right]=\left[\sum_{i=1}^{p^2}\frac{1}{\sqrt{i}}\right]=2\,(p-1).$$

应用此公式不仅能快速回答原问题，而且还能扩大覆盖面，使其他大量命题获得圆满答案.

(2)《一个不等式问题的初等研究》（数学通讯 1998 年 5 月）是一篇高质量的文章，该文最后遗留下一个待解决的问题：

试问 $\sum_{i=1}^{1999}\frac{1}{\sqrt{i}}$ 的整数部分是 87 呢，还是 88？并说明理由.

本书例 6.10 对这一问题作出了回答.

(3) 本书例 6.15 是三角学中常见的一个题目，传统解法比较繁琐，难度较大，本书给出的解答不仅过程十分简捷，而且思路平直浅易.

(4) 以数列为“MM”探求函数方程的求解模式，结构新颖，趣味浓醇.

有鉴于特征方程、特征根的非凡性能以及传统经典理念束缚产生的现象，《奇妙接龙法》是对传统数列教材进行了新的探索. 本书例 3.15、例 3.16、例 3.17、例 3.18所阐发的 k 阶线性递推数列求解新理论体系，是一种创新的思维体系. 在提倡建设创新型国家的大背景下，《奇妙接龙法》若能为数列教材增添一种新的思路，将是对教育创新的一种贡献.

第一章　接龙法

探究数列问题，古今中外先哲确立典范题型：等差数列、$r(r\in \mathbf{N}^*)$阶等差数列、等比数列、$r(r\in \mathbf{N}^*)$阶差比数列等等，强化它们的矛盾对立，各自以不同思路构建互异的求解公式与法则，形成经典理念，奠定探求相关命题的解法导向.

面对千姿百态的数列命题，践行经典理念探索求解，往往感到思路迂回，甚至难以畅达终极，迷惘中偶然浮现司马迁名言：通古今之变！不禁勾起遐想：能否对传统经典理念弥缝补苴，以猎通古今之变？

辩证剖析各类数列的对立统一性，接龙法开启创新之路！

§1　一类数列问题的经典解法

计算 $\sum\limits_{i=1}^{n} i^p(n,p\in \mathbf{N}^*)$ 是数列问题中的经典范例，一般参考文献推荐如下经典解法(称为错位相消法)：

当 $p=1$ 时，由等差数列求和公式得

$$\sum_{i=1}^{n} i=\frac{1}{2}n(n+1).$$

当 $p=2$ 时，因为$(1+i)^3=1+3i+3i^2+i^3$，所以

取 $i=1$ 得　　$2^3=1+3\times 1+3\times 1^2+1$，

取 $i=2$ 得　　$3^3=1+3\times 2+3\times 2^2+2^3$，

取 $i=3$ 得　　$4^3=1+3\times 3+3\times 3^2+3^3$，

…　　…

取 $i=n-1$ 得　　$n^3=1+3\times (n-1)+3\times (n-1)^2+(n-1)^3$，

取 $i=n$ 得　　$(n+1)^3=1+3\times n+3\times n^2+n^3$，

以上 n 个等式两边分别相加并化简，得

$$(n+1)^3=n+1+3(1+2+3+\cdots+n)+3(1^2+2^2+3^2+\cdots+n^2)$$

$$\Rightarrow 3\sum_{i=1}^{n} i^2=(n+1)^3-(n+1)-\frac{3}{2}n(n+1)$$

$$\Rightarrow \sum_{i=1}^{n} i^2=\frac{1}{6}(n+1)[2(n+1)^2-2-3n]=\frac{1}{6}n(n+1)(2n+1).$$

当 $p=3$ 时，因为 $(1+i)^4=1+4i+6i^2+4i^3+i^4$，所以

取 $i=1$ 得 $2^4=1+4\times1+6\times1^2+4\times1^3+1^4$，

取 $i=2$ 得 $3^4=1+4\times2+6\times2^2+4\times2^3+2^4$，

取 $i=3$ 得 $4^4=1+4\times3+6\times3^2+4\times3^3+3^4$，

… …

取 $i=n$ 得 $(n+1)^4=1+4\times n+6\times n^2+4\times n^3+n^4$，

以上 n 个等式两边分别相加并化简，得

$$(n+1)^4=n+1+4(1+2+3+\cdots+n)+6(1^2+2^2+3^2+\cdots+n^2)+4(1^3+2^3+3^3+\cdots+n^3)$$

$$\Rightarrow 4\sum_{i=1}^{n} i^3=(n+1)^4-(n+1)-2n(n+1)-n(n+1)(2n+1)$$

$$=(n+1)(n^3+3n^2+3n-2n-2n^2-n)$$

$$\Rightarrow \sum_{i=1}^{n} i^3=\frac{1}{4}n^2(n+1)^2.$$

同理，依次类推可得出 $\sum\limits_{i=1}^{n} i^4,\sum\limits_{i=1}^{n} i^5,\cdots,\sum\limits_{i=1}^{n} i^p(n,p\in\mathbf{N}^*)$ 的计算公式.

若采用此法计算 $\sum\limits_{i=1}^{n} i^{10}$，则首先要求得 $\sum\limits_{i=1}^{n} i^p(p=1,2,3,\cdots,8,9)$，而后方可得出答案，但是这样很麻烦，由此引发探索这类数列问题的求解捷径的想法.

§2　接龙法基本定理

扑克牌游戏名目繁多，其中有一名曰“接龙”的，从中悟出一系列数学公式，运用它们求解有关数学问题，故而特称此法为“接龙法”.

2.1　三龙诀

例如，由三个连续整数 5，4，3 构成积式 $5\times4\times3$，按扑克接龙游戏术语呼之为“三节老龙”. 再按游戏法则：冠首则变成“四节新龙”$6\times5\times4\times3$，拖尾则变成“四节新龙”$5\times4\times3\times2$. 以上的“三条龙”可配搭构成等式：

$$5\times4\times3=\frac{1}{4}(6\times5\times4\times3-5\times4\times3\times2).$$

刻画这样的接龙法则，可拟成歌诀(称为三龙诀)：

冠首拖尾一老龙，摇身变成两新龙，

新龙节数除差数，仔细剖析乃老龙.

一般地，对于 t 节老龙 $(z+t-1)(z+t-2)\cdots(z+2)(z+1)z(t\in\mathbf{N}^*)$，按三龙诀处理如下：

冠首得一条 $(t+1)$ 节新龙 $(z+t)(z+t-1)\cdots(z+1)z$，

拖尾得一条 $(t+1)$ 节新龙 $(z+t-1)(z+t-2)\cdots(z+1)z(z-1)$，

新龙节数 $(t+1)$ 作为除数，两新龙差数作为被除数，即现老龙. 从而得等式：

$$(z+t-1)(z+t-2)\cdots(z+1)z=\frac{1}{t+1}[(z+t)(z+t-1)\cdots(z+1)z-(z+t-1)(z+t-2)\cdots(z+1)z(z-1)]. \tag{1}$$

公式(1)的理论十分浅显，证明从略.

2.2　三龙诀一字形变律

设数列 $\{a_n\}$ 为等差数列，且公差 $d\neq0$. 若由三个连续项 $a_{n+1}, a_{n+2}, a_{n+3}$ 构成积式 $a_{n+3}\cdot a_{n+2}\cdot a_{n+1}$，依然按扑克接龙游戏术语呼之为“三节老龙”，再按游戏法则：冠首则变成“四节新龙” $a_{n+4}\cdot a_{n+3}\cdot a_{n+2}\cdot a_{n+1}$，拖尾则变成“四节新龙” $a_{n+3}\cdot a_{n+2}\cdot a_{n+1}\cdot a_n$，以上三条龙可配搭构成等式：

$$a_{n+3}\cdot a_{n+2}\cdot a_{n+1}=\frac{1}{4d}(a_{n+4}\cdot a_{n+3}\cdot a_{n+2}\cdot a_{n+1}-a_{n+3}\cdot a_{n+2}\cdot a_{n+1}\cdot$$

$a_n)(n\in\mathbf{N}^*)$.

刻画这样的接龙法则,可拟成歌诀(称为三龙诀一字形变律):

冠首拖尾一老龙,摇身变成两新龙,

新龙节长除差数,仔细剖析乃老龙.

歌诀中的节长是指节数与公差的积.与前者三龙诀仅一字有别,故称三龙诀一字形变律.

一般地,对于 t 节老龙 $a_{n+t}\cdot a_{n+t-1}\cdot\cdots\cdot a_{n+2}\cdot a_{n+1}(n,t\in\mathbf{N}^*)$,按"三龙诀一字形变律"处理如下:

冠首得一条$(t+1)$节新龙 $a_{n+t+1}\cdot a_{n+t}\cdot\cdots\cdot a_{n+2}\cdot a_{n+1}$,

拖尾得一条$(t+1)$节新龙 $a_{n+t}\cdot a_{n+t-1}\cdot\cdots\cdot a_{n+1}\cdot a_n$,

新龙节长$(t+1)d$ 作为除数,两新龙差数作为被除数,即现老龙.从而得等式:

$$a_{n+t}\cdot a_{n+t-1}\cdot\cdots\cdot a_{n+2}\cdot a_{n+1}=\frac{1}{(t+1)d}(a_{n+t+1}\cdot a_{n+t}\cdot\cdots\cdot a_{n+2}\cdot a_{n+1}-a_{n+t}\cdot a_{n+t-1}\cdot\cdots\cdot a_{n+1}\cdot a_n).\qquad(2)$$

公式(2)的理论十分浅显,证明从略.

公式(1)与公式(2)所表示的定理称为接龙法基本定理.

§3 从接龙视角辩证审视传统经典范例

非零的常数数列既是公差 $d=0$ 的等差数列,又是公比 $q=1$ 的等比数列.从它得到启迪,逆向思考而新创求解不同类型数列的统一法则.

3.1 等差数列

设等差数列$\{a_n\}$的公差为 d,前 n 项和为 S_n,根据接龙法基本定理易得

$a_{n+1}-a_n=d\Rightarrow a_{n+1}-a_n=d[n-(n-1)]\Rightarrow a_{n+1}-dn=a_n-d(n-1)$

$\Rightarrow$新数列$\{a_n-d(n-1)\}$是常数数列,其首项为 a_1

$\Rightarrow a_n=a_1+(n-1)d(n\in\mathbf{N}^*)$.

$S_n-S_{n-1}=a_1+(n-1)d$

$\Rightarrow S_n-S_{n-1}=a_1[n-(n-1)]+\frac{1}{2}[n(n-1)-(n-1)(n-2)]d$

$\Rightarrow$新数列$\left\{S_n-a_1n-\frac{d}{2}n(n-1)\right\}$是常数数列，其首项为$S_1-a_1=0$

$\Rightarrow S_n=\frac{1}{2}[2a_1+(n-1)d]n=\frac{1}{2}(a_1+a_n)n(n\in\mathbf{N}^*)$.

3.2 等比数列

设等比数列$\{a_n\}$的公差为q，前n项和为S_n，根据接龙法基本定理易得

$\frac{a_{n+1}}{a_n}=q\Rightarrow a_{n+1}=q^{n-(n-1)}a_n\Rightarrow\frac{a_{n+1}}{q^n}=\frac{a_n}{q^{n-1}}$

$\Rightarrow$新数列$\left\{\frac{a_n}{q^{n-1}}\right\}$是常数数列，其首项为$a_1$

$\Rightarrow a_n=a_1q^{n-1}(n\in\mathbf{N}^*)$.

当$q=1$时，$a_n=a_1$，$S_n=a_1n(n\in\mathbf{N}^*)$.

当$q\neq1$时，

$S_n-S_{n-1}=a_1\cdot q^{n-1}$

$\Rightarrow S_n-S_{n-1}=a_1\cdot\frac{q^{n-1}-q^n}{1-q}$

$\Rightarrow S_n+\frac{a_1q^n}{1-q}=S_{n-1}+\frac{a_1q^{n-1}}{1-q}$

$\Rightarrow$新数列$\left\{S_n+\frac{a_1q^n}{1-q}\right\}$是常数数列，其首项为$a_1+\frac{a_1q}{1-q}=\frac{a_1}{1-q}$

$\Rightarrow S_n=\frac{a_1(1-q^n)}{1-q}(n\in\mathbf{N}^*)$.

3.3 $r(r\in\mathbf{N}^*)$阶等差数列

若$r\geqslant2$，则将所有r阶等差数列统称为高阶等差数列.

设$d_1,d_2,d_3,\cdots,d_r$分别是r阶等差数列$\{a_n\}$的一阶差，二阶差，三阶差，…，r阶差的首项. 先求通项如下：

方法一

$$C_r^0a_{n+r}-C_r^1a_{n+r-1}+\cdots+(-1)^rC_r^ra_n=d_r\neq0$$

$$\Rightarrow C_{r-1}^0a_{n+r}-C_{r-1}^1a_{n+r-1}+\cdots+(-1)^rC_{r-1}^{r-1}a_{n+1}$$

$$=C_{r-1}^0a_{n+r-1}-C_{r-1}^1a_{n+r-2}+\cdots+(-1)^{r-1}C_{r-1}^{r-1}a_n+d_r.$$

根据接龙法基本定理得

$C_{r-1}^0a_{n+r}-C_{r-1}^1a_{n+r-1}+\cdots+(-1)^{r-1}C_{r-1}^{r-1}a_{n+1}-nd_r$

$=C_{r-1}^0a_{n+r-1}-C_{r-1}^1a_{n+r-2}+\cdots+(-1)^{r-1}C_{r-1}^{r-1}a_n-(n-1)d_r$

$\Rightarrow$新数列$\{C_{r-1}^0a_{n+r-1}-C_{r-1}^1a_{n+r-2}+\cdots+(-1)^{r-1}C_{r-1}^{r-1}a_n-(n-1)d_r\}$是常数数列，其首项为 $d_{r-1}-0=d_{r-1}$

$\Rightarrow C_{r-1}^0a_{n+r-1}-C_{r-1}^1a_{n+r-2}+\cdots+(-1)^{r-1}C_{r-1}^{r-1}a_n=d_{r-1}+(n-1)d_r.$

同理，重复运用接龙法基本定理可得

$C_{r-2}^0a_{n+r-2}-C_{r-2}^1a_{n+r-3}+\cdots+(-1)^{r-2}C_{r-2}^{r-2}a_n$

$=d_{r-2}+(n-1)d_{r-1}+\frac{1}{2!}(n-1)(n-2)d_r,$

$C_{r-3}^0a_{n+r-3}-C_{r-3}^1a_{n+r-4}+\cdots+(-1)^{r-3}C_{r-3}^{r-3}a_n$

$=d_{r-3}+(n-1)d_{r-2}+\frac{1}{2!}(n-1)(n-2)d_{r-1}+\frac{1}{3!}(n-1)(n-2)(n-3)d_r,$

…

$$C_1^0a_{n+1}-C_1^1a_n=d_1+(n-1)d_2+\frac{1}{2}(n-1)(n-2)d_3+\cdots+\frac{1}{(r-1)!}(n-1)(n-2)\cdots(n-r+1)d_r.$$

再根据接龙法基本定理得

$$a_{n+1}-\left[nd_1+\frac{1}{2!}n(n-1)d_2+\frac{1}{3!}n(n-1)(n-2)d_3+\cdots+\frac{1}{r!}n(n-1)\cdots(n-r+1)d_r\right]$$

$$=a_n-\left[(n-1)d_1+\frac{1}{2!}(n-1)(n-2)d_2+\frac{1}{3!}(n-1)(n-2)(n-3)d_3+\cdots+\frac{1}{r!}(n-1)(n-2)\cdots(n-r)d_r\right].$$

$\therefore$ 新数列$\left\{a_n-\left[(n-1)d_1+\frac{1}{2!}(n-1)(n-2)d_2+\frac{1}{3!}(n-1)(n-2)(n-3)d_3+\cdots+\frac{1}{r!}(n-1)(n-2)\cdots(n-r)d_r\right]\right\}$是常数数列，其首项为 $a_1-0=a_1$.

$$\therefore a_n=a_1+(n-1)d_1+\frac{1}{2!}(n-1)(n-2)d_2+\frac{1}{3!}(n-1)(n-2)(n-3)d_3+\cdots+\frac{1}{r!}(n-1)(n-2)\cdots(n-r)d_r\ (n\in\mathbf{N}^*).$$

方法二

(1) 若 $r=1$，则 $a_n=a_1+(n-1)d_1$. (1)

若 $r=2$，则数列$\{a_n\}$的一阶差构成的数列是等差数列，其首项为 d_1，第 n 项为

$a_{n+1}-a_n$，公差为 $d_2\neq 0$，从而由(1)式知

$$a_{n+1}-a_n=d_1+(n-1)d_2. \tag{2}$$

根据接龙法基本定理，由(2)式得

$$a_{n+1}-\left[nd_1+\frac{1}{2!}n(n-1)d_2\right]=a_n-\left[(n-1)d_1+\frac{1}{2!}(n-1)(n-2)d_2\right],$$

∴ 新数列 $\left\{a_n-\left[(n-1)d_1+\frac{1}{2!}(n-1)(n-2)d_2\right]\right\}$ 是常数数列，其首项为 a_1，

∴ $a_n=a_1+(n-1)d_1+\frac{1}{2!}(n-1)(n-2)d_2$.

(2) 假设 $r=k-1$ 时，其通项为

$$a_n=a_1+(n-1)d_1+\frac{1}{2!}(n-1)(n-2)d_2+\cdots+\frac{1}{(k-1)!}(n-1)(n-2)\cdots(n-k+1)d_{k-1},$$

则 $r=k$ 时必满足

$$a_{n+1}-a_1=d_1+(n-1)d_2+\frac{1}{2!}(n-1)(n-2)d_3+\cdots+\frac{1}{(k-1)!}(n-1)(n-2)\cdots(n-k+1)d_{k-1}. \tag{3}$$

再根据接龙法基本定理，由(3)式得

$$a_{n+1}-\left[nd_1+\frac{1}{2!}n(n-1)d_2+\frac{1}{3!}n(n-1)(n-2)d_3+\cdots+\frac{1}{k!}n(n-1)\cdots(n-k+1)d_k\right]$$
$$=a_n-\left[(n-1)d_1+\frac{1}{2!}(n-1)(n-2)d_2+\frac{1}{3!}(n-1)(n-2)(n-3)d_3+\cdots+\frac{1}{k!}(n-1)(n-2)\cdots(n-k)d_k\right],$$

∴ 新数列

$$\left\{a_n-\left[(n-1)d_1+\frac{1}{2!}(n-1)(n-2)d_2+\cdots+\frac{1}{k!}(n-1)(n-2)\cdots(n-k)d_k\right]\right\}$$

是常数数列，其首项为 a_1，

$$\therefore a_n=a_1+(n-1)d_1+\frac{1}{2!}(n-1)(n-2)d_2+\cdots+\frac{1}{3!}(n-1)(n-2)(n-3)d_3+\cdots+\frac{1}{k!}(n-1)(n-2)\cdots(n-k)d_k.$$

综合(1)、(2)知,对于 $r\in\mathbf{N}^*$,

$$a_n=a_1+(n-1)d_1+\frac{1}{2!}(n-1)(n-2)d_2+\frac{1}{3!}(n-1)(n-2)(n+3)d_3+\cdots$$

$$+\frac{1}{r!}(n-1)(n-2)\cdots(n-r)d_r\text{恒成立.}$$

再求前 n 项和 S_n 如下:

$$\because\ S_n-S_{n-1}=a_1+(n-1)d_1+\frac{1}{2!}(n-1)(n-2)d_2$$

$$+\frac{1}{3!}(n-1)(n-2)(n+3)d_3+\cdots$$

$$+\frac{1}{r!}(n-1)(n-2)\cdots(n-r)d_r,$$

∴ 根据接龙法基本定理得

$$S_n-\left[n\cdot a_1+\frac{1}{2!}n(n-1)d_1+\frac{1}{3!}n(n-1)(n-2)d_2+\cdots+\frac{1}{(r+1)!}n(n-1)\cdots(n-r)d_r\right]$$

$$=S_{n-1}-\left[(n-1)a_1+\frac{1}{2!}(n-1)(n-2)d_1+\frac{1}{3!}(n-1)(n-2)(n-3)d_2+\cdots\right.$$

$$\left.+\frac{1}{(r+1)!}(n-1)(n-2)\cdots(n-r-1)d_r\right].$$

$$\therefore\ \text{新数列}\left\{S_n-\left[na_1+\frac{1}{2!}n(n-1)d_1+\frac{1}{3!}n(n-1)(n-2)d_2+\cdots\right.\right.$$

$$\left.\left.+\frac{1}{(r+1)!}n(n-1)\cdots(n-r)d_r\right]\right\}\text{是常数数列,其首项为}$$

$$S_1-a_1=a_1-a_1=0,$$

$$\therefore\ S_n=na_1+\frac{1}{2!}n(n-1)d_1+\frac{1}{3!}n(n-1)(n-2)d_2+\cdots$$

$$+\frac{1}{(r+1)!}n(n-1)\cdots(n-r)d_r\ (n\in\mathbf{N}^*).$$

本章第一节提及一道传统经典范例:计算 $\sum\limits_{i=1}^{n}i^p(n,p\in\mathbf{N}^*)$,它便是求 p 阶等差数列前 n 项的和,现在继续探究其求解方法.

解 设 S_n 为数列 $\{a_n\}$ 的前 n 项的和,从而得 $S_n=\sum\limits_{i=1}^{n}i^p(n,p\in\mathbf{N}^*)$,$a_n=n^p$.

(1) 若 $p=2$,则 $a_n=n^2$.

方法一　作数列$\{a_n\}$的阶差表如下：

$$1,4,9,16,25,\cdots,$$
$$3,5,7,9,\cdots,$$
$$2,2,2,\cdots,$$

$\therefore a_1=1,d_1=3,d_2=2.$

代入求和公式得

$$S_n=n+\frac{1}{2}n(n-1)\times 3+\frac{1}{3!}n(n-1)(n-2)\times 2$$
$$=\frac{1}{6}n(2n^2+3n+1)+\frac{1}{6}n(n+1)(2n+1),$$

即得 $$\sum_{i=1}^{n} i^2=\frac{1}{6}n(n+1)(2n+1)(n\in \mathbf{N}^*).$$

方法二　$\because a_1=1,a_2=4,a_3=9,$

$\therefore d_1=a_2-a_1=3,d_2=a_3-2a_2+a_1=9-8+1=2.$

代入求和公式即得解，从略.

方法三　$\because S_n-S_{n-1}=n^2=n(n-1)+n,$

$\therefore$ 根据接龙法基本定理得

$$S_n-\frac{1}{3}(n+1)n(n-1)-\frac{1}{2}(n+1)n=S_{n-1}-\frac{1}{3}n(n-1)(n-2)-\frac{1}{2}n(n-1),$$

$\therefore$ 新数列$\left\{S_n-\frac{1}{3}(n+1)n(n-1)-\frac{1}{2}(n+1)n\right\}$是常数数列，其首项为$S_1-0-1=1-1=0$，

$$\therefore S_n=\frac{1}{3}(n+1)n(n-1)+\frac{1}{2}(n+1)n=\frac{1}{6}n(n+1)(2n+1),$$

即得 $$\sum_{i=1}^{n} i^2=\frac{1}{6}n(n+1)(2n+1)(n\in \mathbf{N}^*).$$

(2) 若$p=3$，则$a_n=n^3$.

方法一　作数列$\{a_n\}$的阶差表如下：

$$1,8,27,64,125,216,\cdots,$$
$$7,19,37,61,91,\cdots,$$
$$12,18,24,30,\cdots,$$
$$6,6,6,\cdots,$$

$\therefore a_1=1,d_1=7,d_2=12,d_3=6$,代入求和公式得

$$S_n=n+\frac{1}{2}n(n-1)\times 7+\frac{1}{3!}n(n-1)(n-2)\times 12+\frac{1}{4!}n(n-1)(n-2)(n-3)\times 6$$

$$=\frac{1}{4}n(n^3+2n^2+n)=\frac{1}{4}n^2(n+1)^2,$$

即得 $$\sum_{i=1}^{n}i^3=\frac{1}{4}n^2(n+1)^2(n\in\mathbf{N}^*).$$

方法二 $\because a_1=1,a_2=8,a_3=27,a_4=64$,

$\therefore d_1=a_2-a_1=8-1=7,d_2=a_3-2a_2+a_1=27-2\times 8+1=12$,

$d_3=a_4-3a_3+3a_2-a_1=64-3\times 27+3\times 8-1=6$.

代入求和公式即得解,从略.

方法三 $\because S_n-S_{n-1}=n^3=(n+1)n(n-1)+n$,

$\therefore$ 根据接龙法基本定理得

$$S_n-\frac{1}{4}(n+2)(n+1)n(n-1)-\frac{1}{2}(n+1)n$$

$$=S_{n-1}-\frac{1}{4}(n+1)n(n-1)(n-2)-\frac{1}{2}n(n-1),$$

$\therefore$ 新数列$\left\{S_n-\frac{1}{4}(n+2)(n+1)n(n-1)-\frac{1}{2}(n+1)n\right\}$是常数数列,其首项为 $S_1-0-1=0$,

$$\therefore S_n=\frac{1}{4}(n+2)(n+1)n(n-1)+\frac{1}{2}(n+1)n=\frac{1}{4}n^2(n+1)^2,$$

即得 $$\sum_{i=1}^{n}i^3=\frac{1}{4}n^2(n+1)^2(n\in\mathbf{N}^*).$$

方法四

$$\because S_n-S_{n-1}=n^3=\frac{1}{4}[(n+1)^2-(n-1)^2]n^2=\frac{1}{4}(n+1)^2n^2-\frac{1}{4}n^2(n-1)^2,$$

$\therefore$ 新数列$\left\{S_n-\frac{1}{4}(n+1)^2n^2\right\}$是常数数列,其首项为 $S_1-1=0$,

$$\therefore S_n=\frac{1}{4}(n+1)^2n^2,$$

即得 $$\sum_{i=1}^{n}i^3=\frac{1}{4}n^2(n+1)^2(n\in\mathbf{N}^*).$$

注 $n^3=\frac{1}{4}[(n+1)^2n^2-n^2(n-1)^2]$称为接龙法高次形变模式.

(3) 若 $p=4$，则 $a_n=n^4$.

方法一　作数列 $\{a_n\}$ 的阶差表如下：

$$1,16,81,256,625,1296,\cdots,$$
$$15,65,175,369,671,\cdots,$$
$$50,110,194,302,\cdots,$$
$$60,84,108,\cdots,$$
$$24,24,\cdots,$$

$\therefore a_1=1,d_1=15,d_2=50,d_3=60,d_4=24.$

代入求和公式得

$$S_n=n+\frac{1}{2}n(n-1)\times 15+\frac{1}{3!}n(n-1)(n-2)\times 50$$
$$+\frac{1}{4!}n(n-1)(n-2)(n-3)\times 60+\frac{1}{5!}n(n-1)(n-2)(n-3)(n-4)\times 24$$
$$=\frac{1}{30}n(6n^4+15n^3+10n^2-1)=\frac{1}{30}n(n+1)(6n^3+9n^2+n-1),$$

即得　$$\sum_{i=1}^{n}i^4=\frac{1}{30}n(n+1)(6n^3+9n^2+n-1)(n\in\mathbf{N}^*).$$

方法二　$\because S_n-S_{n-1}=n^4=(n+1)n^2(n-1)+n^2$
$$=(n+1)n(n-1)(n-2)+2(n+1)n(n-1)+n(n-1)+n,$$

$\therefore$ 根据接龙法基本定理得知，新数列

$$\left\{S_n-\frac{1}{5}(n+2)(n+1)n(n-1)(n-2)-\frac{1}{2}(n+2)(n+1)n(n-1)-\frac{1}{3}(n+1)n(n-1)-\frac{1}{2}(n+1)n\right\}$$
是常数数列，其首项为

$$S_1-0-0-0-1=0,$$

所以 $$S_n=\frac{1}{5}(n+2)(n+1)n(n-1)(n-2)+\frac{1}{2}(n+2)(n+1)n(n-1)$$
$$+\frac{1}{3}(n+1)n(n-1)+\frac{1}{2}(n+1)n$$
$$=\frac{1}{30}n(n+1)(6n^3+9n^2+n-1),$$

即得　$$\sum_{i=1}^{n}i^4=\frac{1}{30}n(n+1)(6n^3+9n^2+n-1)(n\in\mathbf{N}^*).$$

(4) 若 $p=5$，则 $a_n=n^5$.

方法一 作数列$\{a_n\}$的阶差表如下：

$$1,32,243,1024,3125,7776,16807,\cdots,$$
$$31,211,781,2101,4651,9031,\cdots,$$
$$180,570,1320,2550,4380,\cdots,$$
$$390,750,1230,1830,\cdots,$$
$$360,480,600,\cdots,$$
$$120,120,\cdots,$$

所以 $a_1=1,d_1=31,d_2=180,d_3=390,d_4=360,d_5=120$.

代入求和公式得

$$S_n=n+\frac{1}{2!}n(n-1)\times 31+\frac{1}{3!}n(n-1)(n-2)\times 180$$
$$+\frac{1}{4!}n(n-1)(n-2)(n-3)\times 390$$
$$+\frac{1}{5!}n(n-1)(n-2)(n-3)(n-4)\times 360$$
$$+\frac{1}{6!}n(n-1)(n-2)(n-3)(n-4)(n-5)\times 120$$
$$=\frac{1}{12}n^2(n+1)^2(2n^2+2n-1),$$

即得 $$\sum_{i=1}^{n}i^5=\frac{1}{12}n^2(n+1)^2(2n^2+2n-1)(n\in\mathbf{N}^*).$$

方法二 $\because a_1=1,a_2=32,a_3=243,a_4=1024,a_5=3125,a_6=7776$,

$\therefore d_1=a_2-a_1=31$,

$d_2=a_3-2a_2+a_1=243-2\times 32+1=180$,

$d_3=a_4-3a_3+3a_2-a_1=1024-3\times 243+3\times 32-1=390$,

$d_4=a_5-4a_4+6a_3-4a_2+a_1=3125-4\times 1024+6\times 243-4\times 32+1=360$,

$d_5=a_6-5a_5+10a_4-10a_3+5a_2-a_1=7776-5\times 3125+10\times 1024-10\times 243+5\times 32-1=120$.

代入求和公式得解，从略.

方法三 $\because S_n-S_{n-1}=n^5=(n^5-n^3)+(n^3-n)+n$

$$=(n+2)(n+1)n(n-1)(n-2)+5(n+1)n(n-1)+n,$$

∴ 根据接龙法基本定理得知,新数列

$$\left\{S_n-\frac{1}{6}(n+3)(n+2)(n+1)n(n-1)(n-2)-\frac{5}{4}(n+2)(n+1)n(n-1)-\frac{1}{2}(n+1)n\right\}$$

是常数数列,其首项为 $S_1-0-0-1=1-1=0$,

$$\therefore S_n=\frac{1}{6}(n+3)(n+2)(n+1)n(n-1)(n-2)+\frac{5}{4}(n+2)(n+1)n(n-1)+\frac{1}{2}(n+1)n$$
$$=\frac{1}{12}n^2(n+1)^2(2n^2+2n-1),$$

即得 $$\sum_{i=1}^{n}i^5=\frac{1}{12}n^2(n+1)^2(2n^2+2n-1)(n\in\mathbf{N}^*).$$

方法四 $\because S_n-S_{n-1}=n^5=n^3\cdot\frac{1}{6}[(n+1)^3-(n-1)^3-2]$

$$=\frac{1}{6}[(n+1)^3n^3-n^3(n-1)^3]-\frac{1}{3}n^3$$
$$=\frac{1}{6}[(n+1)^3n^3-n^3(n-1)^3]$$
$$-\frac{1}{12}[(n+1)^2n^2-n^2(n-1)^2],$$

∴ 新数列 $\left\{S_n-\frac{1}{6}(n+1)^3n^3+\frac{1}{12}(n+1)^2n^2\right\}$ 是常数数列,其首项为

$$S_1-\frac{4}{3}+\frac{1}{3}=0,$$

$$\therefore S_n=\frac{1}{6}(n+1)^3n^3-\frac{1}{12}(n+1)^2n^2=\frac{1}{12}n^2(n+1)^2(2n^2+2n-1),$$

即得 $$\sum_{i=1}^{n}i^5=\frac{1}{12}n^2(n+1)^2(2n^2+2n-1)(n\in\mathbf{N}^*).$$

注 称 $n^5=n^3\cdot n^2=\frac{1}{6}[(n+1)^3n^3-n^2(n-1)^3]+\frac{1}{12}[(n+1)^2n^2-n^2(n-1)^2]$ 为接龙法高次形变模式.

从上面各例不难看出:p 值越大,阶差 d_r 的计算也就越麻烦,因此公式解法并非良策,对比之下,接龙法较优.若能灵活选用高次形变模式,则凸显优势.

3.4 $r(r\in\mathbf{N}^*)$阶差比数列

定义 若数列$\{b_n\}$为 $r(r\in\mathbf{N}^*)$阶等差数列,数列$\{c_n\}$为公比 $q\neq1$ 的等比数

列，且 $a_n=b_n\cdot c_n$，则数列$\{a_n\}$称为 r 阶差比数列. 当 $r=1$ 时，称为差比数列；当 $r\geqslant 2$ 时，统称为高阶差比数列.

下面研讨有关 r 阶差比数列的实例.

【例 1.1】 已知 $a_n=(3n-2)\cdot 5^{n-1}$，试求数列$\{a_n\}$的前 n 项和 S_n.

解 方法一 （传统经典解法——错位相减法）

$\because S_n=1+4\times 5+7\times 5^2+10\times 5^3+\cdots+(3n-5)\cdot 5^{n-2}+(3n-2)\cdot 5^{n-1}$，(4)

$\therefore 5S_n=1\times 5+4\times 5^2+7\times 5^3+\cdots+(3n-5)\cdot 5^{n-1}+(3n-2)\cdot 5^n$，(5)

(4)−(5)得 $-4S_n=1+3(5+5^2+5^3+\cdots+5^{n-1})-(3n-2)\cdot 5^n$

$$=1+3\times\frac{5(1-5^{n-1})}{1-5}-(3n-2)\cdot 5^n,$$

$\therefore -4S_n=-\frac{11}{4}+\left(\frac{11}{4}-3n\right)\cdot 5^n$，

$\therefore S_n=\frac{11}{16}+\frac{1}{4}\left(3n-\frac{11}{4}\right)\cdot 5^n(n\in\mathbf{N}^*)$.

方法二 （接龙法）

$S_n-S_{n-1}=\frac{1}{4}[(3n-2)\cdot 5^n-(3n-2)\cdot 5^{n-1}]$

$\Rightarrow S_n-\frac{1}{4}(3n-2)\cdot 5^n=S_{n-1}-\frac{1}{4}(3n-5)\cdot 5^{n-1}-\frac{3}{4}\cdot 5^{n-1}$

$\Rightarrow S_n-\frac{1}{4}(3n-2)\cdot 5^n+\frac{3}{16}\cdot 5^n=S_{n-1}-\frac{1}{4}(3n-5)\cdot 5^{n-1}+\frac{3}{16}\cdot 5^{n-1}$

$\Rightarrow S_n-\frac{1}{4}\left(3n-\frac{11}{4}\right)\cdot 5^n=S_{n-1}-\frac{1}{4}\left[3(n-1)-\frac{11}{4}\right]\cdot 5^n$

$\Rightarrow$新数列$\left\{S_n-\frac{1}{4}\left(3n-\frac{11}{4}\right)\cdot 5^n\right\}$是常数数列，其首项为 $S_1-\frac{5}{16}=1-\frac{5}{16}=\frac{11}{16}$，

$\therefore S_n=\frac{11}{16}+\frac{1}{4}\left(3n-\frac{11}{4}\right)\cdot 5^n(n\in\mathbf{N}^*)$.

【例 1.2】 已知 $a_n=n(n+2)\cdot 3^{n-1}$，试求数列$\{a_n\}$的前 n 项和 S_n.

解 方法一 （传统经典解法——错位相减法）

$\because S_n=1\times 3\times 3^0+2\times 4\times 3^1+3\times 5\times 3^2+4\times 6\times 3^3+\cdots$
$+(n-1)(n+1)\cdot 3^{n-2}+n(n+2)\cdot 3^{n-1}$，(6)

$\therefore 3S_n=1\times 3\times 3^1+2\times 4\times 3^2+3\times 5\times 3^3+\cdots$
$+(n-2)\cdot n\cdot 3^{n-2}+(n-1)(n+2)\cdot 3^{n-1}+n(n+2)\cdot 3^n$，(7)

(6)－(7)得

$$-2S_n=(2\times1+1)\cdot3^0+(2\times2+1)\cdot3^1+(2\times3+1)\cdot3^2+(2\times4+1)\cdot3^3+\cdots+[2(n-1)+1]\cdot3^{n-2}+(2n+1)\cdot3^{n-1}-n(n+2)\cdot3^n. \quad (8)$$

令 $S_n'=(2\times1+1)\cdot3^0+(2\times2+1)\cdot3^1+(2\times3+1)\cdot3^2+(2\times4+1)\cdot3^3+\cdots+[2(n-1)+1]\cdot3^{n-2}+(2n+1)\cdot3^{n-1}$，　(9)

则 $3S_n'=(2\times1+1)\cdot3^1+(2\times2+1)\cdot3^2+(2\times3+1)\cdot3^3+\cdots+[2(n-1)+1]\cdot3^{n-1}+(2n+1)\cdot3^n$，　(10)

(9)－(10)得

$$-2S_n'=(2\times1+1)\cdot3^0+2(3^1+3^2+3^3+\cdots+3^{n-2}+3^{n-1})-(2n+1)\cdot3^n$$

$$=3+2\cdot\frac{3(3^{n-1}-1)}{3-1}-(2n+1)\cdot3^n$$

$$=3^n-(2n+1)\cdot3^n=-2\cdot n\cdot3^n,$$

$\therefore S_n'=n\cdot3^n$.

代入(8)式得

$-2S_n=n\cdot3^n-n(n+2)\cdot3^n=-n\cdot(n+1)\cdot3^n$，

$\therefore S_n=\frac{1}{2}n(n+1)\cdot3^n(n\in\mathbf{N}^*)$.

方法二　(接龙法)

$$\because S_n-S_{n-1}=n\cdot(n+2)\cdot3^{n-1}=n\cdot\frac{1}{2}[3(n+1)-(n-1)]\cdot3^{n-1}$$

$$=\frac{1}{2}(n+1)\cdot n\cdot3^n-\frac{1}{2}n\cdot(n-1)\cdot3^{n-1},$$

$\therefore$ 新数列$\left\{S_n-\frac{1}{2}(n+1)\cdot n\cdot3^n\right\}$是常数数列，其首项为 $S_1-3=3-3=0$，

$\therefore S_n=\frac{1}{2}n(n+1)\cdot3^n(n\in\mathbf{N}^*)$.

注　例 1.1 中求差比数列的前 n 项和，错位相减法与接龙法孰优孰劣，似乎难辨. 例 1.2 中求高阶差比数列的前 n 项和，错位相减法与接龙法孰优孰劣，非常清楚. 即可断言：阶数越高，接龙法凸显优势，错位相减法相形见绌.

求 r 阶差比数列的前 n 项和尚有求解思路十分单纯的其他方法，在第二章中再作介绍.

§4 接龙法形变律

数列的通项 $a_n=G(n)$ 与前 n 项和 S_n 存在如下关系：

$S_n-S_{n-1}=a_n=G(n)$（这里设定 $G(n)$ 是非龙形态的函数关系式）.

接龙法基本定理是顺应于作差形式而构建的一种模式，采用接龙法求解的转化过程可作概括性描述如下：

$S_n-S_{n-1}=G(n)$（称为一般递推式）

$\Rightarrow S_n-S_{n-1}=\sum\limits_{i=1}^{t}F_i(n)$（$F_i(n)$ 表示一条递推式的老龙，$i=1,2,3,\cdots,t$）

$$\left.\begin{aligned}&\Rightarrow S_n-S_{n-1}=\sum_{i=1}^{t+1}[f_i(n)-f_i(n-1)]\\&\Rightarrow S_n-\sum_{i=1}^{t+1}f_i(n)=S_{n-1}-\sum_{i=1}^{t+1}f_i(n-1)\end{aligned}\right\}$$（刻画常数数列的递推式称为典型递推式，其中 $f_i(n)$ 与 $f_i(n-1)$ 是按接龙法形变模式得出的两条新龙）.

我们将一般递推式转化为典型递推式的全过程称为典型化. 典型化的过程式千变万化，而它本身每次形变都有客观规律，只要在解题实践中细剖析、勤思考、广积累，便能把握规律，从而将接龙法推向绚烂的新境界.

本章围绕传统经典范例简略探讨一些有关的形变规律，在后续章节中，随着内容的拓展还将继续探讨其他形变规律.

4.1 高阶等差数列接龙法形变模式

【例 1.3】 已知数列 $\{a_n\}$ 满足：(1) $a_{n+1}-a_n=2n+1$；(2) $a_{n+1}-a_n=2n-1$；(3) $a_{n+1}-a_n=n^3$；(4) $a_{n+1}-a_n=n^5$；(5) $a_{n+1}-a_n=6n^5+15n^4+21n^3+15n^2+6n+1$；(6) $a_{n+1}-a_n=6n^5-15n^4+21n^3-15n^2+6n-1$.

试将每个一般递推式转化为典型递推式.

解 (1) 形变模式一：

$a_{n+1}-a_n=2\times\dfrac{1}{2}[(n+1)n-n(n-1)]+[n-(n-1)]$

$\Rightarrow a_{n+1}-[(n+1)n+n]=a_n-[n(n-1)+(n-1)]$.

形变模式二：

$$a_{n+1}-a_n=\frac{1}{2\times2}[(2n+3)(2n+1)-(2n+1)(2n-1)]$$

$$\Rightarrow a_{n+1}-\frac{1}{4}(2n+3)(2n+1)=a_n-\frac{1}{4}(2n+1)(2n-1).$$

形变模式三：

$$a_{n+1}-a_n=2n+1=n^2+(2n+1)-n^2\Rightarrow a_{n+1}-(n+1)^2=a_n-n^2.$$

(2) 形变模式一：

$$a_{n+1}-a_n=2n-1=2\times\frac{1}{2}[(n+1)n-n(n-1)]-[n-(n-1)]$$

$$\Rightarrow a_{n+1}-[(n+1)n-n]=a_n-[n(n-1)-(n-1)].$$

形变模式二：

$$a_{n+1}-a_n=2n-1=\frac{1}{2\times2}[(2n+1)(2n-1)-(2n-1)(2n-3)]$$

$$\Rightarrow a_{n+1}-\frac{1}{4}(2n+1)(2n-1)=a_n-\frac{1}{4}(2n-1)(2n-3).$$

形变模式三：

$$a_{n+1}-a_n=2n-1=n^2-n^2+(2n-1)\Rightarrow a_{n+1}-n^2=a_n-(n-1)^2.$$

(3) 形变模式一：

$$a_{n+1}-a_n=n^3=(n+1)n(n-1)+n$$

$$\Rightarrow a_{n+1}-\frac{1}{4}(n+2)(n+1)n(n-1)-\frac{1}{2}(n+1)n$$

$$=a_n-\frac{1}{4}(n+1)n(n-1)(n-2)-\frac{1}{2}n(n-1).$$

形变模式二：

$$a_{n+1}-a_n=n^3=\frac{1}{4}n^2[(n+1)^2-(n-1)^2]$$

$$\Rightarrow a_{n+1}-\frac{1}{4}(n+1)^2n^2=a_n-\frac{1}{4}n^2(n-1)^2.$$

(4) 形变模式一：

$$a_{n+1}-a_n=n^5=(n+1)n^3(n-1)+n^3$$

$$=(n+2)(n+1)n(n-1)(n-2)+5(n+1)n(n-1)+n$$

$$\Rightarrow a_{n+1}-\frac{1}{6}(n+3)(n+2)(n+1)n(n-1)(n-2)$$

$$-\frac{5}{4}(n+2)(n+1)n(n-1)-\frac{1}{2}(n+1)n$$

$$=a_n-\frac{1}{6}(n+2)(n+1)n(n-1)(n-2)(n-3)-\frac{5}{4}(n+1)n(n-1)(n-2)$$

$$-\frac{1}{2}n(n-1).$$

形变模式二：

$$a_{n+1}-a_n=n^5=n^3\cdot\frac{1}{6}[(n+1)^3-(n-1)^3]-\frac{1}{3}n^3$$

$$=\frac{1}{6}[(n+1)^3n^3-n^3(n-1)^3]-\frac{1}{4}[(n+1)^2n^2-n^2(n-1)^2]$$

$$\Rightarrow a_{n+1}-\frac{1}{6}(n+1)^3n^3+\frac{1}{4}(n+1)^2n^2=a_n-\frac{1}{6}n^3(n-1)^3+\frac{1}{4}n^2(n-1)^2.$$

(5) $a_{n+1}-a_n=6n^5+15n^4+21n^3+15n^2+6n+1$

$=(6n^5+15n^4+20n^3+15n^2+6n+1)+n^3$

$$\Rightarrow a_{n+1}-a_n=[(n+1)^6-n^6]+\frac{1}{4}[(n+1)^2n^2-n^2(n-1)^2]$$

$$\Rightarrow a_{n+1}-\left[(n+1)^6-\frac{1}{4}(n+1)^2n^2\right]=a_n-\left[n^6-\frac{1}{4}n^2(n-1)^2\right].$$

(6) $a_{n+1}-a_n=6n^5-15n^4+21n^3-15n^2+6n-1$

$=(6n^5-15n^4+20n^3-15n^2+6n-1)+n^3$

$$\Rightarrow a_{n+1}-a_n=[n^6-(n-1)^6]+\frac{1}{4}[(n+1)^2n^2-n^2(n-1)^2]$$

$$\Rightarrow a_{n+1}-\left[n^6+\frac{1}{4}(n+1)^2n^2\right]=a_n-\left[(n-1)^6+\frac{1}{4}n^2(n-1)^2\right].$$

【例 1.4】 已知数列$\{a_n\}$满足：

(1) $a_{n+1}-a_n=n^2$；

(2) $a_{n+1}-a_n=n^4$；

(3) $a_{n+1}-a_n=n^6+3n^5+5n^4+5n^3+3n^2+n$；

(4) $a_{n+1}-a_n=n^6-3n^5+5n^4-5n^3+3n^2-n$.

试将每个一般递推式转化为典型递推式.

解 (1) 按接龙法基本定理得

$a_{n+1}-a_n=n^2=n(n-1)+n$

$$\Rightarrow a_{n+1}-\frac{1}{3}(n+1)n(n-1)-\frac{1}{2}(n+1)n$$

$$=a_n-\frac{1}{3}n(n-1)(n-2)-\frac{1}{2}n(n-1).$$

(2) 按接龙法基本定理得

$$a_{n+1}-a_n=n^4=(n+1)n^2(n-1)+n^2$$

$$=(n+1)n(n-1)(n-2)+2(n+1)n(n-1)+n(n-1)+n$$

$$\Rightarrow a_{n+1}-\frac{1}{5}(n+2)(n+1)n(n-1)(n-2)-\frac{1}{2}(n+2)(n+1)n(n-1)$$

$$-\frac{1}{3}(n+1)n(n-1)-\frac{1}{2}(n+1)n$$

$$=a_n-\frac{1}{5}(n+1)n(n-1)(n-2)(n-3)-\frac{1}{2}(n+1)n(n-1)(n-2)$$

$$-\frac{1}{3}n(n-1)(n-2)-\frac{1}{2}n(n-1).$$

(3) $a_{n+1}-a_n=n^6+3n^5+5n^4+5n^3+3n^2+n$

$$=\frac{1}{7}(7n^6+21n^5+35n^4+35n^3+21n^2+7n+1)-\frac{1}{7}$$

$$\Rightarrow a_{n+1}-a_n=\frac{1}{7}[(n+1)^7-n^7]-\frac{1}{7}[n-(n-1)]$$

$$\Rightarrow a_{n+1}-\frac{1}{7}[(n+1)^7-n]=a_n-\frac{1}{7}[n^7-(n-1)].$$

(4) $a_{n+1}-a_n=n^6-3n^5+5n^4-5n^3+3n^2-n$

$$=\frac{1}{7}(7n^6-21n^5+35n^4-35n^3+21n^2-7n+1)-\frac{1}{7}$$

$$\Rightarrow a_{n+1}-a_n=\frac{1}{7}[n^7-(n-1)^7]-\frac{1}{7}[n-(n-1)]$$

$$\Rightarrow a_{n+1}-\frac{1}{7}(n^7-n)=a_n-\frac{1}{7}[(n-1)^7-(n-1)].$$

4.2　$r(r\in\mathbf{N}^*)$阶差比数列接龙法形变模式

【例 1.5】 设 S_n 为数列$\{a_n\}$的前 n 项和，且知 $S_n-S_{n-1}=(\lambda_1 n+\lambda_2)q^{n-1}$($\lambda_1$，$\lambda_2$，$q$ 为常数，且 $\lambda_1\neq 0$，$q\neq 1$)．试将此递推式转化为典型递推式．

解　由题意知数列$\{a_n\}$是差比数列，

$$S_n-S_{n-1}=(\lambda_1 n+\lambda_2)q^{n-1}=\frac{1}{q-1}(\lambda_1 n+\lambda_2)(q^n-q^{n-1})$$

$$\Rightarrow S_n-\frac{1}{q-1}(\lambda_1 n+\lambda_2)q^n=S_{n-1}-\frac{1}{q-1}[\lambda_1(n-1)+\lambda_2]q^{n-1}-\frac{\lambda_1}{q-1}q^{n-1}$$

$$\Rightarrow S_n-\frac{1}{q-1}(\lambda_1 n+\lambda_2)q^n+\frac{\lambda_1}{(q-1)^2}q^n$$

$$=S_{n-1}-\frac{1}{q-1}[\lambda_1(n-1)+\lambda_2]q^{n-1}+\frac{\lambda_1}{(q-1)^2}q^{n-1}.$$

【例 1.6】 设 S_n 为数列 $\{a_n\}$ 的前 n 项和，且知 $S_n-S_{n-1}=(\lambda_1 n^2+\lambda_2 n+\lambda_3)q^{n-1}$ $(\lambda_1,\lambda_2,\lambda_3,q$ 为常数，且 $\lambda_1\neq 0,q\neq 1)$. 试将此递推式转化为典型递推式.

解 由题意知数列 $\{a_n\}$ 是高阶差比数列，

$$S_n-S_{n-1}=(\lambda_1 n^2+\lambda_2 n+\lambda_3)q^{n-1}=\frac{1}{q-1}(\lambda_1 n^2+\lambda_2 n+\lambda_3)(q^n-q^{n-1})$$

$$\Rightarrow S_n-\frac{1}{q-1}(\lambda_1 n^2+\lambda_2 n+\lambda_3)q^n$$

$$=S_{n-1}-\frac{1}{q-1}[\lambda_1(n-1)^2+\lambda_2(n-1)+\lambda_3]q^{n-1}-\frac{1}{q-1}[\lambda_1(2n-1)+\lambda_2]q^{n-1}$$

$$\Rightarrow S_n-\frac{1}{q-1}(\lambda_1 n^2+\lambda_2 n+\lambda_3)q^n+\frac{1}{(q-1)^2}[\lambda_1(2n-1)+\lambda_2]q^n$$

$$=S_{n-1}-\frac{1}{q-1}[\lambda_1(n-1)^2+\lambda_2(n-1)+\lambda_3]q^{n-1}$$

$$+\frac{1}{(q-1)^2}[\lambda_1(2n-3)+\lambda_2]q^{n-1}+\frac{2\lambda_1}{(q-1)^2}q^{n-1}$$

$$\Rightarrow S_n-\frac{1}{q-1}\left\{(\lambda_1 n^2+\lambda_2 n+\lambda_3)-\frac{1}{q-1}[\lambda_1(2n-1)+\lambda_2]+\frac{2\lambda_1}{(q-1)^2}\right\}q^n$$

$$=S_{n-1}-\frac{1}{q-1}\left\{[\lambda_1(n-1)^2+\lambda_2(n-1)+\lambda_3]-\frac{1}{q-1}[\lambda_1(2n-3)+\lambda_2]+\frac{2\lambda_1}{(q-1)^2}\right\}q^{n-1}.$$

4.3 变号型接龙法形变模式

【例 1.7】 已知数列 $\{a_n\}$ 满足：

(1) $a_{n+1}-a_n=(-1)^n\cdot n$;

(2) $a_{n+1}-a_n=(-1)^n\cdot n^2$;

(3) $a_{n+1}-a_n=(-1)^n\cdot n^3$;

(4) $a_{n+1}-a_n=(-1)^n\cdot n^4$.

试将每个一般递推式转化为典型递推式.

解　(1) $a_{n+1}-a_n=(-1)^n\cdot n=(-1)^n\cdot\frac{1}{4}[(2n+1)+(2n-1)]$

$$\Rightarrow a_{n+1}+(-1)^{n+1}\cdot\frac{1}{4}(2n+1)=a_n+(-1)^n\cdot\frac{1}{4}(2n-1).$$

(2) $a_{n+1}-a_n=(-1)^n\cdot n^2=(-1)^n\cdot\frac{1}{2}[(n+1)n+n(n-1)]$

$$\Rightarrow a_{n+1}+(-1)^{n+1}\cdot\frac{1}{2}(n+1)n=a_n+(-1)^n n(n-1).$$

(3) $a_{n+1}-a_n=(-1)^n\cdot n^3$

$$=(-1)^n\cdot\frac{1}{2}[(n+1)n(n-1)+n(n-1)(n-2)+3n^2-n]$$

$$=(-1)^n\cdot\frac{1}{2}[(n+1)n(n-1)+n(n-1)(n-2)]+(-1)^n\cdot\frac{3}{2}\cdot\frac{1}{2}[(n+1)n+n(n-1)]-(-1)^n\cdot\frac{1}{8}[(2n+1)+(2n-1)]$$

$$\Rightarrow a_{n+1}+(-1)^{n+1}\cdot\frac{1}{8}[4(n+1)n(n-1)+6(n+1)n-(2n+1)]$$

$$=a_n+(-1)^n\cdot\frac{1}{8}[4n(n-1)(n-2)+6n(n-1)-(2n-1)].$$

(4) $a_{n+1}-a_n=(-1)^n\cdot n^4$

$$=(-1)^n\cdot\frac{1}{2}[(n+1)^2n^2+n^2(n-1)^2]-(-1)^n\cdot n^2$$

$$=(-1)^n\cdot\frac{1}{2}[(n+1)^2n^2+n^2(n-1)^2]-(-1)^n\cdot\frac{1}{2}[(n+1)n+n(n-1)]$$

$$\Rightarrow a_{n+1}+(-1)^{n+1}\cdot\frac{1}{2}[(n+1)^2n^2-(n+1)n]$$

$$=a_n+(-1)^n\frac{1}{2}[n^2(n-1)^2-n(n-1)].$$

4.4　分式型接龙法形变模式

【例 1.8】　已知等差数列$\{a_n\}$的各项及公差 d 均不为零，且知 S_n是数列$\{b_n\}$的前 n 项和并满足：

$$S_n-S_{n-1}=\frac{1}{a_n\cdot a_{n+1}\cdot a_{n+2}\cdot\cdots\cdot a_{n+k}}(k\in\mathbf{N}^*).$$

试将此一般递推式转化为典型递推式.

解 $S_n-S_{n-1}=\dfrac{1}{a_n\cdot a_{n+1}\cdot a_{n+2}\cdot\cdots\cdot a_{n+k}}$

$$=\frac{1}{k\cdot d}\left(\frac{1}{a_n\cdot a_{n+1}\cdot a_{n+2}\cdot\cdots\cdot a_{n+k-1}}-\frac{1}{a_{n+1}\cdot a_{n+2}\cdot a_{n+3}\cdot\cdots\cdot a_{n+k}}\right)$$

$$\Rightarrow S_n+\frac{1}{k\cdot d\cdot a_{n+1}\cdot a_{n+2}\cdot\cdots\cdot a_{n+k}}=S_{n-1}+\frac{1}{k\cdot d\cdot a_n\cdot a_{n+1}\cdot\cdots\cdot a_{n+k-1}}.$$

4.5 阶乘型接龙法形变模式

【例 1.9】 设 S_n 为数列 $\{a_n\}$ 的前 n 项和，且满足：

(1) $S_n-S_{n-1}=n\cdot n!$；　　(2) $S_n-S_{n-1}=(-1)^n\cdot(n+2)\cdot n!$.

试将每个一般递推式转化为典型递推式.

解 (1) $S_n-S_{n-1}=n\cdot n!=[(n+1)-1]\cdot n!\Rightarrow S_n-(n+1)!=S_{n-1}-n!$.

(2) $S_n-S_{n-1}=(-1)^n\cdot(n+2)\cdot n!$

$$=(-1)^n\cdot[(n+1)+1]\cdot n!$$

$$=(-1)^n\cdot(n+1)!+(-1)^n\cdot n!$$

$$\Rightarrow S_n+(-1)^{n+1}\cdot(n+1)!=S_{n-1}+(-1)^n\cdot n!.$$

4.6 组合数型接龙法形变模式

【例 1.10】 设数列 $\{a_n\}$ 的前 n 项和为 S_n，且满足 $S_n-S_{n-1}=C_{n+p-1}^{p}(p\in\mathbf{N}^*)$，试将此一般递推式转化为典型递推式.

解 $S_n-S_{n-1}=C_{n+p-1}^{p}=C_{n+p}^{p+1}-C_{n+p-1}^{p+1}\Rightarrow S_n-C_{n+p}^{p+1}=S_{n-1}-C_{n+p-1}^{p+1}$.

递差法是经典基础理论，本章所提及的接龙法基本定理与种种形变模式是遵循递差法导向而得出的递差模式，故可统称为递差接龙法形变模式.

第二章　线性递推数列

第一章初步探究了四类传统经典范例的统一求解法则——接龙法，从而引发我们深层探索构建以下不同传统经典范例的统一求解公式.

§1　$k(k\in \mathbf{N}^*)$阶线性递推数列通项模式

定义　若数列$\{a_n\}$满足$a_{n+k}+r_1a_{n+k-1}+r_2a_{n+k-2}+\cdots+r_ka_n=0$（常数$r_k\neq 0$），则称$\{a_n\}$为$k$阶线性递推数列（简记为$k$阶线性递推数列$a_{n+k}+r_1a_{n+k-1}+r_2a_{n+k-2}+\cdots+r_ka_n=0$），方程$x^k+r_1x^{k-1}+r_2x^{k-2}+\cdots+r_k=0$及其根$x_1,x_2,x_3,\cdots,x_k$分别称为数列$\{a_n\}$的特征方程及特征根.

因为$r_k\neq 0$，所以$x_1\cdot x_2\cdot x_3\cdot\cdots\cdot x_k\neq 0$.

运用接龙法构建k阶线性递推数列$a_{n+k}+r_1a_{n+k-1}+r_2a_{n+k-2}+\cdots+r_ka_n=0$的通项模式定理如下：

定理　设$x_1,x_2,x_3,\cdots,x_k$为k阶线性递推数列$a_{n+k}+r_1a_{n+k-1}+r_2a_{n+k-2}+\cdots+r_ka_n=0$的特征根.

1. 当$k=1$时，$\{a_n\}$为一阶线性递推数列，特征根$x_1\neq 0$，通项模式可拟定为

$$a_n=\lambda_{11}x_1^{n-1}\ (\lambda_{11}\text{可由}a_1\text{确定}).$$

证　$a_{n+1}+r_1a_n=0\Rightarrow a_{n+1}-x_1a_n=0\Rightarrow \dfrac{a_{n+1}}{x_1^n}=\dfrac{a_n}{x_1^{n-1}}$

$\Rightarrow$新数列$\left\{\dfrac{a_n}{x_1^{n-1}}\right\}$是常数数列，其首项为$a_1$

$\Rightarrow a_n=a_1x_1^{n-1}\Rightarrow a_n=\lambda_{11}x_1^{n-1}$（$\lambda_{11}$可由$a_1$确定）.

注　通项模式也可拟定为$a_n=\lambda_{11}x_1^n$（λ_{11}可由a_1确定）.

2. 当$k=2$时，$\{a_n\}$为二阶线性递推数列，特征根为x_1,x_2，且$x_1x_2\neq 0$，通项模

式可拟定为：

(1) 若 $x_1=x_2$，则 $a_n=[\lambda_{21}(n-1)+\lambda_{22}]x_2^{n-1}$（$\lambda_{21},\lambda_{22}$ 可由 a_1,a_2 确定）；

(2) 若 $x_1\neq x_2$，则 $a_n=\lambda_{21}x_1^{n-1}+\lambda_{22}x_2^{n-1}$（$\lambda_{21},\lambda_{22}$ 可由 a_1,a_2 确定）.

证 ∵ $\{a_n\}$ 为二阶线性递推数列，特征根为 x_1,x_2，且 $x_1x_2\neq0$，

$$\therefore a_{n+2}+r_1a_{n+1}+r_2a_n=0\Rightarrow a_{n+2}-(x_1+x_2)a_{n+1}+x_1x_2a_n=0,$$

$$\Rightarrow(a_{n+2}-x_2a_{n+1})-x_1(a_{n+1}-x_2a_n)=0.$$

由一阶线性递推数列通项模式定理知：新数列 $\{a_{n+1}-x_2a_n\}$ 是一阶线性递推数列，特征根为 x_1，从而得

$$a_{n+1}-x_2a_n=\beta_{21}x_1^{n-1}\ (\beta_{21}\text{ 可由 }a_1,a_2\text{ 确定}).\tag{1}$$

(1) 若 $x_1=x_2$，则由(1)式按接龙法形变律得

$$a_{n+1}-x_2a_n=\beta_{21}[n-(n-1)]x_2^{n-1}$$

$$\Rightarrow a_{n+1}-\beta_{21}\cdot n\cdot x_2^{n-1}=x_2[a_n-\beta_{21}(n-1)x_2^{n-2}]$$

$$\Rightarrow\frac{a_{n+1}-\beta_{21}\cdot n\cdot x_2^{n-1}}{x_2^n}=\frac{a_n-\beta_{21}(n-1)x_2^{n-2}}{x_2^{n-1}}$$

$\Rightarrow$新数列 $\left\{\dfrac{a_n-\beta_{21}(n-1)x_2^{n-2}}{x_2^{n-1}}\right\}$ 是常数数列，其首项是 a_1

$$\Rightarrow a_n=\left[\frac{\beta_{21}}{x_2}(n-1)+a_1\right]x_2^{n-1}.\tag{2}$$

令 $\lambda_{21}=\dfrac{\beta_{21}}{x_2}$，$\lambda_{22}=a_1$，代入(2)式得

$$a_n=[\lambda_{21}(n-1)+\lambda_{22}]x_2^{n-1}\ (\lambda_{21},\lambda_{22}\text{ 可由 }a_1,a_2\text{ 确定}).$$

(2) 若 $x_1\neq x_2$，则由(1)式按接龙法形变律得

$$a_{n+1}=x_2a_n+\beta_{21}\cdot\frac{x_2x_1^{n-1}-x_1^n}{x_2-x_1}$$

$$\Rightarrow a_{n+1}+\frac{\beta_{21}x_1^n}{x_2-x_1}=x_2\left(a_n+\frac{\beta_{21}x_1^{n-1}}{x_2-x_1}\right)$$

$$\Rightarrow\frac{1}{x_2^n}\left(a_{n+1}+\frac{\beta_{21}x_1^n}{x_2-x_1}\right)=\frac{1}{x_2^{n-1}}\left(a_n+\frac{\beta_{21}x_1^{n-1}}{x_2-x_1}\right)$$

$\Rightarrow$新数列 $\left\{\dfrac{1}{x_2^{n-1}}\left(a_n+\dfrac{\beta_{21}x_1^{n-1}}{x_2-x_1}\right)\right\}$ 是常数数列，其首项为 $a_1+\dfrac{\beta_{21}}{x_2-x_1}$

$$\Rightarrow a_n=-\frac{\beta_{21}}{x_2-x_1}x_1^{n-1}+\left(a_1+\frac{\beta_{21}}{x_2-x_1}\right)x_2^{n-1}.\tag{3}$$

令 $\lambda_{21}=-\frac{\beta_{21}}{x_2-x_1}$，$\lambda_{22}=a_1+\frac{\beta_{21}}{x_2-x_1}$，代入(3)式得

$$a_n=\lambda_{21}x_1^{n-1}+\lambda_{22}x_2^{n-1}(\lambda_{21},\lambda_{22}\text{可由 }a_1,a_2\text{ 确定}).$$

注　通项模式也可拟定为：

(1)若 $x_1=x_2$，则 $a_n=(\lambda_{21}n+\lambda_{22})x_2^n$；

(2)若 $x_1\neq x_2$，则 $a_n=\lambda_{21}x_1^n+\lambda_{22}x_2^n$.

其中 $\lambda_{21},\lambda_{22}$ 可由 a_1,a_2 确定.

3. 当 $k=3$ 时，$\{a_n\}$ 为三阶线性递推数列，特征根为 x_1,x_2,x_3，且 $x_1x_2x_3\neq 0$，通项模式可拟定为：

(1) 若 $x_1=x_2=x_3$，则 $a_n=[\lambda_{31}(n-1)(n-2)+\lambda_{32}(n-1)+\lambda_{33}]x_3^{n-1}$；

(2) 若 $x_1=x_2\neq x_3$，则 $a_n=[\lambda_{31}(n-1)+\lambda_{32}]x_2^{n-1}+\lambda_{33}x_3^{n-1}$；

(3) 若 x_1,x_2,x_3 各不相同，则 $a_n=\lambda_{31}x_1^{n-1}+\lambda_{32}x_2^{n-1}+\lambda_{33}x_3^{n-1}$.

其中 $\lambda_{31},\lambda_{32},\lambda_{33}$ 可由 a_1,a_2,a_3 确定.

证　$\because$ $\{a_n\}$ 为三阶线性递推数列，特征根为 x_1,x_2,x_3，且 $x_1x_2x_3\neq 0$，

$\therefore$ $a_{n+3}+r_1a_{n+2}+r_2a_{n+1}+r_3a_n=0$

$$\Rightarrow a_{n+3}-(x_1+x_2+x_3)a_{n+2}+[(x_1+x_2)x_3+x_1x_2]a_{n+1}-x_1x_2x_3a_n=0$$

$$\Rightarrow a_{n+3}-(x_2+x_3)a_{n+2}+x_2x_3a_{n+1}=x_1[a_{n+2}-(x_2+x_3)a_{n+1}+x_2x_3a_n].$$

由一阶线性递推数列通项模式定理知：新数列 $\{a_{n+2}-(x_2+x_3)a_{n+1}+x_2x_3a_n\}$ 是一阶线性递推数列，特征根为 x_1，从而得

$$a_{n+2}-(x_2+x_3)a_{n+1}+x_2x_3a_n=\beta_{21}x_1^{n-1}(\beta_{21}\text{可由 }a_1,a_2,a_3\text{ 确定}).$$

所以 $a_{n+2}-x_3a_{n+1}-x_2(a_{n+1}-x_3a_n)=\beta_{21}x_1^{n-1}$.

由二阶线性递推数列通项模式定理论证过程中的(1)式知：新数列 $\{a_{n+1}-x_3a_n\}$ 是二阶线性递推数列，特征根为 x_1,x_2，从而得

若 $x_1=x_2$，则通项模式可拟定为 $a_{n+1}-x_3a_n=[\beta_{31}(n+1)-\beta_{32}]x_2^{n-1}$；　　(4)

若 $x_1\neq x_2$，则通项模式可拟定为 $a_{n+1}-x_3a_n=\beta_{31}x_1^{n-1}+\beta_{32}x_2^{n-1}$.　　(5)

(1) 若 $x_1=x_2=x_3$，则由(4)式得

$$a_{n+1}-x_3a_n=[\beta_{31}(n-1)+\beta_{32}]x_3^{n-1}.$$

按接龙法基本定理得出

$$a_{n+1}-x_3a_n=\left[\frac{\beta_{31}}{2}n(n-1)-\frac{\beta_{31}}{2}(n-1)(n-2)+\beta_{32}n-\beta_{32}(n-1)\right]x_3^{n-1}$$

$$\Rightarrow a_{n+1}-\left[\frac{\beta_{31}}{2}n(n-1)+\beta_{32}n\right]x_3^{n-1}=x_3a_n-\left[\frac{\beta_{31}}{2}(n-1)(n-2)+\beta_{32}(n-1)\right]x_3^{n-1}$$

$$\Rightarrow\frac{a_{n+1}-\left[\frac{\beta_{31}}{2}n(n-1)+\beta_{32}n\right]x_3^{n-1}}{x_3^n}=\frac{a_n-\left[\frac{\beta_{31}}{2}(n-1)(n-2)+\beta_{32}(n-1)\right]x_3^{n-2}}{x_3^{n-1}}$$

$\Rightarrow$新数列$\left\{\dfrac{a_n-\left[\frac{\beta_{31}}{2}(n-1)(n-2)+\beta_{32}(n-1)\right]x_3^{n-2}}{x_3^{n-1}}\right\}$是常数数列，其首项为$a_1$

$$\therefore\ a_n=\left[\frac{\beta_{31}}{2}(n-1)(n-2)+\beta_{32}(n-1)\right]x_3^{n-2}+a_1x_3^{n-1}$$

$$=\left[\frac{\beta_{31}}{2x_3}(n-1)(n-2)+\frac{\beta_{32}}{x_3}(n-1)+a_1\right]x_3^{n-1}. \tag{6}$$

令$\lambda_{31}=\dfrac{\beta_{31}}{2x_3}$，$\lambda_{32}=\dfrac{\beta_{32}}{x_3}$，$\lambda_{33}=a_1$，代入(6)式得

$$a_n=[\lambda_{31}(n-1)(n-2)+\lambda_{32}(n-1)+\lambda_{33}]x_3^{n-1}.$$

(2) 若$x_1=x_2\neq x_3$，则由(4)式并按接龙法形变律得出

$$a_{n+1}=x_3a_n+[\beta_{31}(n-1)+\beta_{32}]\cdot\frac{1}{x_3-x_2}(x_3x_2^{n-1}-x_2^n)$$

$$\Rightarrow a_{n+1}+\frac{1}{x_3-x_2}[\beta_{31}(n-1)+\beta_{32}]x_2^n$$

$$=x_3\left\{a_n+\frac{1}{x_3-x_2}[\beta_{31}(n-1)+\beta_{32}]x_2^{n-1}\right\}. \tag{7}$$

按接龙法基本定理可将(7)式等价变换成典型递推式

$$\frac{1}{x_3^n}\left[a_{n+1}+\frac{\beta_{31}}{x_3-x_2}\cdot n\cdot x_2^n+\frac{\beta_{32}}{x_3-x_2}x_2^n+\frac{\beta_{31}}{(x_3-x_2)^2}x_2^{n+1}\right]$$

$$=\frac{1}{x_3^{n-1}}\left[a_n+\frac{\beta_{31}}{x_3-x_2}(n-1)x_2^{n-1}+\frac{\beta_{32}}{x_3-x_2}x_2^{n-1}+\frac{\beta_{31}}{(x_3-x_2)^2}x_2^n\right].$$

$\therefore$ 新数列$\left\{\dfrac{1}{x_3^{n-1}}\left[a_n+\dfrac{\beta_{31}}{x_3-x_2}(n-1)x_2^{n-1}+\dfrac{\beta_{32}}{x_3-x_2}x_2^{n-1}+\dfrac{\beta_{31}}{(x_3-x_2)^2}x_2^n\right]\right\}$是常数数列，其首项为$a_1+\dfrac{\beta_{32}}{x_3-x_2}+\dfrac{\beta_{31}x_2}{(x_3-x_2)^2}$，

$$\therefore\ a_n=\left[-\frac{\beta_{31}}{x_3-x_2}(n-1)-\frac{\beta_{32}}{x_3-x_2}-\frac{\beta_{31}x_2}{(x_3-x_2)^2}\right]x_2^{n-1}$$

$$+\left(a_1+\frac{\beta_{32}}{x_3-x_2}+\frac{\beta_{31}x_2}{(x_3-x_2)^2}\right)x_3^{n-1}. \tag{8}$$

令 $\lambda_{31}=-\frac{\beta_{31}}{x_3-x_2},\lambda_{32}=-\frac{\beta_{32}}{x_3-x_2}-\frac{\beta_{31}x_2}{(x_3-x_2)^2},\lambda_{33}=a_1+\frac{\beta_{32}}{x_3-x_2}+\frac{\beta_{31}x_2}{(x_3-x_2)^2}$，代入(8)式即得

$$a_n=[\lambda_{31}(n-1)+\lambda_{32}]x_2^{n-1}+\lambda_{33}x_3^{n-1}(\lambda_{31},\lambda_{32},\lambda_{33}\text{可由 }a_1,a_2,a_3\text{确定}).$$

(3) 若 x_1,x_2,x_3 各不相同(即均为单根)，则由(5)式按接龙法形变律得出典型递推式

$$a_{n+1}=x_3a_n+\frac{\beta_{31}}{x_3-x_1}(x_3x_1^{n-1}-x_1^n)+\frac{\beta_{32}}{x_3-x_2}(x_3x_2^{n-1}-x_2^n)$$

$$\Rightarrow\frac{1}{x_3^n}\left(a_{n+1}+\frac{\beta_{31}}{x_3-x_1}x_1^n+\frac{\beta_{32}}{x_3-x_2}x_2^n\right)$$

$$=\frac{1}{x_3^{n-1}}\left(a_n+\frac{\beta_{31}}{x_3-x_1}x_1^{n-1}+\frac{\beta_{32}}{x_3-x_2}x_2^{n-1}\right),\tag{9}$$

$\therefore$ 新数列 $\left\{\frac{1}{x_3^{n-1}}\left(a_n+\frac{\beta_{31}}{x_3-x_1}x_1^{n-1}+\frac{\beta_{32}}{x_3-x_2}x_2^{n-1}\right)\right\}$ 是常数数列，其首项为

$$a_1+\frac{\beta_{31}}{x_3-x_1}+\frac{\beta_{32}}{x_3-x_2}.$$

$$\therefore a_n=-\frac{\beta_{31}}{x_3-x_1}x_1^{n-1}-\frac{\beta_{32}}{x_3-x_2}x_2^{n-1}+\left(a_1+\frac{\beta_{31}}{x_3-x_1}+\frac{\beta_{32}}{x_3-x_2}\right)x_3^{n-1}.\tag{10}$$

令 $\lambda_{31}=-\frac{\beta_{31}}{x_3-x_1},\lambda_{32}=-\frac{\beta_{32}}{x_3-x_2},\lambda_{33}=a_1+\frac{\beta_{31}}{x_3-x_1}+\frac{\beta_{32}}{x_3-x_2}$，代入(10)式即得

$$a_n=\lambda_{31}x_1^{n-1}+\lambda_{32}x_2^{n-1}+\lambda_{33}x_3^{n-1}(\lambda_{31},\lambda_{32},\lambda_{33}\text{可由 }a_1,a_2,a_3\text{确定}).$$

通过以上对 $k=1,2,3$ 时的仔细剖析，得知它们论证过程循序有律，从而可将三阶线性递推数列通项模式定理的证明步骤概括简述如下：

另证　因为三阶线性递推数列 $a_{n+3}+r_1a_{n+2}+r_2a_{n+1}+r_3a_n=0$ 的特征根为 x_1,x_2,x_3，所以数列 $\{a_{n+1}-x_3a_n\}$ 为二阶线性递推数列.

(1) 若 $x_1=x_2=x_3$，则由二阶线性递推数列通项模式定理得知

$$a_{n+1}-x_3=[\lambda_{21}(n-1)+\lambda_{22}]x_2^{n-1}=[\lambda_{21}(n-1)+\lambda_{22}]x_3^{n-1}.$$

按接龙法基本定理可得典型递推式

$$\frac{a_{n+1}-\left[\frac{1}{2}\lambda_{21}n(n-1)+\lambda_{22}n\right]x_3^{n-1}}{x_3^n}=\frac{a_n-\left[\frac{1}{2}\lambda_{21}(n-1)(n-2)+\lambda_{22}(n-1)\right]x_3^{n-2}}{x_3^{n-1}}.$$

再由新数列$\left\{\dfrac{a_n-\left[\dfrac{1}{2}\lambda_{21}(n-1)(n-2)+\lambda_{22}(n-1)\right]x_3^{n-2}}{x_3^{n-1}}\right\}$是常数数列得出通项表达式后，以$\lambda_{31},\lambda_{32},\lambda_{33}$分别代换各对应项系数即得

$$a_n=[\lambda_{31}(n-1)(n-2)+\lambda_{32}(n-1)+\lambda_{33}]x_3^{n-1}(\lambda_{31},\lambda_{32},\lambda_{33}\text{可由 }a_1,a_2,a_3\text{确定}).$$

(2) 若$x_1=x_2\neq x_3$，则由二阶线性递推数列通项模式定理得知

$$a_{n+1}-x_3a_n=[\lambda_{21}(n-1)+\lambda_{22}]\cdot\frac{1}{x_3-x_2}(x_3x_2^{n-1}-x_2^n)$$

$$\Rightarrow a_{n+1}+[\lambda_{21}(n-1)+\lambda_{22}]\frac{x_2^n}{x_3-x_2}=x_3\left\{a_n+[\lambda_{21}(n-1)+\lambda_{22}]\frac{x_2^{n-1}}{x_3-x_2}\right\}.$$

按接龙法基本定理得典型递推式，而后由新数列是常数数列得出通项表达式并以$\lambda_{31},\lambda_{32},\lambda_{33}$分别代换对应项系数，即得

$$a_n=[\lambda_{31}(n-1)+\lambda_{32}]x_2^{n-1}+\lambda_{33}x_3^{n-1}(\lambda_{31},\lambda_{32},\lambda_{33}\text{可由 }a_1,a_2,a_3\text{确定}).$$

(3) 若x_1,x_2,x_3各不相同(即为单根)，则由二阶线性递推数列通项模式定理得知

$$a_{n+1}-x_3a_n=\lambda_{21}x_1^{n-1}+\lambda_{22}x_2^{n-1}$$

$$\Rightarrow\frac{1}{x_3^n}\left[a_{n+1}-\left(\frac{1}{x_3-x_1}\lambda_{21}x_1^{n-1}+\frac{1}{x_3-x_2}\lambda_{22}x_1^{n-1}\right)\right]$$

$$=\frac{1}{x_3^{n-1}}\left[a_n-\left(\frac{1}{x_3-x_1}\lambda_{21}x_1^{n-2}+\frac{1}{x_3-x_2}\lambda_{22}x_2^{n-2}\right)\right].$$

再由新数列$\left\{\dfrac{1}{x_3^{n-1}}\left[a_n-\left(\dfrac{1}{x_3-x_1}\lambda_{21}x_1^{n-2}+\dfrac{1}{x_3-x_2}\lambda_{22}x_2^{n-2}\right)\right]\right\}$是常数数列得出通项表达式，而后以$\lambda_{31},\lambda_{32},\lambda_{33}$分别代换对应项系数，即得

$$a_n=\lambda_{31}x_1^{n-1}+\lambda_{32}x_2^{n-1}+\lambda_{33}x_3^{n-1}(\lambda_{31},\lambda_{32},\lambda_{33}\text{可由 }a_1,a_2,a_3\text{确定}).$$

同理，仿效上面的证明格式可依次论证各阶线性递推数列通项模式定理.

4. 当$k=4$时，线性递推数列$a_{n+4}+r_1a_{n+3}+r_2a_{n+2}+r_3a_{n+1}+r_4a_n=0$的特征根为$x_1,x_2,x_3,x_4$，其通项模式可拟定为：

(1) 若$x_1=x_2=x_3=x_4$，则

$$a_n=[\lambda_{41}(n-1)(n-2)(n-3)+\lambda_{42}(n-1)(n-2)+\lambda_{43}(n-1)+\lambda_{44}]x_4^{n-1};$$

(2) 若$x_1=x_2=x_3\neq x_4$，则

$$a_n=[\lambda_{41}(n-1)(n-2)+\lambda_{42}(n-1)+\lambda_{43}]x_3^{n-1}+\lambda_{44}x_4^{n-1};$$

(3) 若$x_1=x_2\neq x_3=x_4$，则

$a_n=[\lambda_{41}(n-1)+\lambda_{42}]x_2^{n-1}+[\lambda_{43}(n-1)+\lambda_{44}]x_4^{n-1}$；

(4) 若 $x_1=x_2$ 且 x_3,x_4,x_1 各不相同，则

$a_n=[\lambda_{41}(n-1)+\lambda_{42}]x_2^{n-1}+\lambda_{43}x_3^{n-1}+\lambda_{44}x_4^{n-1}$；

(5) 若 x_1,x_2,x_3,x_4 各不相同，则

$a_n=\lambda_{41}x_1^{n-1}+\lambda_{42}x_2^{n-1}+\lambda_{43}x_3^{n-1}+\lambda_{44}x_4^{n-1}$.

以上 $\lambda_{41},\lambda_{42},\lambda_{43},\lambda_{44}$ 可由 a_1,a_2,a_3,a_4 确定.

5. 当 $k=5$ 时，线性递推数列 $a_{n+5}+r_1a_{n+4}+r_2a_{n+3}+r_3a_{n+2}+r_4a_{n+1}+r_5a_n=0$ 的特征根为 x_1,x_2,x_3,x_4,x_5，其通项模式可拟定为：

(1) 若 $x_1=x_2=x_3=x_4=x_5$，则

$$a_n=[\lambda_{51}(n-1)(n-2)(n-3)(n-4)-\lambda_{52}(n-1)(n-2)(n-3)$$
$$+\lambda_{53}(n-1)(n-2)+\lambda_{54}(n-1)+\lambda_{55}]x_5^{n-1}.$$

(2) 若 $x_1=x_2=x_3=x_4\neq x_5$，则

$$a_n=[\lambda_{51}(n-1)(n-2)(n-3)+\lambda_{52}(n-1)(n-2)+\lambda_{53}(n-1)+\lambda_{54}]x_4^{n-1}+\lambda_{55}x_5^{n-1}.$$

(3) 若 $x_1=x_2=x_3\neq x_4,x_5$，而且

① $x_4=x_5$，则

$a_n=[\lambda_{51}(n-1)(n-2)+\lambda_{52}(n-1)+\lambda_{53}]x_3^{n-1}+[\lambda_{54}(n-1)+\lambda_{55}]x_5^{n-1}$；

② x_4,x_5 各不相同，则

$a_n=[\lambda_{51}(n-1)(n-2)+\lambda_{52}(n-1)+\lambda_{53}]x_3^{n-1}+\lambda_{54}x_4^{n-1}+\lambda_{55}x_5^{n-1}$.

(4) 若 $x_1=x_2\neq x_3,x_4,x_5$，而且

① $x_3=x_4\neq x_5$，则

$a_n=[\lambda_{51}(n-1)+\lambda_{52}]x_2^{n-1}+[\lambda_{53}(n-1)+\lambda_{54}]x_4^{n-1}+\lambda_{55}x_5^{n-1}$；

② x_3,x_4,x_5 各不相同，则

$a_n=[\lambda_{51}(n-1)+\lambda_{52}]x_2^{n-1}+\lambda_{53}x_3^{n-1}+\lambda_{54}x_4^{n-1}+\lambda_{55}x_5^{n-1}$.

(5) 若 x_1,x_2,x_3,x_4,x_5 各不相同，则

$a_n=\lambda_{51}x_1^{n-1}+\lambda_{52}x_2^{n-1}+\lambda_{53}x_3^{n-1}+\lambda_{54}x_4^{n-1}+\lambda_{55}x_5^{n-1}$.

以上 $\lambda_{51},\lambda_{52},\lambda_{53},\lambda_{54},\lambda_{55}$ 可由 a_1,a_2,a_3,a_4,a_5 确定.

当 $k=6,7,8,\cdots$ 时，请读者思考通项模式定理.

注　(1)本节在典型化过程中，按接龙法基本定理作等价变形代换法时有三层含义，以 $(n-1)$，$n(n-1)$，$(n-1)(n-2)$“三龙”关系实例而言：

第一层含义是以两新龙的组合$\frac{1}{2}[n(n-1)-(n-1)(n-2)]$代换老龙$(n-1)$，对于$n$的多项式次数是升高的，称之为升次代换，它应用于重根时的典型化变换，见本节$k=3$时的$x_1=x_2=x_3$一段转化内容，最后得出(6)式.

第二层含义是以一条冠首新龙与老龙的组合$n(n-1)-2(n-1)$代换拖尾新龙$(n-1)(n-2)$，称之为同次代换. 等价变形中多了一条降次老龙，再将此老龙典型化，则回归到前面低一阶的线性递推数列通项模式定理范畴内. 如此逐次局部典型化，最后完成将一般递推式转化为典型递推式. 本节即选用这一办法，可查看$k=3$时中的$x_1=x_2\neq x_3$一段转化内容(将(7)式变换成典型递推式).

第三层含义是以一条拖尾新龙与老龙的组合$(n-1)(n-2)+2(n-1)$代换冠首新龙$n(n-1)$，本节并未选用这一办法.

若选用同次代换，仅影响系数变异，从k阶线性递推数列通项模式的待定系数法结构审视，概括简叙的论证格式是可采纳的.

(2) k阶线性递推数列通项模式定理可以采用数学归纳法证之.

§2　传统经典范例辩证剖析

从k阶线性递推数列视角辩证审视数列$\{a_n\}$及其和数列$\{S_n\}$.

2.1　等比数列

$\because \frac{a_{n+1}}{a_n}=q\neq 0 \Rightarrow a_{n+1}-qa_n=0$，

$\therefore$ 等比数列$\{a_n\}$是一阶线性递推数列，其特征根$x_1=q\neq 0$.

$$\because \left.\begin{array}{l} S_{n+1}-S_n=a_1q^n \\ S_{n+2}-S_{n+1}=a_1q^{n+1}\end{array}\right\} \Rightarrow S_{n+2}-S_{n+1}-q(S_{n+1}-S_n)=0 \Rightarrow S_{n+2}-(1+q)S_{n+1}+qS_n=0,$$

$\therefore$ 数列$\{S_n\}$是二阶线性递推数列，其特征根为$x_1=q, x_2=1$.

注　由$S_n-S_{n-1}=a_1q^{n-1}$即可断定数列$\{S_n\}$是特征根为$x_1=q, x_2=1$的二阶线性递推数列.

根据线性递推数列通项模式定理论证等比数列$\{a_n\}$的通项公式及求和公式，

过程如下：

证　$\because$ 等比数列 $a_{n+1}-qa_n=0(q\neq 0)$，

$\therefore$ 特征方程为 $x-q=0$，特征根 $x_1=q$.

$\therefore$ 通项模式为 $a_n=\lambda_1 q^{n-1}$（λ_1 由 a_1 确定）.

$\because \lambda_1 q^0=a_1 \Rightarrow \lambda_1=a_1$，

$\therefore a_n=a_1 q^{n-1}(n\in \mathbf{N}^*)$.

又 $\because S_n-S_{n-1}=a_n=a_1 q^{n-1}$，

$\therefore$ 数列 $\{S_n\}$ 是二阶线性递推数列，其特征根为 $x_1=q, x_2=1$.

当 $q=1$ 时，由 $x_1=x_2=1$ 知：$\{S_n\}$ 的通项模式为

$$S_n=[\lambda_{21}(n-1)+\lambda_{22}]\cdot 1^{n-1}=\lambda_{21}(n-1)+\lambda_{22}\ (\lambda_{21},\lambda_{22} \text{ 由 } S_1, S_2 \text{ 确定}),$$

$$\therefore \begin{cases}\lambda_{21}\times 0+\lambda_{22}=S_1=a_1,\\ \lambda_{21}\times 1+\lambda_{22}=S_2=a_1+a_1\times 1,\end{cases} \text{解之得 } \lambda_{21}=\lambda_{22}=a_1,$$

$\therefore S_n=a_1(n-1)+a_1=a_1 n(n\in \mathbf{N}^*)$.

当 $q\neq 1$ 时，由 $x_1\neq x_2$ 知：$\{S_n\}$ 的通项模式为

$$S_n=\lambda_{21}q^{n-1}+\lambda_{22}\ (\lambda_{21},\lambda_{22} \text{ 由 } S_1, S_2 \text{ 确定}),$$

$$\therefore \begin{cases}\lambda_{21}+\lambda_{22}=S_1=a_1,\\ \lambda_{21}q+\lambda_{22}=S_2=a_1+a_1 q,\end{cases} \text{解之得 } \lambda_{21}=\frac{a_1 q}{q-1}, \lambda_{22}=\frac{a_1}{1-q},$$

$$\therefore S_n=\frac{a_1 q}{q-1}q^{n-1}+\frac{a_1}{1-q}=\frac{a_1(1-q^n)}{1-q}(n\in \mathbf{N}^*).$$

2.2　等差数列

(1) 若公差 $d=0$，则 $a_{n+1}-a_n=0$，

$\therefore$ 当 $d=0$ 时，等差数列 $\{a_n\}$ 是特征根为 $x_1=1$ 的一阶线性递推数列.

$\because S_n-S_{n-1}=a_n=a_1$，

$\therefore$ 当 $a_1=0$ 且 $d=0$ 时，数列 $\{S_n\}$ 是特征根为 $x_1=1$ 的一阶线性递推数列.

当 $a_1\neq 0$ 且 $d=0$ 时，

$$\because \left.\begin{array}{l}S_n-S_{n-1}=a_1\neq 0\\ S_{n+1}-S_n=a_1\neq 0\end{array}\right\}\Rightarrow S_{n+1}-2S_n+S_{n-1}=0,$$

$\therefore$ 当 $a_1\neq 0$ 且 $d=0$ 时，数列 $\{S_n\}$ 是特征根为 $x_1=x_2=1$ 的二阶线性递推数列.

(2) 若公差 $d\neq 0$,则 $\left.\begin{array}{l}a_{n+1}-a_n=d\neq 0\\a_{n+2}-a_{n+1}=d\neq 0\end{array}\right\}\Rightarrow a_{n+2}-2a_{n+1}+a_n=0$,

∴ 当 $d\neq 0$ 时,等差数列 $\{a_n\}$ 是特征根为 $x_1=x_2=1$ 的二阶线性递推数列.

$$\because \left.\begin{array}{l}S_n-S_{n-1}=d(n-1)+a_1\\S_{n+1}-S_n=dn+a_1\end{array}\right\}\Rightarrow \left.\begin{array}{l}S_{n+1}-2S_n+S_{n-1}=d\\d\neq 0\\S_{n+2}-2S_{n+1}+S_n=d\end{array}\right\}$$

$$\Rightarrow S_{n+2}-3S_{n+1}+3S_n-S_{n-1}=0,$$

∴ 当 $d\neq 0$ 时,数列 $\{S_n\}$ 是特征根为 $x_1=x_2=x_3=1$ 的三阶线性递推数列.

注 (1) 由 $a_{n+1}-a_n=d$ 即可断定:

当 $d=0$ 时,数列 $\{a_n\}$ 是特征根为 $x_1=1$ 的一阶线性递推数列;

当 $d\neq 0$ 时,数列 $\{a_n\}$ 是特征根为 $x_1=x_2=1$ 的二阶线性递推数列.

(2) 由 $S_n-S_{n-1}=d(n-1)+a_1$ 即可断定:

当 $d=a_1=0$ 时,数列 $\{S_n\}$ 是特征根为 $x_1=1$ 的一阶线性递推数列;

当 $d=0$ 且 $a_1\neq 0$ 时,数列 $\{S_n\}$ 是特征根为 $x_1=x_2=1$ 的二阶线性递推数列;

当 $d\neq 0$ 时,数列 $\{S_n\}$ 是特征根为 $x_1=x_2=x_3=1$ 的三阶线性递推数列.

根据线性递推数列通项模式定理论证等差数列 $\{a_n\}$ 的通项公式及求和公式,过程如下:

证 ∵等差数列 $a_{n+1}-a_n=d$,

若 $d\neq 0$,则 $\{a_n\}$ 的特征根为 $x_1=x_2=1$,

∴ $a_n=\lambda_{21}(n-1)+\lambda_{22}$($\lambda_{21},\lambda_{22}$ 由 a_1,a_2 确定).

从而得 $\begin{cases}\lambda_{22}=a_1,\\\lambda_{21}+\lambda_{22}=a_1+d,\end{cases}$ 解之得 $\lambda_{21}=d,\lambda_{22}=a_1$,

∴ $a_n=d(n-1)+a_1\ (n\in\mathbf{N}^*)$. (1)

若 $d=0$,则 $\{a_n\}$ 的特征根为 $x_1=1$,

∴ $a_n=\lambda_{11}$(λ_{11} 可由 a_1 确定),

从而得 $\lambda_{11}=a_1$,∴ $a_n=a_1\ (n\in\mathbf{N}^*)$. (2)

由(1)式知,当 $d=0$ 时即为(2)式,

∴ 等差数列的通项公式为 $a_n=d(n-1)+a_1\ (n\in\mathbf{N}^*)$.

又∵ $S_n-S_{n-1}=a_n=d(n-1)+a_1,d\neq 0$,

∴ 数列 $\{S_n\}$ 的特征根为 $x_1=x_2=x_3=1$,

∴ 数列$\{S_n\}$的通项模式为

$a_n=\lambda_{31}(n-1)(n-2)+\lambda_{32}(n-1)+\lambda_{33}$.

从而得$\begin{cases}\lambda_{33}=a_1,\\ \lambda_{32}+\lambda_{33}=S_2=2a_1+d,\\ 2\lambda_{31}+2\lambda_{32}+\lambda_{33}=S_3=3a_1+3d,\end{cases}$ 解之得$\lambda_{31}=\frac{1}{2}d,\lambda_{32}=a_1+d,\lambda_{33}=a_1$.

$$\therefore\ a_n=\frac{1}{2}d(n-1)(n-2)+(a_1+d)+a_1$$

$$=\frac{1}{2}[d(n^2-3n+2)+2a_1n+2dn-2d]$$

$$=\frac{1}{2}(dn^2-dn+2a_1n)=\frac{1}{2}(a_1+a_n)n. \qquad (3)$$

若$d=0$，∵ $\{a_n\}$是常数数列，∴ $a_n=a_1$，从而知(3)式成立.

∴ 等差数列前n项和为$S_n=\frac{1}{2}(a_1+a_n)n(n\in\mathbf{N}^*)$.

2.3　高阶等差数列

∵ $r(r\geqslant2)$阶等差数列第r阶差构成的数列是常数数列$\{d_r\neq0\}$，

$$\therefore\ \left.\begin{aligned}&a_{n+r}-C_r^1a_{n+r-1}+C_r^2a_{n+r-2}-C_r^3a_{n+r-3}+\cdots+(-1)^rC_r^ra_n=d_r\neq0\\&a_{n+r+1}-C_r^1a_{n+r}+C_r^2a_{n+r-1}-C_r^3a_{n+r-2}+\cdots+(-1)^rC_r^ra_{n+1}=d_r\neq0\end{aligned}\right\}$$

$$\Rightarrow a_{n+r+1}-(C_r^0+C_r^1)a_{n+r}+(C_r^1+C_r^2)a_{n+r-1}-(C_r^2+C_r^3)a_{n+r-2}+\cdots$$

$$+(-1)^r(C_r^{r-1}+C_r^r)a_{n+1}-(-1)^rC_r^ra_n=0$$

$$\Rightarrow a_{n+r+1}-C_{r+1}^1a_{n+r}+C_{r+1}^2a_{n+r-1}-C_{r+1}^3a_{n+r-2}+\cdots+(-1)^{r+1}C_{r+1}^{r+1}a_n=0.$$

又∵ 特征方程为$(x-1)^{r+1}=0$，

∴ 特征根为$x_1=x_2=\cdots=x_r=x_{r+1}=1$.

从而知$r(r\geqslant2)$阶等差数列是$(r+1)$阶线性递推数列，其特征根为

$$x_1=x_2=\cdots=x_{r+1}=1.$$

根据$(r+1)$阶递推数列通项模式定理论证通项公式.

证　∵ r阶等差数列$\{a_n\}$的特征根是$x_1=x_2=\cdots=x_{r+1}=1$，

∴ 通项模式为

$a_n=\lambda_{(r+1)1}(n-1)(n-2)\cdots(n-r)+\lambda_{(r+1)2}(n-1)(n-2)\cdots(n-r+1)+\cdots$

$+\lambda_{(r+1)r}(n-1)+\lambda_{(r+1)(r+1)}$ ($\lambda_{(r+1)1},\lambda_{(r+1)2},\cdots,\lambda_{(r+1)(r+1)}$可由$a_1,a_2,\cdots,$ a_{r+1}确定).　(4)

令 $n=1$，由(4)式得 $\lambda_{(r+1)(r+1)}=a_1$；

令 $n=2$，由(4)式得 $\lambda_{(r+1)r}+\lambda_{(r+1)(r+1)}=a_2$，从而得

$$\lambda_{(r+1)r}=a_2-a_1=d_1；$$

令 $n=3$，由(4)式得 $2\lambda_{(r+1)(r-1)}+2\lambda_{(r+1)r}+\lambda_{(r+1)(r+1)}=a_3$，从而得

$$\lambda_{(r+1)(r-1)}=\frac{1}{2}[a_3-2(a_2-a_1)-a]=\frac{1}{2}(a_3-2a_2+a_1)=\frac{1}{2!}d_2；$$

令 $n=4$，由(4)式得

$$6\lambda_{(r+1)(r-2)}+6\lambda_{(r+1)(r-1)}+3\lambda_{(r+1)r}+\lambda(r+1(r+1)=a_4，$$

从而得 $\lambda_{(r+1)(r-2)}=\frac{1}{3!}[a_4-3(a_3-2a_2+a_1)-3(a_2-a_1)-a_1]$

$$=\frac{1}{3!}(a_4-3a_3+3a_2-a_1)=\frac{1}{3!}d_3.$$

同理，得

$$\lambda_{(r+1)(r-3)}=\frac{1}{4!}d_4，$$

$$\lambda_{(r+1)(r-4)}=\frac{1}{5!}d_5，$$

$$\cdots，$$

$$\lambda_{(r+1)1}=\frac{1}{r!}d_r.$$

$$\therefore a_n=a_1+(n-1)d_1+\frac{1}{2!}(n-1)(n-2)d_2+\frac{1}{3!}(n-1)(n-2)(n-3)d_3+\cdots$$
$$+\frac{1}{r!}(n-1)(n-2)\cdots(n-r)d_r.$$

运用接龙法证求和公式，过程如下：

证 $\because S_n-S_{n-1}=a_1+(n-1)d_1+\frac{1}{2!}(n-1)(n-2)d_2$

$$+\frac{1}{3!}(n-1)(n-2)(n-3)d_3+\cdots$$

$$+\frac{1}{r!}(n-1)(n-2)\cdots(n-r)d_r，$$

按接龙法基本定理得

$$S_n-\Big[a_1n+\frac{1}{2!}n(n-1)d_1+\frac{1}{3!}n(n-1)(n-2)d_2+\cdots$$

$$+\frac{1}{(r+1)!}n(n-1)(n-2)\cdots(n-r)d_r\Big]$$

$$=S_{n-1}-\Big[a(n-1)+\frac{1}{2!}(n-1)(n-2)d_1+\frac{1}{3!}(n-1)(n-2)(n-3)d_2+\cdots$$

$$+\frac{1}{(r+1)!}(n-1)(n-2)\cdots(n-r-1)d_r\Big],$$

$\therefore$ 数列$\Big\{S_n-\Big[a_1n+\frac{1}{2!}n(n-1)d_1+\frac{1}{3!}n(n-1)(n-2)d_2+\cdots$

$+\frac{1}{(r+1)!}n(n-1)\cdots(n-r)d_r\Big]\Big\}$是常数数列，其首项为 $S_1-a_1\times1=a_1-a_1=0$，

$$\therefore S_n=a_1n+\frac{1}{2!}n(n-1)d_1+\frac{1}{3!}n(n-1)(n-2)d_2+\cdots$$

$$+\frac{1}{(r+1)!}n(n-1)\cdots(n-r)d_r.$$

从而知数列$\{S_n\}$是特征根为 $x_1=x_2=x_3=\cdots=x_{r+1}=x_{r+2}=1$ 的$(r+2)$阶线性递推数列.

注　由 $S_n-S_{n-1}=a_n=a_1+(n-1)d_1+\frac{1}{2!}(n-1)(n-2)d_2+\cdots+\frac{1}{r!}(n-1)(n-2)\cdots(n-r)d_r$，即可断定数列$\{S_n\}$是特征根为 $x_1=x_2=x_3=\cdots=x_{r+1}=x_{r+2}=1$ 的$(r+2)$阶线性递推数列.

2.4　差比数列

设 $a_n=[d(n-1)+b_1]c_1q^{n-1}$（$d,b_1,c_1,q$ 是常数，且 $d\neq0,c_1\neq0,b_1\neq0,q\neq1,d(n-1)+b_1\neq0$），$S_n$为差比数列$\{a_n\}$的前 n 项和，从而得

$$\left.\begin{array}{l}a_n=[d(n-1)+b_1]c_1q^{n-1}\\ a_{n+1}=(dn+b_1)c_1q^n\end{array}\right\}\Rightarrow\left.\begin{array}{l}a_{n+1}-qa_n=dc_1q^n\\ a_{n+2}-qa_{n+1}=dc_1q^{n+1}\end{array}\right\}$$

$$\Rightarrow a_{n+2}-qa_{n+1}-q(a_{n+1}-qa_n)=0\Rightarrow a_{n+2}-2qa_{n+1}+q^2a_n=0,$$

$\therefore$ 差比数列$\{a_n\}$是二阶线性递推数列，其特征根为 $x_1=x_2=q$.

又$\because$ $\left.\begin{array}{l}S_n-S_{n-1}=[d(n-1)+b_1]c_1q^{n-1}\\ S_{n+1}-S_n=(dn+b_1)c_1q^n\end{array}\right\}$

$$\Rightarrow S_{n+1}-S_n-q(S_n-S_{n-1})=dc_1q^n$$

$$\Rightarrow\left.\begin{array}{l}S_{n+1}-(1+q)S_n+qS_{n-1}=dc_1q^n\\ S_{n+2}-(1+q)S_{n+1}+qS_n=dc_1q^{n+1}\end{array}\right\}$$

$$\Rightarrow S_{n+2}-(1+q)S_{n+1}+qS_n-q[S_{n+1}-(1+q)S_n+qS_{n-1}]=0$$

$$\Rightarrow S_{n+2}-(1+2q)S_{n+1}+(2q+q^2)S_n-q^2S_{n-1}=0,$$

$\therefore$ 差比数列的和数列$\{S_n\}$是三阶线性递推数列，其特征根为

$$x_1=x_2=q, x_3=1.$$

注 由 $S_n-S_{n-1}=[d(n-1)+b_1]c_1q^{n-1}$ 即可断定和数列$\{S_n\}$为特征根 $x_1=x_2=q, x_3=1$ 的三阶线性递推数列.

2.5 高阶差比数列

设二阶差比数列$\{a_n\}$的通项为

$$a_n=[\lambda_{31}(n-1)(n-2)+\lambda_{32}(n-1)+\lambda_{33}]q^{n-1}.$$

$$\because \left.\begin{aligned}&a_n=[\lambda_{31}(n-1)(n-2)+\lambda_{32}(n-1)+\lambda_{33}]q^{n-1}\\&a_{n+1}=[\lambda_{31}n(n-1)+\lambda_{32}n+\lambda_{33}]q^n\end{aligned}\right\}$$

$$\Rightarrow \left.\begin{aligned}&a_{n+1}-qa_n=[2\lambda_{31}(n-1)+\lambda_{32}]q^n\\&a_{n+2}-qa_{n+1}=(2\lambda_{31}n+\lambda_{32})q^{n+1}\end{aligned}\right\}$$

$$\Rightarrow a_{n+2}-qa_{n+1}-q(a_{n+1}-qa_n)=2\lambda_{31}q^{n+1}$$

$$\Rightarrow \left.\begin{aligned}&a_{n+2}-2qa_{n+1}+q^2a_n=2\lambda_{31}q^{n+1}\\&a_{n+3}-2qa_{n+2}+q^2a_{n+1}=2\lambda_{31}q^{n+2}\end{aligned}\right\}$$

$$\Rightarrow a_{n+3}-3qa_{n+2}+3q^2a_{n+1}-q^3a_n=0,$$

$\therefore$ 二阶差比数列是特征根为 $x_1=x_2=x_3=q$ 的三阶线性数列.

$$又\because \left.\begin{aligned}&S_n-S_{n-1}=[\lambda_{31}(n-1)(n-2)+\lambda_{32}(n-1)+\lambda_{33}]q^{n-1}\\&S_{n+1}-S_n=[\lambda_{31}n(n-1)+\lambda_{32}n+\lambda_{33}]q^n\end{aligned}\right\}$$

$$\Rightarrow \left.\begin{aligned}&S_{n-1}-(1+q)S_n+qS_{n-1}=[2\lambda_{31}(n-1)+\lambda_{32}]q^n\\&S_{n+2}-(1+q)S_{n+1}+qS_n=(2\lambda_{31}n+\lambda_{32})q^{n+1}\end{aligned}\right\}$$

$$\Rightarrow \left.\begin{aligned}&S_{n+2}-(1+2q)S_{n+1}+(2q+q^2)S_n-q^2S_{n-1}=2\lambda_{31}q^{n+1}\\&a_{n+3}-(1+2q)S_{n+2}+(2q+q^2)S_{n+1}-q^2S_n=2\lambda_{31}q^{n+2}\end{aligned}\right\}$$

$$\Rightarrow S_{n+3}-(1+3q)S_{n+2}+(3q+3q^2)S_{n+1}-(3q^2+q^3)S_n+q^3S_{n-1}=0,$$

$\therefore$ 二阶差比数列的和数列是特征根为 $x_1=x_2=x_3=q, x_4=1$ 的四阶线性递推数列.

注 由 $a_n=[\lambda_{31}(n-1)(n-2)+\lambda_{32}(n-1)+\lambda_{33}]q^{n-1}$，即可断定二阶差比数列是特征根为 $x_1=x_2=x_3=q$ 的三阶线性递推数列.

由 $S_n-S_{n-1}=[\lambda_{31}(n-1)(n-2)+\lambda_{32}(n-1)+\lambda_{33}]q^{n-1}$，即可断定二阶差比数列的和数列是特征根为 $x_1=x_2=x_3=q, x_4=1$ 的四阶线性递推数列.

同理，可得三阶差比数列是特征根为 $x_1=x_2=x_3=x_4=q$ 的四阶线性递推数列，而其和数列是特征根为 $x_1=x_2=x_3=x_4=q, x_5=1$ 的五阶线性递推数列.

依次类推，r 阶差比数列是特征根为 $x_1=x_2=\cdots=x_r=x_{r+1}=q$ 的 $(r+1)$ 阶线性递推数列，而其和数列是特征根为 $x_1=x_2=\cdots=x_r=x_{r+1}=q, x_{r+2}=1$ 的 $(r+2)$ 阶线性递推数列.

注　同理，由 r 阶差比数列的通项公式及和与通项的关系式，即可判断出它属于线性递推数列的阶数及特征根.

§3　从线性递推数列视角探索创新思路

由传统经典范例剖析得到启示：面对千姿百态的数列问题，可从线性递推数列视角审视，凡纳入此范畴者，均可以一个法则统揽，以一个定理覆盖，更能以一个公式兼用于探求通项与前 n 项和，从而净化求解思路，独辟创新方法.

在构建线性递推数列通项模式定理时，其中贯串着一条红线——接龙法. 这条红线也将贯串本书始终，它在后续的非线性递推数列中依然为主导方法. 为此，从任何视角探索创新思路时，伴随对接龙法作深层次探索，以便充分彰显接龙法的优势.

3.1　第一章研究课题再思考

古训：温故知新，对陈题再思考，系统梳理，创新思路.

下面，我们继续探究计算 $S_n=\sum\limits_{i=1}^{n} i^p\ (n, p\in\mathbf{N}^*$，且 $p\geqslant 2)$ 的方法.

这是一道高阶等差数列求和问题.

(1) 若 $p=2$，则令 $a_n=n^2$.

$\because S_n-S_{n-1}=n^2$，

$\therefore$ 和数列 $\{S_n\}$ 是四阶线性数列，特征根 $x_1=x_2=x_3=x_4=1$，

$\therefore S_n=\lambda_{41}(n-1)(n-2)(n-3)+\lambda_{42}(n-1)(n-2)+\lambda_{43}(n-1)+\lambda_{44}$（$\lambda_{41}, \lambda_{42}, \lambda_{43}, \lambda_{44}$ 可由 S_1, S_2, S_3, S_4 确定）.

而 $S_1=a_1=1, S_2=S_1+a_2=1+4=5, S_3=S_2+a_3=5+9=14, S_4=S_3+a_4=14+16=30$，

$$\therefore \begin{cases}\lambda_{44}=1,\\ \lambda_{43}+\lambda_{44}=5,\\ 2\lambda_{42}+2\lambda_{43}+\lambda_{44}=14,\\ 6\lambda_{41}+6\lambda_{42}+3\lambda_{43}+\lambda_{44}=30,\end{cases}$$

解之得 $\lambda_{41}=\dfrac{1}{3}, \lambda_{42}=\dfrac{5}{2}, \lambda_{43}=4, \lambda_{44}=1$.

$$\therefore S_n=\frac{1}{3}(n-1)(n-2)(n-3)+\frac{5}{2}(n-1)(n-2)+4(n-1)+1$$

$$=\frac{1}{6}(2n^3+3n^3+n)=\frac{1}{6}n(n+1)(2n+1)(n\in\mathbf{N}^*).$$

(2) 若 $p=3$，则令 $a_n=n^3$.

$\because S_n-S_{n-1}=n^3$，

$\therefore$ 和数列 $\{S_n\}$ 是五阶线性递推数列，特征根

$$x_1=x_2=x_3=x_4=x_5=1,$$

$$\therefore S_n=\lambda_{51}(n-1)(n-2)(n-3)(n-4)+\lambda_{52}(n-1)(n-2)(n-3)+\lambda_{53}(n-1)(n-2)+\lambda_{54}(n-1)+\lambda_{55}$$

（$\lambda_{51}, \lambda_{52}, \lambda_{53}, \lambda_{54}, \lambda_{55}$ 可由 S_1, S_2, S_3, S_4, S_5 确定）.

而 $S_1=a_1=1, S_2=S_1+a_2=1+8=9, S_3=S_2+a_3=9+27=36$，

$S_4=S_3+a_4=36+64=100, S_5=S_4+a_5=100+125=225$，

$$\therefore \begin{cases}\lambda_{55}=1,\\ \lambda_{54}+\lambda_{55}=9,\\ 2\lambda_{53}+2\lambda_{54}+\lambda_{55}=36,\\ 6\lambda_{52}+6\lambda_{53}+3\lambda_{54}+\lambda_{55}=100,\\ 24\lambda_{51}+24\lambda_{52}+12\lambda_{53}+4\lambda_{54}+\lambda_{55}=225,\end{cases}$$

解之得 $\lambda_{51}=\dfrac{1}{4}, \lambda_{52}=3, \lambda_{53}=\dfrac{19}{2}, \lambda_{54}=8, \lambda_{55}=1$.

$$\therefore S_n=\frac{1}{4}(n-1)(n-2)(n-3)(n-4)+3(n-1)(n-2)(n-3)+\frac{19}{2}(n-1)(n-2)+8(n-1)+1$$

$$=\frac{1}{4}[(n^4-10n^3+35n^2-50n+24)+12(n^3-6n^2+11n-6)+38(n^2-3n+2)+(32n-32)+4]$$

$$=\frac{1}{4}(n^4-2n^3+n^2)=\frac{1}{4}n^2(n+1)^2(n\in\mathbf{N}^*).$$

当 p 值增大时，根据线性递推数列通项模式定理求解，数据运算繁杂，笔算优势大大减弱，故而其他从略. 当然，若借助先进的计算工具，此法思路清晰，仍为良策.

下面，我们来进一步探究例 1.1：已知 $a_n=(3n-2)\cdot 5^{n-1}$，试求数列 $\{a_n\}$ 的前 n 项和 S_n.

方法三　$\because S_n-S_{n-1}=(3n-2)\cdot 5^{n-1}$，

$\therefore$ 和数列 $\{S_n\}$ 是三阶线性递推数列，特征根 $x_1=x_2=5$，$x_3=1$.

$\therefore S_n=[\lambda_{31}(n-1)+\lambda_{32}]\cdot 5^{n-1}+\lambda_{33}$（$\lambda_{31},\lambda_{32},\lambda_{33}$ 可由 S_1,S_2,S_3 确定）.

而 $S_1=a_1=1$，$S_2=S_1+a_2=1+20=21$，$S_3=S_2+a_3=21+175=196$，

$$\therefore\begin{cases}\lambda_{32}+\lambda_{33}=1,\\ 5\lambda_{31}+5\lambda_{32}+\lambda_{33}=21,\\ 50\lambda_{31}+25\lambda_{32}+\lambda_{33}=196,\end{cases}\quad \text{解之得 } \lambda_{31}=\frac{15}{4},\lambda_{32}=\frac{5}{16},\lambda_{33}=\frac{11}{16}.$$

$$\therefore S_n=\left[\frac{15}{4}(n-1)+\frac{5}{16}\right]\cdot 5^{n-1}+\frac{11}{16}=\frac{1}{4}\left(3n-\frac{11}{4}\right)\cdot 5^n+\frac{11}{6}(n\in\mathbf{N}^*).$$

方法四　$\because S_n-S_{n-1}=(3n-2)\cdot 5^{n-1}=\frac{3}{4}\left[5n-(n-1)-\frac{11}{3}\right]\cdot 5^{n-1}$

$$=\frac{3}{4}\left[n\cdot 5^n-(n-1)\cdot 5^{n-1}-\frac{11}{12}(5^n-5^{n-1})\right],$$

$$\therefore S_n-\frac{3}{4}\left(n-\frac{11}{12}\right)\cdot 5^n=S_{n-1}-\frac{3}{4}\left[(n-1)-\frac{11}{12}\right]\cdot 5^{n-1},$$

$\therefore$ 新数列 $\left\{S_n-\frac{3}{4}\left(n-\frac{11}{12}\right)\cdot 5^n\right\}$ 是常数数列，其首项为

$$S_1-\frac{3}{4}\times\frac{1}{12}\times 5=1-\frac{5}{16}=\frac{11}{16},$$

$$\therefore S_n=\frac{11}{16}+\frac{1}{4}\left(3n-\frac{11}{4}\right)\cdot 5^n(n\in\mathbf{N}^*).$$

注　本题方法二是根据第一章提及的接龙法形变律求解，此方法中典型化时的思维触角是从等比数列 $\{5^n\}$ 为切入口进行探索. 方法四中典型化时的思维触角

是从等差数列$\{3n-2\}$为切入口进行探索.

下面,我们再来探究例 1.2:已知$a_n=n(n+2)\cdot 3^{n-1}$,试求数列$\{a_n\}$的前n项和S_n.

方法三 ∵ $S_n-S_{n-1}=n(n+2)\cdot 3^{n-1}$,

∴ 和数列$\{S_n\}$是四阶线性递推数列,特征根$x_1=x_2=x_3=3,x_4=1$,

∴ $S_n=[\lambda_{41}(n-1)(n-2)+\lambda_{42}(n-1)+\lambda_{43}]\cdot 3^{n-1}+\lambda_{44}$($\lambda_{41},\lambda_{42},\lambda_{43},\lambda_{44}$可由$S_1,S_2,S_3,S_4$确定).

而$S_1=3,S_2=S_1+a_2=3+24=27,S_3=S_2+a_3=27+135=162$,

$S_4=S_3+a_4=162+648=810$,

$$\therefore \begin{cases}\lambda_{43}+\lambda_{44}=3,\\ 3\lambda_{42}+3\lambda_{43}+\lambda_{44}=27,\\ 18\lambda_{41}+18\lambda_{42}+9\lambda_{43}+\lambda_{44}=162,\\ 162\lambda_{41}+81\lambda_{42}+27\lambda_{43}+\lambda_{44}=810,\end{cases}$$

解之得$\lambda_{41}=\dfrac{3}{2},\lambda_{42}=6,\lambda_{43}=3,\lambda_{44}=0$.

$$\therefore S_n=\left[\frac{3}{2}(n-1)(n-2)+6(n-1)3\right]\cdot 3^{n-1}(n\in\mathbf{N}^*).$$

方法四

$$\because S_n-S_{n-1}=n(n+2)\cdot\frac{1}{2}(3^n-3^{n-1})=\frac{1}{2}n(n+2)\cdot 3^n-\frac{1}{2}n(n+2)\cdot 3^{n-1}$$

$$=\frac{1}{2}n(n+2)\cdot 3^n-\frac{1}{2}[(n-1)(n+1)+(2n+1)]\cdot 3^{n-1}$$

$$=\frac{1}{2}n(n+2)\cdot 3^n-\frac{1}{2}(n-1)(n+1)\cdot 3^{n-1}-[3n-(n+1)]\cdot 3^{n-1}$$

$$=\frac{1}{2}n(n+1)\cdot 3^n-\frac{1}{2}(n-1)\cdot n\cdot 3^{n-1},$$

$$\therefore S_n-\frac{1}{2}n(n+1)\cdot 3^n=S_{n-1}-\frac{1}{2}(n-1)\cdot n\cdot 3^{n-1},$$

∴ 新数列$\left\{S_n-\dfrac{1}{2}n(n+1)\cdot 3^n\right\}$是常数数列,其首项为

$$S_1-3=3-3=0,$$

$$\therefore S_n=\frac{1}{2}n(n+1)\cdot 3^n(n\in\mathbf{N}^*).$$

注　本题方法二中典型化时的思维触角是从二阶等差数列$\{n(n+2)\}$为切入口进行探索．方法四中典型化时的思维触角是从等比数列$\{3^n\}$为切入口进行探索．

3.2　r 阶差比数列的阶差表

经典著作对 r 阶等差数列介绍了阶差表，由表中可查出各阶差构成的数列及其首项 $d_1,d_2,\cdots,d_r$的值（称为表算法），从而构建通项公式及前 n 项和公式，受此启迪，也可构建 r 阶差比数列的阶差表．

数列$\{a_n=b_nc_n\}$（其中$\{b_n\}$为 r 阶等差数列，$d_r\neq0$，$\{c_n\}$为公比 $q\neq1$ 的等比数列）的第 r 阶差所构成的数列记为$\{h_n^{(r)}\}$，首项记为 $h_1^{(r)}$，数列$\{a_n\}$的阶差表呈如下模型：

$\{a_n\}:a_1,a_2,a_3,a_4,\cdots,a_n,a_{n+1},a_{n+2},a_{n+3},\cdots;$

$\{h_n^{(1)}\}:h_1^{(1)},h_2^{(1)},h_3^{(1)},h_4^{(1)},\cdots,h_n^{(1)},h_{n+1}^{(1)},h_{n+2}^{(1)},\cdots;$

$\{h_n^{(2)}\}:h_1^{(2)},h_2^{(2)},h_3^{(2)},h_4^{(2)},\cdots,h_n^{(2)},h_{n+1}^{(2)},\cdots;$

$\cdots;$

$\{h_n^{(r)}\}:h_1^{(r)},h_2^{(r)},h_3^{(r)},h_4^{(r)},\cdots,h_n^{(r)},h_{n+1}^{(r)},\cdots.$

表中 $h_n^{(1)}=a_{n+1}-qa_n$；

$h_n^{(2)}=h_{n+1}^{(1)}-qh_n^{(1)}=(a_{n+2}-qa_{n+1})-q(a_{n+1}-qa_n)=a_{n+2}-2qa_{n+1}+q^2a_n$；

$$\begin{aligned}h_n^{(3)}&=h_{n+1}^{(2)}-qh_n^{(2)}=(a_{n+3}-2qa_{n+2}+q^2a_{n+1})-q(a_{n+2}-2qa_{n+1}+q^2a_n)\\&=a_{n+3}-3qa_{n+2}+3q^2a_{n+1}-q^3a_n\\&=a_{n+3}-C_3^1qa_{n+2}+C_3^2q^2a_{n+1}-C_3^3q^3a_n;\end{aligned}$$

$$\begin{aligned}h_n^{(4)}&=h_{n+1}^{(3)}-qh_n^{(3)}=(a_{n+4}-C_3^1qa_{n+3}+C_3^2q^2a_{n+2}-C_3^3q^3a_{n+1})-q(C_3^0a_{n+3}-C_3^1qa_{n+2}\\&\quad+C_3^2q^2a_{n+1}+C_3^3q^3a_n)\\&=a_{n+4}-C_4^1qa_{n+3}+C_4^2q^2a_{n+2}-C_4^3q^3a_{n+1}+C_4^4q^4a_n;\end{aligned}$$

$\cdots;$

$h_n^{(r)}=a_{n+r}-C_r^1qa_{n+r-1}+C_r^2q^2a_{n+r-2}-C_r^3q^3a_{n+r-3}+\cdots+(-1)^rC_r^rq^ra_n.$

从 r 阶差比数列的阶差即可查出：

(1) 各阶差所构成的数列$\{h_n^{(i)}\}$的首项 $h_n^{(i)}(i=1,2,3,\cdots,r)$如下：

$h_1^{(1)}=a_2-qa_1$；

$h_1^{(2)}=a_3-2qa_2+q^2a_1$；

$h_1^{(3)}=a_4-3qa_3+3q^2a_2-q^3a_1$；

$\cdots;$

$h_1^{(r)}=a_{r+1}-C_r^1qa_r+C_r^2q^2a_{r-1}-C_r^3q^3a_{r-2}+\cdots+(-1)^rC_r^rq^ra_1$

(2) r 阶差比数列的第 r 阶差所构成的数列$\{h_n^{(r)}\}$是首项为 $h_1^{(r)}$、公比为 q 的等比数列，从而可知 r 阶差比数列是$(r+1)$阶线性递推数列，特征根为 $x_1=x_2=x_3=\cdots=x_r=x_{r+1}=q$；而和数列$\{S_n\}$是$(r+2)$阶线性递推数列，特征根为 $x_1=x_2=x_3=\cdots=x_r=x_{r+1}=q,x_{r+2}=1$.

【例 2.1】 已知 $a_n=(n+1)\cdot 2^{n-1}$，试作出数列$\{a_n\}$的阶差表，而后查出各阶差所构成的数列的首项 $h_1^{(r)}$ 及第 n 项 $h_n^{(r)}(r=1,2)$，并写出数列$\{h_n^{(1)}\}$，$\{h_n^{(2)}\}$.

解 阶差表

$\{a_n\}$：$2,6,16,40,96,224,\cdots,(n+1)\cdot 2^{n-1},(n+2)\cdot 2^{n-1},(n+3)\cdot 2^{n-1},\cdots$；

$\{h_n^{(1)}\}$：$2,4,8,16,32,\cdots,2^n,2^{n+1},\cdots$；

$\{h_n^{(2)}\}$：$0,0,0,0,\cdots,0,\cdots$.

由阶差表知 $h_1^{(1)}=2,h_1^{(2)}=0$；

$h_n^{(1)}=2^n,h_n^{(2)}=0$；

$\{h_n^{(1)}\}$：$2,4,8,16,32,\cdots,2^n,\cdots$，

$\{h_n^{(2)}\}$：$0,0,0,0,0,\cdots,0,\cdots$.

注 仔细观察差比数列的阶差表的结构，能够清晰理解求它前 n 项和的传统经典方法——错位相减法的立论依据(对照例 1.1 的剖析).

【例 2.2】 已知 $a_n=(n^2-1)\cdot 2^{n-1}$，试作出数列$\{a_n\}$的阶差表，而后查出各阶差所构成的数列的首项 $h_1^{(r)}$ 及第 n 项 $h_n^{(r)}(r=1,2,3)$，并写出数列$\{h_n^{(1)}\}$、$\{h_n^{(2)}\}$、$\{h_n^{(3)}\}$.

解 阶差表

$\{a_n\}$：$0,6,32,120,384,\cdots,(n-1)(n+1)\cdot 2^{n-1},n(n+2)\cdot 2^n,(n+1)(n+3)\cdot 2^{n-1},\cdots$；

$\{h_n^{(1)}\}$：$6,20,56,144,\cdots,(2n+1)\cdot 2^n,(2n+3)\cdot 2^{n+1},\cdots$；

$\{h_n^{(2)}\}$：$8,16,32,\cdots,2^{n+2},\cdots$；

$\{h_n^{(3)}\}$：$0,0,\cdots,0,\cdots$.

由阶差表知 $h_1^{(1)}=6,h_1^{(2)}=8,h_1^{(3)}=0;h_n^{(1)}=(2n+1)\cdot 2^n,h_n^{(2)}=2^{n+2},h_n^{(3)}=0$.

注 仔细观察二阶差比数列的阶差表的结构，能够清晰理解求它前 n 项和的传统经典方法——两次错位相减法的立论依据(对照例 1.2 的剖析).

3.3　r 阶差比数列接龙法形变模式

定理 1　设$\{a_n\}$为差比数列，且满足$a_n[\lambda_{21}(n+t)+\lambda_{22}]q^{n-1}$（$\lambda_{21},\lambda_{22},q,t$为常数，$\lambda_{21}\neq 0,q\neq 1,t\in\mathbf{Z}$）.

若$\frac{\lambda_{22}}{\lambda_{21}}=\frac{1}{q-1}$，则$a_n=\frac{\lambda_{21}}{q-1}[(n+t)q^n-(n+t-1)q^{n-1}]$.

证　$\because \frac{\lambda_{22}}{\lambda_{21}}=\frac{1}{q-1}$，

$$\therefore a_n=\lambda_{21}\left[(n+t)+\frac{1}{q-1}\right]q^{n-1}=\frac{\lambda_{21}}{q-1}[(q-1)(n+t)+1]q^{n-1}$$

$$=\frac{\lambda_{21}}{q-1}[q(n+t)-(n+t-1)]q^{n-1}$$

$$=\frac{\lambda_{21}}{q-1}[(n+t)q^n-(n+t-1)q^{n-1}].$$

【例 2.3】　已知差比数列$\{a_n\}$满足：

(1) $a_n=(16n+2)\cdot 9^{n-1}$；

(2) $a_n=(6n+13)\cdot 7^{n-1}$；

(3) $a_n=(2n+3)\cdot 7^{n-1}$.

试求前 n 项和 S_n.

解　(1) *方法一*　$\because \frac{2}{16}=\frac{1}{8}=\frac{1}{q-1}(q=9)$，

$\therefore$ 由定理 1 得 $S_n-S_{n-1}=2[n\cdot 9^n-(n-1)\cdot 9^{n-1}]$，

$\therefore$ 新数列$\{S_n-2n\cdot 9^n\}$是常数数列，其首项为

$$S_1-18=18-18=0,$$

$\therefore S_n=2n\cdot 9^n(n\in\mathbf{N}^*)$.

方法二　$\because S_n-S_{n-1}=(16\cdot n+2)\cdot 9^{n-1}$，

$\therefore$ 和数列$\{S_n\}$是三阶线性递推数列，特征根为$x_1=x_2=9,x_3=1$，

$\therefore S_n=[\lambda_{31}(n-1)+\lambda_{32}]\cdot 9^{n-1}+\lambda_{33}$（$\lambda_{31},\lambda_{32},\lambda_{33}$由$S_1,S_2,S_3$确定）.

而$S_1=a_1=18,S_2=S_1+a_2=18+306=324,S_3=S_2+a_3=324+4050=4374$，

$$\therefore \begin{cases}\lambda_{32}+\lambda_{33}=18,\\ 9\lambda_{31}+9\lambda_{32}+\lambda_{33}=324,\\ 162\lambda_{31}+81\lambda_{32}+\lambda_{33}=4374,\end{cases}$$ 解之得 $\lambda_{31}=\lambda_{32}=18,\lambda_{33}=0$.

$\therefore S_n=[18(n-1)+18]\cdot 9^{n-1}=2n\cdot 9^n(n\in\mathbf{N}^*)$.

(2) *方法一* $\because S_n-S_{n-1}=(6n+13)\cdot 7^{n-1}=[6(n+2)+1]\cdot 7^{n-1}$,

而$\frac{1}{6}=\frac{1}{q-1}(q=7)$,

$\therefore$ 由定理1得 $S_n-S_{n-1}=[(n+2)\cdot 7^n-(n+1)\cdot 7^{n-1}]$,

$\therefore$ 新数列$\{S_n-(n+2)\cdot 7^n\}$是常数数列,其首项

$$S_1-21=19-21=-2,$$

$\therefore S_n=(n+2)\cdot 7^n-2(n\in\mathbf{N}^*)$.

方法二 $\because S_n-S_{n-1}=(6n+13)\cdot 7^{n-1}$,

$\therefore$ 和数列$\{S_n\}$是三阶线性递推数列,特征根 $x_1=x_2=7,x_3=1$,

$\therefore S_n=[\lambda_{31}(n-1)+\lambda_{32}]\cdot 7^{n-1}+\lambda_{33}$($\lambda_{31},\lambda_{32},\lambda_{33}$由 S_1,S_2,S_3确定).

而 $S_1=19,S_2=19+175=194,S_3=194+1519=1713$,

$\therefore\begin{cases}\lambda_{32}+\lambda_{33}=19,\\ 7\lambda_{31}+7\lambda_{32}+\lambda_{33}=194,\\ 98\lambda_{31}+49\lambda_{32}+\lambda_{33}=1713,\end{cases}$ 解之得 $\lambda_{31}=7,\lambda_{32}=21,\lambda_{33}=-2$,

$\therefore S_n=[7(n-1)+21]\cdot 7^{n-1}-2=(n+2)\cdot 7^n-2$,

即 $S_n=(n+2)\cdot 7^n-2(n\in\mathbf{N}^*)$.

(3) *方法一* $\because \frac{1}{q-1}=\frac{1}{6}$,

$\therefore S_n-S_{n-1}=(2n+3)\cdot 7^{n-1}=\frac{1}{3}[6(n+1)+1]\cdot 7^{n-1}+\frac{1}{9}(7^n-7^{n-1})$.

由定理1得 $S_n-S_{n-1}=\frac{1}{3}\left[(n+1)\cdot 7^n+\frac{1}{3}\cdot 7^n\right]-\frac{1}{3}\left(n\cdot 7^{n-1}+\frac{1}{3}\cdot 7^{n-1}\right)$,

$\therefore$ 新数列$\left\{S_n-\frac{1}{3}\left[(n+1)\cdot 7^n+\frac{1}{3}\cdot 7^n\right]\right\}$是常数数列,其首项是

$$S_1-\frac{1}{3}\left(2+\frac{1}{3}\right)\times 7=5-\frac{49}{9}=-\frac{4}{9},$$

$\therefore S_n=\frac{1}{3}\left(n+\frac{4}{3}\right)\cdot 7^n-\frac{4}{9}(n\in\mathbf{N}^*)$.

方法二 $\because S_n-S_{n-1}=(2n+3)\cdot 7^{n-1}$,

$\therefore$ 和数列$\{S_n\}$是三阶线性递推数列,其特征根 $x_1=x_2=7,x_3=1$.

$\therefore S_n=[\lambda_{31}(n-1)+\lambda_{32}]\cdot 7^{n-1}+\lambda_{33}$($\lambda_{31},\lambda_{32},\lambda_{33}$由 S_1,S_2,S_3确定).

而 $S_1=a_1=5, S_2=54, S_3=495$,

$$\therefore \begin{cases}\lambda_{32}+\lambda_{33}=5,\\ 7\lambda_{31}+7\lambda_{32}+\lambda_{33}=54,\\ 98\lambda_{31}+49\lambda_{32}+\lambda_{33}=495,\end{cases}\quad 解之得\ \lambda_{31}=\frac{7}{3}, \lambda_{32}=\frac{49}{9}, \lambda_{33}=-\frac{4}{9},$$

$$\therefore S_n=\left[\frac{7}{3}(n-1)+\frac{49}{9}\right]\cdot 7^{n-1}-\frac{4}{9}=\frac{1}{3}\left(n+\frac{4}{3}\right)\cdot 7^n-\frac{4}{9}(n\in\mathbf{N}^*).$$

定理 2　设 $\{a_n\}$ 为二阶差比数列,且满足 $a_n=n(n+i)q^{n-1}$(i,q 为常数,$q\neq 1$).

(1) 若 $i>0$ 且 $i=\frac{q+1}{q-1}$,则

$$a_n=\frac{1}{q-1}[(n+1)nq^n-n(n-1)q^{n-1}];$$

(2) 若 $i<0$ 且 $-i=\frac{q+1}{q-1}$,则

$$a_n=\frac{1}{q-1}[(n+i+1)(n+i)q^n-(n+i)(n+i-1)q^{n-1}];$$

(3) 若 $i=0$,则

$$a_n=\frac{1}{q-1}\left[(n+1)n-\frac{q+1}{q-1}n+\frac{q+1}{(q-1)^2}\right]q^n$$
$$-\frac{1}{q-1}\left[n(n-1)-\frac{q+1}{q-1}(n-1)+\frac{q+1}{(q-1)^2}\right]q^{n-1}.$$

证　(1) $\because i>0$ 且 $i=\frac{q+1}{q-1}$,

$$\therefore a_n=n(n+i)q^{n-1}=n\left(n+\frac{q+1}{q-1}\right)q^{n-1}=\frac{1}{q-1}n[q(n+1)-(n-1)]q^{n-1}$$
$$=\frac{1}{q-1}[(n+1)nq^n-n(n-1)q^{n-1}].$$

(2) $\because i<0$ 且 $-i=\frac{q+1}{q-1}$,

$$\therefore a_n=n(n+i)q^{n-1}=(n+i)[(n+i)-i]q^{n-1}=(n+i)\left[(n+i)+\frac{q+1}{q-1}\right]q^{n-1}$$
$$=(n+i)\cdot\frac{1}{q-1}\left[(q-1)(n+i)+q+1+\frac{q+1}{q-1}\right]q^{n-1}$$
$$=(n+i)\cdot\frac{1}{q-1}[(n+i+1)q^n-(n+i-1)q^{n-1}]$$

$$=\frac{1}{q-1}[(n+i+1)(n+i)q^n-(n+i)(n+i-1)q^{n-1}].$$

(3) $\because i=0$,

$$\therefore a_n=n\cdot n\cdot q^{n-1}=n\cdot\frac{1}{q-1}[(q-1)\cdot(n+1)-(q-1)]q^{n-1}$$

$$=n\cdot\frac{1}{q-1}[q(n+1)-(n+1)-q+1]q^{n-1}$$

$$=n\cdot\frac{1}{q-1}[q(n+1)-(n-1)-(q+1)]q^{n-1}$$

$$=\frac{1}{q-1}[q(n+1)n-n(n-1)-(q+1)n]q^{n-1}$$

$$=\frac{1}{q-1}[(n+1)nq^n-n(n-1)q^{n-1}-(q+1)nq^{n-1}]$$

$$=\frac{1}{q-1}\left\{[(n+1)nq^n-n(n-1)q^{n-1}]-\left(\frac{q+1}{q-1}n-\frac{q+1}{q-1}\right)q^n\right.$$

$$\left.+\left[\frac{q+1}{q-1}(n-1)-\frac{q+1}{(q-1)^2}\right]q^{n-1}\right\}$$

$$=\frac{1}{q-1}\left[(n+1)n-\frac{q+1}{q-1}n+\frac{q+1}{(q-1)^2}\right]q^n$$

$$-\frac{1}{q-1}\left[n(n-1)-\frac{q+1}{q-1}(n-1)+\frac{q+1}{(q-1)^2}\right]q^{n-1}.$$

【例 2.4】 已知二阶差比数列$\{a_n\}$满足:

(1) $a_n=(n+1)(2n+5)\cdot 5^{n-1}$;

(2) $a_n=\left(n-\frac{3}{5}\right)(n-2)\cdot 6^{n-1}$;

(3) $a_n=n^2\cdot 2^{n-1}$.

试求前 n 项和 S_n.

分析 r 阶差比数列求和问题,传统经典方法比较繁琐,若阶数较高或数据欠当,则笔算更麻烦,一般不宜选用.按线性递推数列通项模式定理求解,思路清晰,特别在接龙法求解较简时,当然割舍前者无疑.接龙法作为本书的主导方法,从本例起着重探索它的形变规律,旨在优化主导方法.

解 (1) $\because \frac{q+1}{q-1}=\frac{6}{4}$,

$\therefore$ 由定理 2 得

$$S_n-S_{n-1}=(n+1)(2n+5)\cdot 5^{n-1}=2(n+1)\left[(n+1)+\frac{3}{2}\right]\cdot 5^{n-1}$$

$$=\frac{1}{2}[(n+2)(n+1)\cdot 5^n-(n+1)n\cdot 5^{n-1}],$$

$\therefore$ 新数列$\left\{S_n-\frac{1}{2}(n+2)(n+1)\cdot 5^n\right\}$是常数数列，其首项为

$$S_1-\frac{1}{2}\times 3\times 2\times 5=14-15=-1,$$

$\therefore S_n=\frac{1}{2}(n+2)(n+1)\cdot 5^n-1(n\in\mathbf{N}^*)$.

(2) $\because \frac{q+1}{q-1}=\frac{7}{5}$,

$\therefore$ 由定理 2 得

$$S_n-S_{n-1}=\left(n-\frac{3}{5}\right)(n-2)\cdot 6^{n-1}=(n-2)\cdot\left[(n-2)+\frac{7}{5}\right]\cdot 6^{n-1}$$

$$=\frac{1}{5}[(n-1)(n-2)\cdot 6^n-(n-2)(n-3)\cdot 5^{n-1}],$$

$\therefore$ 新数列$\left\{S_n-\frac{1}{5}(n-1)(n-2)\cdot 6^n\right\}$是常数数列，其首项为

$$S_1-0=-\frac{2}{5},$$

$\therefore S_n=\frac{1}{5}(n-1)(n-2)\cdot 6^n-\frac{2}{5}(n\in\mathbf{N}^*)$.

(3) $\because \frac{q+1}{q-1}=\frac{2+1}{2-1}=3$,

$\therefore$ 由定理 2 得

$S_n-S_{n-1}=[(n+1)n-3n+3]\cdot 2^n-[n(n-1)-3(n-1)+3]\cdot 2^{n-1}$,

$\therefore$ 新数列$\{S_n-[(n+1)n-3n+3]\cdot 2^n\}$是常数数列，其首项为

$$S_1-(2-3+3)\times 2=1-4=-3,$$

$\therefore S_n=[(n+1)n-3n+3]\cdot 2^n-3(n\in\mathbf{N}^*)$.

r 阶差比数列接龙法形变模式随 r 值变化而变化，但在变化中存在不变因素，此乃形变模式体现客观规律的核心. 思维角度无论从 r 阶等差数列切入，还是从等比数列切入，两者存在共同的不变因素：$\frac{1}{q-1}$. 它在定理 1 中能满足典型化要求的

常态规律，即指：$[(q-1)(m+i)+1]q^{n-1}=(m+i)q^{n}-(m+i-1)q^{n-1}$，而在定理 2 中能满足典型化要求的常态规律，即指：

$$(m+i)[(q-1)(m+i)+q+1]q^{n-1}$$
$$=(m+i+1)(m+i)q^{n}-(m+i)(m+i-1)q^{n-1}.$$

读者切莫死记硬背定理，只要把握由不变因素引导出的典型化常态规律，就可以摆脱定理而自由自在探索求解思路.

从变化中窥测不变因素，紧扣典型化常态规律，反复练习，在新的求变中悟出优化接龙法的新路径，促使解法更臻完美，不妨再探例 2.3 与例 2.4.

例 2.3：已知差比数列$\{a_n\}$满足：

(1) $a_n=(16n+2)\cdot 9^{n-1}$；

(2) $a_n=(6n+13)\cdot 7^{n-1}$；

(3) $a_n=(2n+3)\cdot 7^{n-1}$.

试求前 n 项和 S_n.

从满足典型化要求的常态规律思索，可自然地得出如下解法：

解 (1) $S_n-S_{n-1}=(16n+2)\cdot 9^{n-1}=2(8n+1)\cdot 9^{n-1}$

$$=2[9n-(n-1)]\cdot 9^{n-1}$$
$$=2[n\cdot 9^{n}-(n-1)\cdot 9^{n-1}]\text{（下略）}.$$

(2) $S_n-S_{n-1}=(6n+13)\cdot 7^{n-1}=[6(n+2)+1]\cdot 7^{n-1}$

$$=[7(n+2)-(n+1)]\cdot 7^{n-1}=(n+2)\cdot 7^{n}-(n+1)\cdot 7^{n-1}\text{（下略）}.$$

(3) $S_n-S_{n-1}=(2n+3)\cdot 7^{n-1}=\dfrac{2}{6}(6n+9)\cdot 7^{n-1}$

$$=\frac{1}{3}[6(n+1)+3]\cdot 7^{n-1}$$
$$=\frac{1}{3}[7(n+1)-(n+1)+3]\cdot 7^{n-1}$$
$$=\frac{1}{3}[7(n+1)-n+2]\cdot 7^{n-1}$$
$$=\frac{1}{3}\left\{[(n+1)\cdot 7^{n}-n\cdot 7^{n-1}]+\frac{2}{6}(7^{n}-7^{n-1})\right\}$$
$$=\frac{1}{3}\left[(n+1)+\frac{1}{3}\right]\cdot 7^{n}-\frac{1}{3}\left(n+\frac{1}{3}\right)\cdot 7^{n-1}\text{（下略）}.$$

例 2.4：已知二阶差比数列$\{a_n\}$满足：

(1) $a_n=(n+1)(2n+5)\cdot 5^{n-1}$;

(2) $a_n=\left(n-\frac{3}{5}\right)(n-2)\cdot 6^{n-1}$;

(3) $a_n=n^2\cdot 2^{n-1}$.

试求前 n 项和 S_n.

从满足典型化要求的常态规律思索,可自然地得出如下解法:

解　(1) $S_n-S_{n-1}=(n+1)(2n+5)\cdot 5^{n-1}$

$$=(n+1)\cdot\frac{2}{4}(4n+10)\cdot 5^{n-1}$$

$$=\frac{1}{2}(n+1)[4(n+2)+2]\cdot 5^{n-1}$$

$$=\frac{1}{2}(n+1)[5(n+2)-(n+2)+2]\cdot 5^{n-1}$$

$$=\frac{1}{2}[(n+2)(n+1)\cdot 5^n-(n+1)n\cdot 5^{n-1}]\text{(下略)}.$$

(2) $S_n-S_{n-1}=\left(n-\frac{3}{5}\right)(n-2)\cdot 6^{n-1}=(n-2)\cdot\frac{1}{5}(5n-3)\cdot 6^{n-1}$.　　(1)

按三龙诀中“冠首”、“拖尾”及“典型化常态规律”,由(1)式很容易得出

$$S_n-S_{n-1}=\frac{1}{5}(n-2)[6(n-1)-(n-3)\cdot 6^{n-1}]$$

$$=\frac{1}{5}[(n-1)(n-2)\cdot 6^n-(n-2)(n-3)\cdot 6^{n-1}]\text{(下略)}.$$

(3) $S_n-S_{n-1}=n^2\cdot 2^{n-1}=n[2(n+1)-(n-1)-3]\cdot 2^{n-1}$

$=[(n+1)n\cdot 2^n-n(n-1)\cdot 2^{n-1}]-3n\cdot 2^{n-1}$(先局部完成典型化)

$=[(n+1)n\cdot 2^n-n(n-1)\cdot 2^{n-1}]-3[2n-(n-1)-1]\cdot 2^{n-1}$

$=[(n+1)n\cdot 2^n-n(n-1)\cdot 2^{n-1}]-3[n\cdot 2^n-(n-1)\cdot 2^{n-1}]+3\cdot(2^n-2^{n-1})$

$=[(n+1)n-3n+3]\cdot 2^n-[n(n-1)-3(n-1)+3]\cdot 2^{n-1}$(整体完成典型化,下略).

同样,从满足典型化要求的常态规律思索,也能自然地求解得出任意高阶差比数列前 n 项和.

【例 2.5】　已知三阶差比数列$\{a_n\}$满足:

(1) $a_n=n(n-1)(4n+1)\cdot(-3)^{n-1}$;

(2) $a_n=(n^3-3n^2-4n+1)\cdot 2^{-n}$.

试求前 n 项和 S_n.

解 (1) 由 $q=-3$,得 $q-1=-4$,

$\therefore S_n-S_{n-1}=n(n-1)(4n+1)\cdot(-3)^{n-1}$

$=-n(n-1)(-4n-1)\cdot(-3)^{n-1}$. (2)

按三龙诀中"冠首"、"拖尾"及"典型化常态"规律由(2)式很易得出

$$S_n-S_{n-1}=-n(n-1)[-3(n+1)-(n-2)]\cdot(-3)^{n-1}$$
$$=-(n+1)n(n-1)\cdot(-3)^n+n(n-1)(n-2)\cdot(-3)^{n-1},$$

$\therefore$ 新数列 $\{S_n+(n+1)n(n-1)\cdot(-3)^n\}$ 是常数数列,其首项为

$$S_1+0=0+0=0,$$

$\therefore S_n=-(n+1)n(n-1)\cdot(-3)^n(n\in\mathbf{N}^*)$.

注 思维触角从三阶等差数列切入探索三阶差比数列接龙法形变模式时,特别要注视以下两点:

(1) 将局部的三阶等差数列先化为关于 n 的一次式积的形式,其中必须出现两个一次式因子是连续项关系,如第(1)小题中的 $n(n-1)(4n+1)$ 部分,其中 $n(n-1)$ 是连续项关系.

(2) 紧扣不变因素 $q-1=-4$ 对非连续项因子 $4n+1$ 作等价形变时,千万莫忘以三龙诀中的"冠首"、"拖尾"为目标而变换.

(2) $S_n-S_{n-1}=(n^3-3n^2-4n-1)\cdot 2^{-n}$

$$=[n(n^2-3n-4)+1]\cdot 2^{-n}$$
$$=n(n+1)(n-4)\cdot 2^{-n}+2^{-n}$$
$$=-n(n+1)[(n+2)-2(n-1)]\cdot 2^{-n}+\frac{1}{\frac{1}{2}-1}\left(\frac{1}{2}-1\right)\cdot 2^{-n}$$
$$=-\left[(n+2)(n+1)n\cdot\frac{1}{2^n}-(n+1)n(n-1)\cdot\frac{1}{2^{n-1}}\right]$$
$$-2\left(\frac{1}{2^{n+1}}-\frac{1}{2^n}\right)$$
$$=-\left[(n+2)(n+1)n\cdot\frac{1}{2^n}-(n+1)n(n-1)\cdot\frac{1}{2^{n-1}}\right]$$
$$-\left(\frac{1}{2^n}-\frac{1}{2^{n-1}}\right),$$

$$\therefore\ S_n+[(n+2)(n+1)n+1]\cdot\frac{1}{2^n}=S_{n-1}+[(n+1)n(n-1)+1]\cdot\frac{1}{2^{n-1}},$$

$\therefore$ 新数列$\left\{S_n+[(n+2)(n+1)n+1]\cdot\frac{1}{2^n}\right\}$是常数数列，其首项为

$$S_1+(3\times2\times1+1)\cdot\frac{1}{2}=-\frac{5}{2}+\frac{7}{2}=1,$$

$$\therefore\ S_n=1-[(n+2)(n+1)n+1]\cdot\frac{1}{2^n}(n\in\mathbf{N}^*).$$

注　(1) 多项式 n^3-3n^2-4n+1 的常数项为 1，由代数理论即知不可能出现连续项因子，因而考察它的局部 $n^3-3n^2-4n=n(n+1)(n-4)$，出现连续项因子的积式 $n(n+1)$.

(2) 对非连续因子 $n-4$ 作接龙法形变模式时，紧扣“冠首”、“拖尾”思索，由于 $q=\frac{1}{2}$，既可考察$\frac{1}{2}(n+2)-(n-1)$，也可考察$(n+2)-2(n-1)$，合理选择，应取$(n+2)-2(n-1)$满足典型化要求.

由例 2.5 得到启迪：当 $r\geqslant4$ 且 $r\in\mathbf{N}$ 时，作 r 阶差比数列接龙法形变模式时，从整体或局部处理，首先要产生 r 个一次式因子的积式，其中必须出现$(r-1)$个因子呈连续项关系，此外的一个因子，按上面提出的注视点完成典型化. 若是局部转化，对于残留的次方已降低的部分，逐步如法炮制，最后完成整体典型化.

第三章　遗忘的一类数列

本书第二章中给出的线性递推数列及特征方程、特征根的定义，皆由函数方程经典理念衍生而得. 本书遵循经典理论体系探究数列，从常数数列的两栖性启迪中独创接龙法，继而由接龙法构建 k 阶线性递推数列通项模式定理.

许多经典著作对等差数列、等比数列这两类基本数列特别重视，热烈议论它们的有关性质、公式、法则，有如下定义：

若 $a_{n+1}-a_n=$常数，则称数列$\{a_n\}$为等差数列.

若$\frac{a_{n+1}}{a_n}=$常数(隐含 $a_n\neq0$)，则称数列$\{a_n\}$为等比数列.

很少提及满足 $a_{n+1}+a_n=$常数或 $a_{n+1}a_n=$常数的两类数列. 以满足 $a_{n+1}+a_n=$常数的数列$\{a_n\}$而言，易得

$$\{a_n\}: a_1, a_2, a_3, a_4, \cdots, a_i, a_{i+1}, \cdots (\text{其中 } a_i+a_{i+1}=\text{常数}, i\in\mathbf{N}^*),$$

从而易知可由初始条件 a_1 将数列$\{a_n\}$确定. 各经典著作探索数列时，视线首先聚焦于通项及前 n 项和，对此类数列很少提及似乎近于情理. 笔者由于受到常数数列两栖性的诱导而创建接龙法所形成思维敏感性的启发，对此类数列如此思索：

若数列$\{a_n\}$满足 $a_{n+1}+a_n=$常数 S(易知 $a_1+a_2=S$)，则必定满足 $a_{n+1}a_n=t$(易知 $a_1a_2=t$). 这样，按函数的经典理论，数列$\{a_n\}$不是也具两栖性吗? 既可视之为线性递推数列，也可视之为非线性递推数列. 在这相互矛盾的结论里难道隐藏着什么玄理?

§1 小议遗忘的一类数列

1.1 正名

定义 1 若函数$\{a_n\}$满足$a_{n+1}+a_n=$常数S,则称$\{a_n\}$为等和数列.

由定义易知,$a_1+a_2=S$.

(1) 当$S=0$时,数列$\{a_n\}$为一阶线性递推数列,特征根$x=-1$,通项模式可拟为

$$a_n=\lambda_{11}(-1)^{n-1}(\lambda_{11}\text{由 }a_1\text{确定}).$$

因为$\lambda_{11}=a_1$,所以$a_n=a_1\cdot(-1)^{n-1}(n\in\mathbf{N}^*)$.

(2) 当$S\neq0$时,

$$\because \left.\begin{matrix}a_{n+1}+a_n=S\\ a_{n+2}+a_{n+1}=S\end{matrix}\right\}\Rightarrow a_{n+2}-a_n=0,$$

$\therefore$ 数列$\{a_n\}$为二阶线性递推数列,特征根$x_1=-1,x_2=1$,通项模式可拟为

$$a_n=\lambda_{21}(-1)^{n-1}+\lambda_{22}(\lambda_{21},\lambda_{22}\text{由 }a_1,a_2\text{确定}).$$

$$\therefore \begin{cases}\lambda_{21}+\lambda_{22}=a_1,\\ -\lambda_{21}+\lambda_{22}=a_2,\end{cases}\text{解之得 }\lambda_{21}=\frac{1}{2}(a_1-a_2),\lambda_{22}=\frac{1}{2}(a_1+a_2),$$

$$\therefore a_n=\frac{1}{2}(a_1-a_2)\cdot(-1)^{n-1}+\frac{1}{2}(a_1+a_2)(n\in\mathbf{N}^*).$$

定义 2 若数列$\{a_n\}$满足$a_{n+1}a_n=$常数t,则称$\{a_n\}$为等积数列.

由定义易知,$a_1a_2=t$. 探求等积数列的通项,只要求出a_1,a_2以后,就可以转化为满足$a_{n+1}+a_n=a_1+a_2=S$的线性递推数列而得出. 试问:不必转化,而靠自身能否构建通项公式? 回答是肯定的,待后续议.

求得等和(积)数列的通项,然后求前n项和也就轻而易举了.

1.2 小议

以辩证思维审视,由常数数列既可寓于等差数列又可寓于等比数列的两栖性,悟得接龙法,而再度辩证审视常数数列也可寓于等和数列或等积数列的多栖性,当然想到借助接龙法窥测“玄理”的讯息.

先探究实例.

【例 3.1】 已知首项为 2 的数列$\{a_n\}$满足：

(1) $a_{n+1}+a_n=10$；　　(2) $a_{n+1}a_n=16$.

运用接龙法试分别求出满足以上条件的数列的通项.

解 (1) ∵ $a_1=2$ 且 $a_{n+1}+a_n=10$，

∴ $a_1+a_2=10$，∴ $a_2=8$.

取 a_1，a_2 的算术平均数$\frac{1}{2}(a_1+a_2)=\frac{1}{2}(2+8)=5$，从而得

$$a_{n+1}+a_n=10\Rightarrow a_{n+1}-5=-(a_n-5)\Rightarrow\frac{a_{n+1}-5}{(-1)^n}=\frac{a_n-5}{(-1)^{n-1}},$$

∴ 新数列$\left\{\frac{a_n-5}{(-1)^{n-1}}\right\}$是常数数列，其首项为 $a_1-5=2-5=-3$.

∴ $a_n=3\cdot(-1)^n+5(n\in\mathbf{N}^*)$.

(2) ∵ $a_1=2$ 且 $a_{n+1}\cdot a_n=16$，

∴ $a_1a_2=16$，∴ $a_2=8$.

取 a_1，a_2 的几何平均数$\pm\sqrt{2\times8}=\pm4$，从而得

$$\left.\begin{array}{l}a_{n+1}-4=\frac{16}{a_n}-4\Rightarrow a_{n+1}-4=-\frac{4(a_n-4)}{a_n}\\a_{n+1}+4=\frac{16}{a_n}+4\Rightarrow a_{n+1}+4=-\frac{4(a_n+4)}{a_n}\end{array}\right\}$$

$$\Rightarrow\frac{a_{n+1}-4}{(-1)^n(a_{n+1}+4)}=\frac{a_n-4}{(-1)^{n-1}(a_n+4)},$$

∴ 新数列$\left\{\frac{a_n-4}{(-1)^{n-1}(a_n+4)}\right\}$是常数数列，其首项为$\frac{a_1-4}{a_1+4}=-\frac{1}{3}$，

∴ $\frac{a_n-4}{a_n+4}=\frac{(-1)^n}{3}\Rightarrow\frac{a_n-4}{(a_n+4)-(a_n-4)}=\frac{(-1)^n}{3-(-1)^n}\Rightarrow a_n=3\cdot(-1)^n+5(n\in\mathbf{N}^*)$.

本例第(1)小题是求线性递推数列的通项，求解过程中“取 a_1，a_2 的算术平均数$\frac{1}{2}(2+8)$”一语，透露了玄理讯息. 同样，第(2)小题是求非线性递推数列的通项，求解过程中“取 a_1，a_2 几何平均数$\pm\sqrt{2\times8}$”一语，也透露了玄理讯息. 理由何在？我们将在第四章中详细解释.

§2　具有周期性摆动的数列

等和数列$\{a_n\}$当$a_1\neq a_2$时具有周期性摆动，按函数周期性经典理念将数列摆动的最小正周期称为该数列的周期，因此，摆动的等和数列的周期可记为$T=2$(这里的数“2”，可以理解为连续递推项a_{n+1}，a_n的个数).

由摆动的等和数列可衍生一类满足$a_{n+k-1}+a_{n+k-2}+\cdots+a_n=$常数($k\geqslant 2$且$k\in\mathbf{N}$)，具有摆动性的线性数列.

【例 3.2】 设数列$\{a_n\}$：1，3，6，1，…. 已知$\{a_n\}$的周期$T=3$，试求该数列的通项及前n项和(必须以$a_n=f(n)$及$S_n=g(n)$形式表出).

解　$\because T=3$，而$1+3+6=10$，

$$\therefore \left.\begin{array}{l}a_{n+2}+a_{n+1}+a_n=10\\ a_{n+3}+a_{n+2}+a_{n+1}=10\end{array}\right\}\Rightarrow a_{n+3}-a_n=0.$$

$\therefore$ 数列$\{a_n\}$是三阶线性递推数列，特征方程为$x^3-1=0$，特征根为

$$x_1=1,x_2=\omega=-\frac{1}{2}+\frac{\sqrt{3}}{2}\mathrm{i},x_3=\omega^2=-\frac{1}{2}-\frac{\sqrt{3}}{2}\mathrm{i},$$

$\therefore a_n=\lambda_{31}+\lambda_{32}\omega^{n-1}+\lambda_{33}(\omega^2)^{n-1}$($\lambda_{31}$，$\lambda_{32}$，$\lambda_{33}$由$a_1$，$a_2$，$a_3$确定)，

$$\therefore \begin{cases}\lambda_{31}+\lambda_{32}+\lambda_{33}=1,\\ \lambda_{31}+\lambda_{32}\omega+\lambda_{33}\omega^2=3,\\ \lambda_{31}+\lambda_{32}\omega^2+\lambda_{33}\omega=6,\\ 1+\omega+\omega^2=0,\end{cases}$$

解之得$\lambda_{31}=\dfrac{10}{3}$，$\lambda_{32}=\dfrac{-7+3\sqrt{3}\mathrm{i}}{6}$，$\lambda_{33}=\dfrac{-7-3\sqrt{3}\mathrm{i}}{6}$.

$$\therefore a_n=\frac{10}{3}-\frac{7-3\sqrt{3}\mathrm{i}}{6}\left(-\frac{1}{2}+\frac{\sqrt{3}}{2}\mathrm{i}\right)^{n-1}-\frac{7+3\sqrt{3}\mathrm{i}}{6}\left(-\frac{1}{2}-\frac{\sqrt{3}}{2}\mathrm{i}\right)^{n-1}\quad(n\in\mathbf{N}^*).$$

$$\therefore S_n-S_{n-1}=\frac{10}{3}-\frac{7-3\sqrt{3}\mathrm{i}}{6}\left(-\frac{1}{2}+\frac{\sqrt{3}}{2}\mathrm{i}\right)^{n-1}-\frac{7+3\sqrt{3}\mathrm{i}}{6}\left(-\frac{1}{2}-\frac{\sqrt{3}}{2}\mathrm{i}\right)^{n-1},$$

$\therefore$ 新数列$\{S_n\}$是四阶线性递推数列，特征根为

$$x_1=x_2=1,x_3=-\frac{1}{2}+\frac{\sqrt{3}}{2}\mathrm{i}=\omega,x_4=-\frac{1}{2}-\frac{\sqrt{3}}{2}\mathrm{i}=\omega^2,$$

$\therefore S_n=\lambda_{41}n+\lambda_{42}+\lambda_{43}\omega^{n-1}+\lambda_{44}(\omega^2)^{n-1}$($\lambda_{41},\lambda_{42},\lambda_{43},\lambda_{44}$由$S_1,S_2,S_3,S_4$确定).

而$S_1=1,S_2=4,S_3=10,S_4=11$,

$$\therefore\begin{cases}\lambda_{41}+\lambda_{42}+\lambda_{43}+\lambda_{44}=1,\\2\lambda_{41}+\lambda_{42}+\lambda_{43}\omega+\lambda_{44}\omega^2=4,\\3\lambda_{41}+\lambda_{42}+\lambda_{43}\omega^2+\lambda_{44}\omega=10,\\4\lambda_{41}+\lambda_{42}+\lambda_{43}+\lambda_{44}=11,\\1+\omega+\omega^2=0,\end{cases}$$

解之得$\lambda_{41}=\frac{10}{3},\lambda_{42}=-\frac{5}{3},\lambda_{43}=\frac{-3+4\sqrt{3}\mathrm{i}}{9},\lambda_{44}=\frac{-3-4\sqrt{3}\mathrm{i}}{9}$.

$$\therefore S_n=\frac{10}{3}n-\frac{5}{3}-\frac{3-4\sqrt{3}\mathrm{i}}{9}\left(-\frac{1}{2}+\frac{\sqrt{3}}{2}\mathrm{i}\right)^{n-1}-\frac{3+4\sqrt{3}\mathrm{i}}{9}\left(-\frac{1}{2}-\frac{\sqrt{3}}{2}\mathrm{i}\right)^{n-1}\quad(n\in\mathbf{N}^*).$$

【例 3.3】 设数列$\{a_n\}$:1,2,3,…. 已知$\{a_n\}$的周期$T=4$,且满足$a_{n+3}+a_{n+2}+a_{n+1}+a_n=10$,试求该数列的通项及前$n$项和(必须以$a_n=f(n)$及$S_n=g(n)$形式表出).

解 $\because a_{n+3}+a_{n+2}+a_{n+1}+a_n=10$,

$\therefore a_4+a_3+a_2+a_1=10\Rightarrow a_4=10-(3+2+1)=4$,

且知$\{a_n\}$为四阶线性递推数列,特征方程为$x^4-1=0$,特征根为

$$x_1=\mathrm{i},x_2=\mathrm{i},x_3=-1,x_4=1,$$

$\therefore a_n=\lambda_{41}\cdot\mathrm{i}^{n-1}+\lambda_{42}(-\mathrm{i})^{n-1}+\lambda_{43}(-1)^{n-1}+\lambda_{44}$($\lambda_{41},\lambda_{42},\lambda_{43},\lambda_{44}$由$a_1,a_2,a_3,a_4$确定).

$$\therefore\begin{cases}\lambda_{41}+\lambda_{42}+\lambda_{43}+\lambda_{44}=1,\\\mathrm{i}\lambda_{41}-\mathrm{i}\lambda_{42}-\lambda_{43}+\lambda_{44}=2,\\-\lambda_{41}-\lambda_{42}+\lambda_{43}+\lambda_{44}=3,\\-\mathrm{i}\lambda_{41}+\mathrm{i}\lambda_{42}-\lambda_{43}+\lambda_{44}=4,\end{cases}$$

解之得$\lambda_{41}=-\frac{1}{2}+\frac{1}{2}\mathrm{i},\lambda_{42}=-\frac{1}{2}-\frac{1}{2}\mathrm{i},\lambda_{43}=-\frac{1}{2},\lambda_{44}=\frac{5}{2}$,

$$\therefore a_n=\left(-\frac{1}{2}+\frac{1}{2}\mathrm{i}\right)\cdot\mathrm{i}^{n-1}+\left(-\frac{1}{2}-\frac{1}{2}\mathrm{i}\right)(-\mathrm{i})^{n-1}-\frac{1}{2}(-1)^{n-1}+\frac{5}{2}\ (n\in\mathbf{N}^*).$$

$$\because S_n-S_{n-1}=\frac{1}{2}(-1+\mathrm{i})\cdot\mathrm{i}^{n-1}+\frac{1}{2}(-1-\mathrm{i})(-\mathrm{i})^{n-1}-\frac{1}{2}(-1)^{n-1}+\frac{5}{2},$$

∴ 和数列$\{S_n\}$是五阶线性递推数列，特征根

$$x_1=x_2=1, x_3=-1, x_4=\mathrm{i}, x_5=-\mathrm{i}.$$

∴ $S_n=\lambda_{51}n+\lambda_{52}+\lambda_{53}(-1)^{n-1}+\lambda_{54}\cdot \mathrm{i}^{n-1}+\lambda_{55}(-\mathrm{i})^{n-1}$（$\lambda_{51},\lambda_{52},\lambda_{53},\lambda_{54},\lambda_{55}$由$S_1,S_2,S_3,S_4,S_5$确定）.

而$S_1=1, S_2=3, S_3=6, S_4=10, S_5=11$，

$$\therefore \begin{cases}\lambda_{51}+\lambda_{52}+\lambda_{53}+\lambda_{54}+\lambda_{55}=1,\\ 2\lambda_{51}+\lambda_{52}-\lambda_{53}+\mathrm{i}\lambda_{54}-\mathrm{i}\lambda_{55}=3,\\ 3\lambda_{51}+\lambda_{52}+\lambda_{53}-\lambda_{54}-\lambda_{55}=6,\\ 4\lambda_{51}+\lambda_{52}-\lambda_{53}-\mathrm{i}\lambda_{54}+\mathrm{i}\lambda_{55}=10,\\ 5\lambda_{51}+\lambda_{52}+\lambda_{53}+\lambda_{54}+\lambda_{55}=11,\end{cases}$$

解之得$\lambda_{51}=\frac{5}{2},\lambda_{52}=-\frac{5}{4},\lambda_{53}=-\frac{1}{4},\lambda_{54}=\frac{1}{2}\mathrm{i},\lambda_{55}=-\frac{1}{2}\mathrm{i}.$

$$\therefore S_n=\frac{5}{2}n-\frac{5}{4}+\frac{1}{4}(-1)^n+\frac{1}{2}\mathrm{i}^n+\frac{1}{2}(-\mathrm{i})^n\ (n\in\mathbf{N}^*).$$

具有周期性摆动的数列$\{a_n\}$满足$a_{n+r-1}+a_{n+r-2}+\cdots+a_n=$非零常数，其特征方程$x^r-1=0$，它的$r$次单位根有序顺次记为$\rho_1,\rho_2,\rho_3,\cdots,\rho_r$，也可采用三角函数式表出. 要注意$\sum\limits_{i=1}^{r}\rho_i=0$，仅有一个实根为“1”，欲求该数列的通项及前$n$项和，按上述方法同理类推即可.

【例 3.4】 设数列$\{a_n\}$：1，1，−2，1，⋯. 已知$\{a_n\}$的周期$T=3$，试求该数列的通项及前n项和S_n.

解 方法一

∵ $T=3$，

∴ $a_{n+2}+a_{n+1}+a_n=a_1+a_2+a_3=1+1+(-2)=0$，特征方程为$x^2+x+1=0$，特征根为

$$x_1=\omega=-\frac{1}{2}+\frac{\sqrt{3}}{2}\mathrm{i}, x_2=\omega^2=-\frac{1}{2}-\frac{\sqrt{3}}{2}\mathrm{i}.$$

∴ $a_n=\lambda_{21}\omega^{n-1}+\lambda_{22}(\omega^2)^{n-1}$（$\lambda_{21},\lambda_{22}$由$a_1,a_2$确定），

$\therefore \begin{cases}\lambda_{21}+\lambda_{22}=1,\\ \omega\lambda_{21}+\omega^2\lambda_{22}=1,\end{cases}$ 解之得$\lambda_{21}=\frac{1}{2}-\frac{\sqrt{3}}{2}\mathrm{i},\lambda_{22}=\frac{1}{2}+\frac{\sqrt{3}}{2}\mathrm{i}$，

$\therefore a_n=\frac{1-\sqrt{3}\mathrm{i}}{2}\omega^{n-1}+\frac{1+\sqrt{3}\mathrm{i}}{2}\omega^{2n-2}(n\in\mathbf{N}^*)$.

$\because S_n-S_{n-1}=\frac{1-\sqrt{3}\mathrm{i}}{2}\omega^{n-1}+\frac{1+\sqrt{3}\mathrm{i}}{2}\omega^{2n-2}$,

$\therefore$ 和数列$\{S_n\}$的特征根 $x_1=1,x_2=\omega,x_3=\omega^2$,

$\therefore S_n=\lambda_{31}+\lambda_{32}\omega^{n-1}+\lambda_{33}(\omega^2)^{n-1}$($\lambda_{31},\lambda_{32},\lambda_{33}$由 S_1,S_2,S_3确定).

而 $S_1=1,S_2=2,S_3=0$,

$\therefore\begin{cases}\lambda_{31}+\lambda_{32}+\lambda_{33}=1,\\ \lambda_{31}+\omega\lambda_{32}+\omega^2\lambda_{33}=2,\\ \lambda_{31}+\omega^2\lambda_{32}+\omega\lambda_{33}=0,\end{cases}$ 解之得 $\lambda_{31}=1,\lambda_{32}=-\frac{\sqrt{3}}{3}\mathrm{i},\lambda_{33}=\frac{\sqrt{3}}{3}\mathrm{i}$,

$\therefore S_n=1-\frac{\sqrt{3}\mathrm{i}}{3}\omega^{n-1}+\frac{\sqrt{3}\mathrm{i}}{3}\omega^{2n-2}(n\in\mathbf{N}^*)$.

以上 $\omega=-\frac{1}{2}+\frac{\sqrt{3}}{2}\mathrm{i},\omega^2=-\frac{1}{2}-\frac{\sqrt{3}}{2}\mathrm{i}$.

方法二

$\because T=3$,可取$\{a_n\}$的特征方程 $x^3-1=0$,从而得特征根

$x_1=1,x_2=-\frac{1}{2}+\frac{\sqrt{3}}{2}\mathrm{i}=\omega,x_3=-\frac{1}{2}-\frac{\sqrt{3}}{2}\mathrm{i}=\omega^2$.

$\therefore a_n=\lambda_{31}+\lambda_{32}\omega^{n-1}+\lambda_{33}(\omega^2)^{n-1}$($\lambda_{31},\lambda_{32},\lambda_{33}$由 a_1,a_2,a_3确定),

$\therefore\begin{cases}\lambda_{31}+\lambda_{32}+\lambda_{33}=1,\\ \lambda_{31}+\omega\lambda_{32}+\omega^2\lambda_{33}=1,\\ \lambda_{31}+\omega^2\lambda_{32}+\omega\lambda_{33}=-2,\end{cases}$

解之得 $\lambda_{31}=0,\lambda_{32}=\frac{1}{2}-\frac{\sqrt{3}}{2}\mathrm{i},\lambda_{33}=\frac{1}{2}+\frac{\sqrt{3}}{2}\mathrm{i}$,

$\therefore a_n=-\frac{1-\sqrt{3}\mathrm{i}}{2}\omega^{n-1}+\frac{1+\sqrt{3}\mathrm{i}}{2}\omega^{2n-2}(n\in\mathbf{N}^*)$.

以下解法与方法一相同,从略.

在等差数列$\{a_n\}$中,当公差 $d=0$ 时,它是一阶线性递推数列;当公差 $d\neq0$ 时,它是二阶线性递推数列,其通项均可以二阶形式 $a_n=d(n-1)+a_1$表出. 此理同样可诠释例 3.4 两种解法的科学性. 为此,具有周期性摆动的数列$\{a_n\}$满足 $a_{n+r-1}+a_{n+r-2}+\cdots+a_n=$常数$\neq0$,均可取特征方程 $x^r-1=0$ 而求解.

§3　高阶等和数列

本节,我们按高阶等差数列的经典理论引申探究新概念——高阶等和数列.

3.1　递和法与阶和表

经典理论提出递差法并构建阶差表以深层探究高阶等差数列,由此自然衍生递和法并构建阶和表以深层探究高阶等和数列.

设第 i 阶和构成的数列记为 $\{\delta_n^{(i)}\}$,其首项记为 $\delta_1^{(i)}$ $(i=1,2,3,\cdots)$.

阶 和 表

数列 $\{a_n\}$：　$a_1,a_2,a_3,a_4,\cdots,a_n,a_{n+1},a_{n+2},\cdots$,

一阶和数列 $\{\delta_n^{(1)}\}$：$a_2+a_1,a_3+a_2,a_4+a_3,\cdots,a_{n+1}+a_n,a_{n+2}+a_{n+1},a_{n+3}+a_{n+2},\cdots$;

二阶和数列 $\{\delta_n^{(2)}\}$：$a_3+2a_2+a_1,a_4+2a_3+a_2,\cdots,a_{n+2}+2a_{n+1}+a_n,a_{n+3}+2a_{n+2}+a_{n+1},\cdots$;

三阶和数列 $\{\delta_n^{(3)}\}$：$a_4+3a_3+3a_2+a_1,\cdots,a_{n+3}+3a_{n+2}+3a_{n+1}+a_n,\cdots$;

$\cdots$;

r 阶和数列 $\{\delta_n^{(r)}\}$：$C_r^0a_{r+1}+C_r^1a_r+C_r^2a_{r-1}+\cdots+C_r^ra_1,\cdots,C_r^0a_{n+r}+C_r^1a_{n+r-1}+C_r^2a_{n+r-2}+\cdots+C_r^ra_n,\cdots$.

由阶和表可知：r 阶和数列的首项 $\delta_1^{(r)}$ 及通项 $\delta_n^{(r)}$ 分别为

$$\delta_1^{(r)}=C_r^0a_{r+1}+C_r^1a_r+C_r^2a_{r-1}+\cdots+C_r^ra_1,$$

$$\delta_n^{(r)}=C_r^0a_{n+r}+C_r^1a_{n+r-1}+C_r^2a_{n+r-2}+\cdots+C_r^ra_n.$$

3.2　二阶等和数列

定义　若数列 $\{a_n\}$ 的第 r 阶和数列初始满足

$$C_r^0a_{n+r}+C_r^1a_{n+r-1}+\cdots+C_r^ra_n=\delta_1^{(r)}\ (r\in\mathbf{N}^*),$$

则称数列 $\{a_n\}$ 为 r 阶等和数列. 当 $r=1$ 时,即称为等和数列;当 $r\geqslant2$ 时,统称为高阶等和数列.

定理 1　若设二阶等和数列 $\{a_n\}$ 的一阶和数列与二阶和数列的首项分别为 $\delta_1^{(1)}$ 与 $\delta_1^{(2)}$,则该数列的通项公式为

$$a_n=\left[\left(a_1-\frac{1}{2^2}\delta_1^{(2)}\right)-C_{n-1}^1\left(\delta_1^{(1)}-\frac{1}{2}\delta_1^{(2)}\right)\right](-1)^{n-1}+\frac{1}{2^2}\delta_1^{(2)}\ (n\in\mathbf{N}^*).$$

证 $\because \{a_n\}$为二阶等和数列,

$$\therefore a_{n+2}+2a_{n+1}+a_n=\delta_1^{(2)}\Rightarrow a_{n+2}+a_{n+1}-\frac{1}{2}\delta_1^{(2)}=-\left(a_{n+1}+a_n-\frac{1}{2}\delta_1^{(2)}\right)$$

$$\Rightarrow\frac{a_{n+2}+a_{n+1}-\frac{1}{2}\delta_1^{(2)}}{(-1)^n}=\frac{a_{n+1}+a_n-\frac{1}{2}\delta_1^{(2)}}{(-1)^{n-1}}.\qquad(1)$$

$\therefore$ 新数列$\left\{\dfrac{a_{n+1}+a_n-\frac{1}{2}\delta_1^{(2)}}{(-1)^{n-1}}\right\}$是常数数列,其首项为

$$a_2+a_1-\frac{1}{2}\delta_1^{(2)}=\delta_1^{(1)}-\frac{1}{2}\delta_1^{(2)}.$$

$$\therefore a_{n+1}=-a_n+\left(\delta_1^{(1)}-\frac{1}{2}\delta_1^{(2)}\right)(-1)^{n-1}+\frac{1}{2}\delta_1^{(2)}$$

$$\Rightarrow a_{n+1}+\left(\delta_1^{(1)}-\frac{1}{2}\delta_1^{(2)}\right)\cdot n\cdot(-1)^{n-1}-\frac{1}{2^2}\delta_1^{(2)}$$

$$=-\left[a_n+\left(\delta_1^{(1)}-\frac{1}{2}\delta_1^{(2)}\right)\cdot(n-1)\cdot(-1)^{n-1}-\frac{1}{2^2}\delta_1^{(2)}\right]$$

$$\Rightarrow\frac{a_{n+1}+\left(\delta_1^{(1)}-\frac{1}{2}\delta_1^{(2)}\right)\cdot n\cdot(-1)^n-\frac{1}{2^2}\delta_1^{(2)}}{(-1)^n}$$

$$=\frac{a_n+\left(\delta_1^{(1)}-\frac{1}{2}\delta_1^{(2)}\right)\cdot(n-1)\cdot(-1)^{n-1}-\frac{1}{2^2}\delta_1^{(2)}}{(-1)^{n-1}}.\qquad(2)$$

$\therefore$ 新数列$\left\{\dfrac{a_n+\left(\delta_1^{(1)}-\frac{1}{2}\delta_1^{(2)}\right)\cdot(n-1)\cdot(-1)^{n-1}-\frac{1}{2^2}\delta_1^{(2)}}{(-1)^{n-1}}\right\}$是常数数列,其首项为

$a_1-\dfrac{1}{2^2}\delta_1^{(2)}$,

$$\therefore a_n=\left[\left(a_1-\frac{1}{2^2}\delta_1^{(2)}\right)-C_{n-1}^1\left(\delta_1^{(1)}-\frac{1}{2}\delta_1^{(2)}\right)\right](-1)^{n-1}-\frac{1}{2^2}\delta_1^{(2)}.$$

注 本定理求证过程中的(1)式与(2)式,也可分别形变为(3)式与(4)式如下:

$$(-1)^n\left(a_{n+2}+a_{n+1}-\frac{1}{2}\delta_1^{(2)}\right)=(-1)^{n-1}\left(a_{n+1}+a_n-\frac{1}{2}\delta_1^{(2)}\right);\qquad(3)$$

$$(-1)^n\left[a_{n+1}+\left(\delta_1^{(1)}-\frac{1}{2}\delta_1^{(2)}\right)\cdot n\cdot(-1)^n-\frac{1}{2^2}\delta_1^{(2)}\right]$$

$$=(-1)^{n-1}\left[a_n+\left(\delta_1^{(1)}-\frac{1}{2}\delta_1^{(2)}\right)\cdot(n-1)\cdot(-1)^{n-1}-\frac{1}{2^2}\delta_1^{(2)}\right].\tag{4}$$

【例 3.5】 已知数列$\{a_n\}$是二阶等和数列，且 $a_1=1,a_2=2,a_3=3$. 试求该数列的通项及前 n 项和 S_n.

解　*方法一*　（按接龙法解之）

$\because$ $\{a_n\}$为二阶等和数列，

$\therefore$ $a_{n+2}+2a_{n+1}+a_n=a_3+2a_2+a_1=8$

$\Rightarrow a_{n+2}+a_{n+1}-4=-(a_{n+1}+a_n-4)$

$$\Rightarrow\frac{a_{n+2}+a_{n+1}-4}{(-1)^n}=\frac{a_{n+1}+a_n-4}{(-1)^{n-1}},\tag{5}$$

$\therefore$ 新数列$\left\{\dfrac{a_{n+1}+a_n-4}{(-1)^{n-1}}\right\}$是常数数列，其首项为 $a_2+a_1-4=-1$.

$$\therefore a_{n+1}+a_n-4=(-1)^n\Rightarrow\frac{a_{n+1}-n(-1)^n-2}{(-1)^n}=\frac{a_n-(n-1)(-1)^{n-1}-2}{(-1)^{n-1}},\tag{6}$$

$\therefore$ 新数列$\left\{\dfrac{a_n-(n-1)(-1)^{n-1}-2}{(-1)^{n-1}}\right\}$是常数数列，其首项为 $a_1-2=-1$，

$\therefore$ $a_n=(n-2)(-1)^{n-1}+2(n\in\mathbf{N}^*)$.

$\because$ $S_n-S_{n-1}=(n-2)(-1)^{n-1}+2$

$$\Rightarrow S_n+\frac{1}{4}(2n-3)(-1)^n-2n=S_{n-1}+\frac{1}{4}(2n-5)(-1)^{n-1}-2(n-1),$$

$\therefore$ 新数列$\left\{S_n+\dfrac{1}{4}(2n-3)(-1)^n-2n\right\}$是常数数列，其首项为

$$S_1+\frac{1}{4}-2=-\frac{3}{4}.$$

$\therefore$ $S_n=2n-\dfrac{3}{4}+\dfrac{1}{4}(2n-3)(-1)^{n-1}(n\in\mathbf{N}^*)$.

注　本例中的(5)式也可形变为

$(-1)^n(a_{n+2}+a_{n+1}-4)=(-1)^{n-1}(a_{n+1}+a_n-4)$.

同理，(6)式也可形变为

$(-1)^n[a_{n+1}-n(-1)^n-2]=(-1)^{n-1}[a_n-(n-1)(-1)^{n-1}-2]$.

方法二　（按线性递推数列通项模式定理解之）

$\because$ $\{a_n\}$为二阶等和数列，

$$\therefore \left.\begin{matrix} a_{n+2}+2a_{n+1}+a_n=a_3+2a_2+a_1=8 \\ a_{n+3}+2a_{n+2}+a_{n+1}=8 \end{matrix}\right\} \Rightarrow a_{n+3}+a_{n+2}-a_{n+1}-a_n=0,$$

$\therefore \{a_n\}$为三阶线性递推数列，特征方程为 $x^3+x^2-x-1=0$，特征根为 $x_1=x_2=-1, x_3=1$，

$\therefore a_n=(\lambda_{31}n+\lambda_{32})(-1)^{n-1}+\lambda_{33}$（$\lambda_{31},\lambda_{32},\lambda_{33}$由 a_1,a_2,a_3确定）.

$$\therefore \begin{cases} \lambda_{31}+\lambda_{32}+\lambda_{33}=1, \\ -2\lambda_{31}-\lambda_{32}+\lambda_{33}=2, \\ 3\lambda_{31}+\lambda_{32}+\lambda_{33}=3, \end{cases}$$ 解之得 $\lambda_{31}=1, \lambda_{32}=-2, \lambda_{33}=2$.

$\therefore a_n=(n-2)(-1)^{n-1}+2(n\in \mathbf{N}^*)$.

$\because S_n-S_{n-1}=(n-2)(-1)^{n-1}+2$,

$\therefore$ 和数列$\{S_n\}$为四阶线性递推数列，其特征根为 $x_1=x_2=-1, x_3=x_4=1$.

$\therefore S_n=(\lambda_{41}n+\lambda_{42})(-1)^{n-1}+\lambda_{43}n+\lambda_{44}$（$\lambda_{41},\lambda_{42},\lambda_{43},\lambda_{44}$由 S_1,S_2,S_3,S_4确定）.

而 $S_1=1, S_2=S_1+a_2=1+2=3, S_3=S_2+a_3=3+3=6, S_4=S_3+a_4=6+0=6$，

$$\therefore \begin{cases} \lambda_{41}+\lambda_{42}+\lambda_{43}+\lambda_{44}=1, \\ -2\lambda_{41}-\lambda_{42}+2\lambda_{43}+\lambda_{44}=3, \\ 3\lambda_{41}+\lambda_{42}+3\lambda_{43}+\lambda_{44}=6, \\ -4\lambda_{41}-\lambda_{42}+4\lambda_{43}+\lambda_{44}=6, \end{cases}$$

解之得 $\lambda_{41}=\frac{1}{2}, \lambda_{42}=-\frac{3}{4}, \lambda_{43}=2, \lambda_{44}=-\frac{3}{4}$.

$\therefore S_n=\frac{1}{4}(2n-3)(-1)^{n-1}+2n-\frac{3}{4}\ (n\in \mathbf{N}^*)$.

方法三 （按公式法解之）

$\because a_1=1, \delta_1^{(1)}=a_2+a_1=2+1=3, \delta_1^{(2)}=a_3+2a_2+a_1=3+2\times 2+1=8$,

$\therefore$ 分别代入通项公式及前 n 项和公式得

$$a_n=\left[\left(1-\frac{1}{4}\times 8\right)-\left(3-\frac{1}{2}\times 8\right)(n-1)\right](-1)^{n-1}+\frac{1}{4}\times 8=(n-2)(-1)^{n-1}+2,$$

即
$$a_n=(n-2)(-1)^{n-1}+2\ (n\in \mathbf{N}^*),$$
$$S_n=\frac{1}{4}(2n-3)(-1)^{n-1}+2n-\frac{3}{4}(n\in \mathbf{N}^*).$$

【例 3.6】 设两等差数列$\{a_n\}$（其公差为 d_1）与$\{b_n\}$（其公差为 d_2）相互间隔混

合而成的数列$\{c_n\}$呈现如下形式：

$$a_1,b_1,a_2,b_2,a_3,b_3,\cdots,a_i,b_i,\cdots(i=1,2,3,\cdots).$$

已知$d_1+d_2=0$，且$d_1d_2\neq 0$，求证：数列$\{c_n\}$为二阶等和数列.

证 (1) 当$c_n=a_i$时，n必为奇数，从而知$c_{n+1}=b_i$，$c_{n+2}=a_{i+1}$，所以

$$c_{n+2}+2c_{n+1}+c_n=a_{i+1}+2b_i+a_i$$
$$=(a_1+id_1)+2[b_1+(i-1)d_2]+[a_1+(i-1)d_1]$$
$$=2(a_1+b_1)-d_2.$$

(2) 当$c_n=b_i$时，n必为偶数，从而知$c_{n+1}=a_{i+1}$，$c_{n+2}=b_{i+1}$，所以

$$c_{n+2}+2c_{n+1}+c_n=(b_1+id_2)+2(a_1+id_1)+[b_1+(i-1)d_2]$$
$$=2(a_1+b_1)-d_2.$$

由(1)、(2)得$c_{n+2}+c_{n+1}+c_n=$常数，所以$\{c_n\}$为二阶等和数列.

将例3.6与定理1结合起来考察，诠释了二阶等和数列的一个重要性质. 由二阶等和数列的通项公式易知：a_n是关于n的线性函数关系（见定理1），而"n"的系数为$\left(\delta_1^{(1)}-\frac{1}{2}\delta_1^{(2)}\right)(-1)^n$，显然二阶等和数列$\{a_n\}$中奇数项构成的数列$\{a_{2k-1}\}$（$k\in\mathbf{N}^*$）的公差$d_1=-\left(\delta_1^{(1)}-\frac{1}{2}\delta_1^{(2)}\right)$，而偶数项构成的数列$\{a_{2k}\}$（$k\in\mathbf{N}^*$）的公差$d_2=\delta_1^{(1)}-\frac{1}{2}\delta_1^{(2)}$，从而得$d_1+d_2=0$，隐含条件$d_1d_2\neq 0$.

推敲定义中"初始满足"四字即可理解隐含条件$d_1d_2\neq 0$. 若$d_1=d_2=0$，乃是两个常数数列相互间隔混合成数列$\{a_n\}$，其一阶和数列$\{\delta_n^{(1)}\}$必为常数数列，就满足$a_{n+1}+a_n=$常数. 二阶和数列$\{\delta_n^{(2)}\}$虽也满足$a_{n+2}+2a_{n+1}+a_n=$常数，但非初始满足，因此只能称$\{a_n\}$为等和数列，而不能将它列入高阶等和数列.

3.3 三阶等和数列

定理2 若设三阶等和数列$\{a_n\}$的一阶和数列、二阶和数列与三阶和数列的首项分别为$\delta_1^{(1)}$、$\delta_1^{(2)}$与$\delta_1^{(3)}$，则该数列的通项公式为

$$a_n=\left[\left(a_1-\frac{1}{2^3}\delta_1^{(3)}\right)-C_{n-1}^1\left(\delta_1^{(1)}-\frac{1}{2^2}\delta_1^{(3)}\right)+C_{n-1}^2\left(\delta_1^{(2)}-\frac{1}{2}\delta_1^{(3)}\right)\right](-1)^{n-1}+\frac{1}{2^3}\delta_1^{(3)}\ (n\in\mathbf{N}^*).$$

证 $\because$ $\{a_n\}$为三阶等和数列，

$$\therefore\ a_{n+3}+3a_{n+2}+3a_{n+1}+a_n=\delta_1^{(3)}$$

$$\Rightarrow a_{n+3}+2a_{n+2}+a_{n+1}-\frac{1}{2}\delta_1^{(3)}=-\left(a_{n+2}+2a_{n+1}+a_n-\frac{1}{2}\delta_1^{(3)}\right)$$

$$\Rightarrow\frac{a_{n+3}+2a_{n+2}+a_{n+1}-\frac{1}{2}\delta_1^{(3)}}{(-1)^n}=\frac{a_{n+2}+2a_{n+1}+a_n-\frac{1}{2}\delta_1^{(3)}}{(-1)^{n-1}},$$

$\therefore$ 新数列$\left\{\dfrac{a_{n+2}+2a_{n+1}+a_n-\frac{1}{2}\delta_1^{(3)}}{(-1)^{n-1}}\right\}$是常数数列，其首项为$\delta_1^{(2)}-\dfrac{1}{2}\delta_1^{(3)}$，

$$\therefore\ a_{n+2}+2a_{n+1}+a_n=\left(\delta_1^{(2)}-\frac{1}{2}\delta_1^{(3)}\right)(-1)^{n-1}+\frac{1}{2}\delta_1^{(3)}$$

$$\Rightarrow a_{n+2}+a_{n+1}=-(a_{n+1}+a_n)+\left(\delta_1^{(2)}-\frac{1}{2}\delta_1^{(3)}\right)[n-(n-1)](-1)^{n-1}+\frac{1}{2}\delta_1^{(3)}$$

$$\Rightarrow a_{n+2}+a_{n+1}+\left(\delta_1^{(2)}-\frac{1}{2}\delta_1^{(3)}\right)\cdot n\cdot(-1)^n-\frac{1}{2^2}\delta_1^{(3)}$$

$$=-\left[a_{n+1}+a_n+\left(\delta_1^{(2)}-\frac{1}{2}\delta_1^{(3)}\right)\cdot(n-1)\cdot(-1)^{n-1}-\frac{1}{2^2}\delta_1^{(3)}\right]$$

$$\Rightarrow\frac{a_{n+2}+a_{n+1}+\left(\delta_1^{(2)}-\frac{1}{2}\delta_1^{(3)}\right)\cdot n\cdot(-1)^n-\frac{1}{2^2}\delta_1^{(3)}}{(-1)^n}$$

$$=\frac{a_{n+1}+a_n+\left(\delta_1^{(2)}-\frac{1}{2}\delta_1^{(3)}\right)\cdot(n-1)\cdot(-1)^{n-1}-\frac{1}{2^2}\delta_1^{(3)}}{(-1)^{n-1}}.$$

$\therefore$ 新数列$\left\{\dfrac{a_{n+1}+a_n+\left(\delta_1^{(2)}-\frac{1}{2}\delta_1^{(3)}\right)\cdot(n-1)\cdot(-1)^{n-1}-\frac{1}{2^2}\delta_1^{(3)}}{(-1)^{n-1}}\right\}$是常数数列，其首项为$\delta_1^{(1)}-\dfrac{1}{2^2}\delta_1^{(3)}$，

$$\therefore\ a_{n+1}+a_n=\left[\left(\delta_1^{(1)}-\frac{1}{2^2}\delta_1^{(3)}\right)-\left(\delta_1^{(2)}-\frac{1}{2}\delta_1^{(3)}\right)(n-1)\right](-1)^{n-1}+\frac{1}{2^2}\delta_1^{(3)}$$

$$\Rightarrow a_{n+1}+\left[\left(\delta_1^{(1)}-\frac{1}{2^2}\delta_1^{(3)}\right)n-\frac{1}{2}\left(\delta_1^{(2)}-\frac{1}{2}\delta_1^{(3)}\right)n(n-1)\right](-1)^n-\frac{1}{2^3}\delta_1^{(3)}$$

$$=-\left\{a_n\left[\left(\delta_1^{(1)}-\frac{1}{2^2}\delta_1^{(3)}\right)(n-1)-\frac{1}{2}\left(\delta_1^{(2)}-\frac{1}{2}\delta_1^{(3)}\right)(n-1)(n-2)\right](-1)^{n-1}-\frac{1}{2^3}\delta_1^{(3)}\right\}$$

$$\Rightarrow\frac{a_{n+1}+\left[\left(\delta_1^{(1)}-\frac{1}{2^2}\delta_1^{(3)}\right)n-\frac{1}{2}\left(\delta_1^{(2)}-\frac{1}{2}\delta_1^{(3)}\right)n(n-1)\right](-1)^n-\frac{1}{2^3}\delta_1^{(3)}]}{(-1)^n}$$

$$=\frac{a_n\left[\left(\delta_1^{(1)}-\frac{1}{2^2}\delta_1^{(3)}\right)(n-1)-\frac{1}{2}\left(\delta_1^{(2)}-\frac{1}{2}\delta_1^{(3)}\right)(n-1)(n-2)\right](-1)^{n-1}-\frac{1}{2^3}\delta_1^{(3)}}{(-1)^{n-1}}.$$

∴ 新数列

$$\left\{\frac{a_n+\left[\left(\delta_1^{(1)}-\frac{1}{2^2}\delta_1^{(3)}\right)(n-1)-\frac{1}{2}\left(\delta_1^{(2)}-\frac{1}{2}\delta_1^{(3)}\right)(n-1)(n-2)\right](-1)^{n-1}-\frac{1}{2^3}\delta_1^{(3)}}{(-1)^{n-1}}\right\}$$

是常数数列，其首项是 $a_1-\frac{1}{2^3}\delta_1^{(3)}$，

$$\therefore a_n=\left[\left(a_1-\frac{1}{2^3}\right)\delta_1^{(3)}-C_{n-1}^1\left(\delta_1^{(1)}-\frac{1}{2^2}\delta_1^{(3)}\right)+C_{n-1}^2\left(\delta_1^{(2)}-\frac{1}{2}\delta_1^{(3)}\right)\right](-1)^{n-1}+\frac{1}{2^3}\delta_1^{(3)}$$

$(n\in\mathbf{N}^*)$.

【例 3.7】 在三阶等和数列 $\{a_n\}$ 中，已知 $a_1=-3, a_2=3, a_3=-1, a_4=-3$，试求该数列的通项及前 n 项和 S_n.

解　*方法一*　（按公式法求解通项）

$\because \delta_1^{(1)}=-3+3=0, \delta_1^{(2)}=-3+2\times3-1=2, \delta_1^{(3)}=-3+3\times3+3\times(-1)-3=0$,

$$\therefore a_n=\left[\left(-3-\frac{1}{2^3}\times0\right)-\left(0-\frac{1}{2^2}\times0\right)(n-1)+\frac{1}{2}\left(2-\frac{1}{2}\times0\right)(n-1)(n-2)\right](-1)^{n-1}+\frac{1}{2^3}\times0$$

$$=(-3+n^2-3n+2)(-1)^{n-1}$$

$$=(n^2-3n-1)(-1)^{n-1}\ (n\in\mathbf{N}^*).$$

$$\because S_n-S_{n-1}=(n^2-3n-1)(-1)^{n-1}$$

$$=\left\{\left[\frac{1}{2}(n+1)n+\frac{1}{2}n(n-1)\right]-3\left[\frac{1}{4}(2n+1)+\frac{1}{4}(2n-1)\right]-\left(\frac{1}{2}+\frac{1}{2}\right)\right\}(-1)^{n-1}$$

$$\Rightarrow S_n+\left[\frac{1}{2}(n+1)n-\frac{3}{4}(2n+1)-\frac{1}{2}\right](-1)^n$$

$$=S_{n-1}+\left[\frac{1}{2}n(n-1)-\frac{3}{4}(2n-1)-\frac{1}{2}\right](-1)^{n-1},$$

∴ 新数列 $\left\{S_n+\left[\frac{1}{2}(n+1)n-\frac{3}{4}(2n+1)-\frac{1}{2}\right](-1)^n\right\}$ 是常数数列，其首项为

$$S_1-\frac{1}{2}\times2\times1+\frac{3}{4}\times3+\frac{1}{2}=-3-1+\frac{9}{4}+\frac{1}{2}=-\frac{5}{4},$$

$$\therefore S_n=\left[\frac{1}{2}(n+1)n-\frac{3}{4}(2n+1)-\frac{1}{2}\right](-1)^{n-1}-\frac{5}{4}$$

$$=\left(\frac{1}{2}n^2-n-\frac{5}{4}\right)(-1)^{n-1}-\frac{5}{4}(n\in\mathbf{N}^*).$$

方法二 （按线性递推数列通项模式定理求解）

$\because a_{n+3}+3a_{n+2}+3a_{n+1}+a_n=\delta_1^{(3)}=0$，

$\therefore \{a_n\}$为三阶线性递推数列，特征根 $x_1=x_2=x_3=-1$，

$\therefore a_n=[\lambda_{31}(n-1)(n-2)+\lambda_{32}(n-1)+\lambda_{33}](-1)^{n-1}$（$\lambda_{31},\lambda_{32},\lambda_{33}$由 a_1,a_2,a_3 确定），

$$\therefore \begin{cases}\lambda_{33}=-3,\\ -\lambda_{32}-\lambda_{33}=3,\\ 2\lambda_{31}+2\lambda_{32}+\lambda_{33}=-1,\end{cases}$$ 解之得 $\lambda_{31}=1,\lambda_{32}=0,\lambda_{33}=-3$，

$\therefore a_n=[(n-1)(n-2)-3](-1)^{n-1}=(n^2-3n-1)(-1)^{n-1}(n\in\mathbf{N}^*)$.

$\because S_n-S_{n-1}=(n^2-3n-1)(-1)^{n-1}$，

$\therefore$ 和数列$\{S_n\}$是四阶线性递推数列，特征根 $x_1=x_2=x_3=-1,x_4=1$.

$\therefore S_n=(\lambda_{41}n^2+\lambda_{42}n+\lambda_{43})(-1)^{n-1}+\lambda_{44}$（$\lambda_{41},\lambda_{42},\lambda_{43},\lambda_{44}$由 S_1,S_2,S_3,S_4 确定）.

而 $S_1=a_1=-3,S_2=-3+a_2=-3+3=0,S_3=S_2+a_3=-1,S_4=S_3+a_4=-1-3=-4$，

$$\therefore \begin{cases}\lambda_{41}+\lambda_{42}+\lambda_{43}+\lambda_{44}=-3,\\ -4\lambda_{41}-2\lambda_{42}-\lambda_{43}+\lambda_{44}=0,\\ 9\lambda_{41}+3\lambda_{42}+\lambda_{43}+\lambda_{44}=-1,\\ -16\lambda_{41}-4\lambda_{42}-\lambda_{43}+\lambda_{44}=-4,\end{cases}$$

解之得 $\lambda_{41}=\frac{1}{2},\lambda_{42}=-1,\lambda_{43}=-\frac{5}{4},\lambda_{44}=-\frac{5}{4}$，

$$\therefore S_n=\left(\frac{1}{2}n^2-n-\frac{5}{4}\right)(-1)^{n-1}-\frac{5}{4}\ (n\in\mathbf{N}^*).$$

3.4 r 阶等和数列

定理 3 若设 r 阶等和数列$\{a_n\}$的 i 阶和构成的数列的首项为 $\delta_n^{(i)}$，通项为 $\delta_n^{(i)}$ $(i=1,2,3,\cdots,r)$，且规定 $a_1=\delta_1^{(0)}$，则原数列的通项公式为

$$a_n=\left[\sum_{i=0}^{r-1}(-1)^i C_{n-1}^i\left(\delta_1^{(i)}-\frac{1}{2^{r-i}}\delta_1^{(r)}\right)\right](-1)^{n-1}+\frac{1}{2^r}\delta_1^{(r)}.$$

证　$\because \{a_n\}$为 r 阶等和数列，

$\therefore a_{n+r}+C_r^1a_{n+r-1}+C_r^2a_{n+r-2}+\cdots+C_r^ra_n=\delta_1^{(r)}$

$$\Rightarrow\frac{a_{n+r}+C_{r-1}^1a_{n+r-1}+\cdots+C_{r-1}^{r-1}a_{n+1}-\frac{1}{2}\delta_1^{(r)}}{(-1)^n}$$

$$=\frac{a_{n+r-1}+C_{r-1}^1a_{n+r-2}+\cdots+C_{r-1}^{r-1}a_n-\frac{1}{2}\delta_1^{(r)}}{(-1)^{n-1}}$$

$$\Rightarrow a_{n+r-1}+C_{r-1}^1a_{n+r-2}+\cdots+C_{r-1}^{r-1}a_n=\left(\delta_1^{(r-1)}-\frac{1}{2}\delta_1^{(r)}\right)(-1)^{n-1}+\frac{1}{2}\delta_1^{(r)}$$

$$=[n-(n-1)]\left(\delta_1^{(r-1)}-\frac{1}{2}\delta_1^{(r)}\right)(-1)^{n-1}+\left(\frac{1}{2^2}+\frac{1}{2^2}\right)\delta_1^{(r)}$$

$$\Rightarrow\frac{\left[a_{n+r-1}+C_{r-2}^1a_{n+r-2}+\cdots+C_{r-2}^{r-2}a_{n+1}+n\left(\delta_1^{(r-1)}-\frac{1}{2}\delta_1^{(r)}\right)\right](-1)^n-\frac{1}{2^2}\delta_1^{(r)}}{(-1)^n}$$

$$=\frac{[a_{n+r-2}+C_{r-2}^1a_{n+r-3}+\cdots+C_{r-2}^{r-2}a_n+(n-1)(\delta_1^{(r-1)}-\delta_1^{(r)}](-1)^{n-1}-\frac{1}{2^2}\delta_1^{(r)}}{(-1)^{n-1}}$$

$$\Rightarrow a_{n+r-2}+C_{r-2}^1a_{n+r-3}+\cdots+C_{r-2}^{r-2}a_n$$

$$=\left[\left(\delta_1^{(r-2)}-\frac{1}{2^2}\delta_1^{(r)}\right)-(n-1)\left(\delta_1^{(r-1)}-\frac{1}{2}\delta_1^{(r)}\right)\right](-1)^{n-1}-\frac{1}{2^2}\delta_1^{(r)}$$

$$=\left\{[n-(n-1)]\left(\delta_1^{(r-1)}-\frac{1}{2^2}\delta_1^{(r)}\right)-\frac{1}{2}[n(n-1)-(n-1)(n-2)]\cdot\right.$$

$$\left.\left(\delta_1^{(r-1)}-\frac{1}{2^2}\delta_1^{(r)}\right)\right\}(-1)^{n-1}+\left(\frac{1}{2^3}+\frac{1}{2^3}\right)\delta_1^{(r)}$$

$$\Rightarrow a_{n+r-3}+C_{r-3}^1a_{n+r-4}+\cdots+C_{r-3}^{r-3}a_n$$

$$=\left[\left(\delta_1^{(r-3)}-\frac{1}{2^3}\delta_1^{(r)}\right)-(n-1)\left(\delta_1^{(r-2)}-\frac{1}{2^2}\delta_1^{(r)}\right)\right.$$

$$\left.+\frac{1}{2!}(n-1)(n-2)\left(\delta_1^{(r-1)}-\frac{1}{2}\delta_1^{(r)}\right)\right](-1)^{n-1}+\frac{1}{2^3}\delta_1^{(r)}.$$

反复按接龙法基本定理，同理类推即可得出

$$a_n=\left[\left(a_1-\frac{1}{2^r}\delta_1^{(r)}\right)-(n-1)\left(\delta_1^{(1)}-\frac{1}{2^{r-1}}\delta_1^{(r)}\right)\right.$$

$$+\frac{1}{2!}(n-1)(n-2)\left(\delta_1^{(2)}-\frac{1}{2^{r-2}}\delta_1^{(r)}\right)+\cdots$$

$$+(-1)^{r-1}\cdot\frac{1}{(r-1)!}(n-1)(n-2)\cdots(n-r+1)\cdot$$

$$\left(\delta_1^{(r-1)}-\frac{1}{2}\delta_1^{(r)}\right)\Bigg](-1)^{n-1}+\frac{1}{2^r}\delta_1^{(r)}.$$

$$=\left[\sum_{i=0}^{r-1}(-1)^i C_{n-1}^i\left(\delta_1^{(i)}-\frac{1}{2^{r-i}}\delta_1^{(r)}\right)\right](-1)^{n-1}+\frac{1}{2^r}\delta_1^{(r)}.$$

【例 3.8】 已知四阶等和数列$\{a_n\}$的前五项为 $a_1=1,a_2=-2,a_3=2,a_4=-4,a_5=14$,试求:

(1) 数列$\{a_n\}$的通项;

(2) 数列$\{a_n\}$的奇数项构成的数列$\{b_n\}$的通项;

(3) 数列$\{a_n\}$的偶数项构成的数列$\{c_n\}$的通项.

解 (1) ∵ $\delta_1^{(1)}=a_1+a_2=-1$,

$\delta_1^{(2)}=a_1+2a_2+a_3=1-4+2=-1$,

$\delta_1^{(3)}=a_1+3a_2+3a_3+a_4=1-6+6-4=-3$,

$\delta_1^{(4)}=a_1+4a_2+6a_3+4a_4+a_5=1-8+12-16+14=3$,

∴ 代入通项公式即得

$$a_n=\left[\left(1-\frac{1}{2^4}\times 3\right)-\left(-1-\frac{1}{2^3}\times 3\right)C_{n-1}^1+\left(-1-\frac{1}{2^2}\times 3\right)C_{n-1}^2\right.$$

$$\left.-\left(-3-\frac{1}{2}\times 3\right)C_{n-1}^3\right](-1)^{n-1}+\frac{1}{2^4}\times 3$$

$$=\left[\frac{13}{16}+\frac{11}{8}(n-1)-\frac{7}{8}(n-1)(n-2)+\frac{3}{4}(n-1)(n-2)(n-3)\right](-1)^{n-1}$$

$$+\frac{3}{16}(n\in\mathbf{N}^*).$$

(2) $b_n=\left[\frac{13}{16}+\frac{11}{8}(2n-2)-\frac{7}{8}(2n-2)(2n-3)+\frac{3}{4}(2n-2)(2n-3)(2n-4)\right]+\frac{3}{16}$,

即 $b_n=1+\frac{11}{8}(2n-2)-\frac{7}{8}(2n-2)(2n-3)+\frac{3}{4}(2n-2)(2n-3)(2n-4)(n\in\mathbf{N}^*)$.

(3) $c_n=-\frac{5}{8}-\frac{11}{8}(2n-1)+\frac{7}{8}(2n-1)(2n-2)-\frac{3}{4}(2n-1)(2n-2)(2n-3)$ $(n\in\mathbf{N}^*)$.

§4 混合数列

传统教材对差比数列已普遍重视，但未能作深层次探究，高阶差比数列问题，因而湮没年深日久.本书第二章从线性递推数列视角审视，提供思路清晰的统一简易解法，同时提醒大家切莫淡忘深入探究分布密度甚大的种种混合数列.

r 阶差比数列仅是混合数列中的一族，戏谑呼之“混血儿”，它是由 r 阶等差数列 $\{a_n\}$ 与公比 $q\neq1$ 的等比数列 $\{b_n\}$ 以四则运算中的乘法为媒介“结亲”而得的一类混合数列 $\{a_nb_n\}$.本章引进了 r 阶等和数列，必然要联想起与 r 阶差比数列同族的一类混合数列——r 阶和比数列.

4.1 r 阶和比数列

定义 若数列 $\{a_n\}$ 为 r 阶等和数列，数列 $\{b_n\}$ 为公比 $q\neq\pm1$ 的等比数列，且 $c_n=a_nb_n$，则称数列 $\{c_n\}$ 为 r 阶和比数列.当 $r=1$ 时，称为和比数列，当 $r\geqslant2$ 时，统称为高阶和比数列.

【例 3.9】 设高阶等和数列 $\{b_n\}$、等比数列 $\{c_n\}$ 与高阶和比数列 $\{a_n\}$ 满足 $a_n=b_nc_n$.已知：

(1) $b_n=(2n-1)(-1)^{n-1}$，$c_n=2^n$；(2) $b_n=(2n-1)(-1)^{n-1}+1$，$c_n=2^n$.试分别求数列 $\{a_n\}$ 的前 n 项和 S_n.

解 (1) **方法一** (按接龙法求解)

$$\because S_n-S_{n-1}=a_n=(2n-1)(-1)^{n-1}\cdot2^n=2(2n-1)(-2)^{n-1}$$

$$=-\frac{2}{3}[(2n-1)(-2)^n-(2n-3)(-2)^{n-1}-2(-2)^{n-1}]$$

$$=-\frac{2}{3}\left\{[(2n-1)(-2)^n-(2n-3)(-2)^{n-1}]+\frac{2}{3}[(-2)^n-(-2)^{n-1}]\right\}$$

$$=-\frac{2}{9}[(6n-1)(-2)^n-(6n-7)(-2)^{n-1}],$$

$\therefore$ 新数列 $\left\{S_n+\frac{2}{9}(6n-1)(-2)^n\right\}$ 是常数数列，其首项为

$$S_1+\frac{10}{9}\times(-2)=2-\frac{20}{9}=-\frac{2}{9},$$

$\therefore\ S_n=-\frac{2}{9}[(6n-1)(-2)^n+1](n\in\mathbf{N}^*)$.

方法二 (按线性递推数列通项模式定理求解)

$\because\ S_n-S_{n-1}=(4n-2)\cdot(-2)^{n-1}$,

$\therefore$ 数列$\{S_n\}$是三阶线性递推数列,其特征根为 $x_1=x_2=-2,x_3=1$,

$\therefore\ S_n=[\lambda_{31}(n-1)+\lambda_{32}](-2)^{n-1}+\lambda_{33}$($\lambda_{31},\lambda_{32},\lambda_{33}$ 由 S_1,S_2,S_3 确定).

而 $S_1=2,S_2=S_1+a_2=2-12=-10,S_3=S_2+a_3=-10+40=30$,

$\therefore\ \begin{cases}\lambda_{32}+\lambda_{33}=2,\\-2\lambda_{31}-2\lambda_{32}+\lambda_{33}=-10,\\8\lambda_{31}+4\lambda_{32}+\lambda_{33}=30,\end{cases}$ 解之得 $\lambda_{31}=\frac{8}{3},\lambda_{32}=\frac{20}{9},\lambda_{33}=-\frac{2}{9}$,

$$\therefore\ S_n=\left[\frac{8}{3}(n-1)+\frac{20}{9}\right](-2)^{n-1}-\frac{2}{9}=\frac{4}{9}[6(n-1)+5](-2)^{n-1}-\frac{2}{9}$$

$$=-\frac{2}{9}[(6n-1)(-2)^n+1](n\in\mathbf{N}^*).$$

(2) 方法一 (按接龙法求解)

$$\because\ S_n-S_{n-1}=a_n=[(2n-1)(-1)^{n-1}+1]\cdot 2^n=(4n-2)(-2)^{n-1}+2^n$$

$$=-\frac{1}{3}[(4n-2)(-2)^n-(4n-6)(-2)^{n-1}-4\cdot(-2)^{n-1}]+2^n$$

$$=-\frac{1}{3}\Big[(4n-2)(-2)^n-(4n-6)(-2)^{n-1}$$

$$+\frac{4}{3}(-2)^n-\frac{4}{3}(-2)^{n-1}\Big]+2^n$$

$$=\frac{4}{9}[(6n-1)(-2)^{n-1}-(6n-7)(-2)^{n-2}]+(2^{n+1}-2^n),$$

$\therefore$ 新数列$\left\{S_n-\frac{4}{9}(6n-1)(-2)^{n-1}-2^{n+1}\right\}$是常数数列,其首项为

$$S_1-\frac{20}{9}-4=4-\frac{20}{9}-4=-\frac{20}{9},$$

$\therefore\ S_n=\frac{4}{9}[(6n-1)(-2)^{n-1}-5]+2^{n+1}(n\in\mathbf{N}^*)$.

方法二 (按线性递推数列通项模式定理求解)

$\because\ S_n-S_{n-1}=(4n-2)(-2)^{n-1}+2^n$,

$\therefore$ 数列$\{S_n\}$是四阶线性递推数列,特征根为 $x_1=x_2=-2,x_3=2,x_4=1$,

$\therefore S_n=[\lambda_{41}(n-1)+\lambda_{42}](-2)^{n-1}+\lambda_{43}\cdot 2^{n-1}+\lambda_{44}$($\lambda_{41},\lambda_{42},\lambda_{43},\lambda_{44}$由$S_1,S_2,S_3,S_4$确定).

而$S_1=4,S_2=S_1+a_2=4-8=-4,S_3=S_2+a_3=-4+48=44$,

$S_4=S_3+a_4=44-96=-52$,

$$\therefore\begin{cases}\lambda_{42}+\lambda_{43}+\lambda_{44}=4,\\-2\lambda_{41}-2\lambda_{42}+2\lambda_{43}+\lambda_{44}=-4,\\8\lambda_{41}+4\lambda_{42}+4\lambda_{43}+\lambda_{44}=44,\\-24\lambda_{41}-8\lambda_{42}+8\lambda_{43}+\lambda_{44}=-52,\end{cases}$$

解之得$\lambda_{41}=\frac{8}{3},\lambda_{42}=\frac{20}{9},\lambda_{43}==4,\lambda_{44}=-\frac{20}{9}$,

$$\therefore S_n=\left[\frac{8}{3}(n-1)+\frac{20}{9}\right](-2)^{n-1}+4\times 2^{n-1}-\frac{20}{9}$$

$$=\frac{4}{9}[(6n-1)(-2)^{n-1}-5]+2^{n+1}(n\in\mathbf{N}^*).$$

注　本例求解第(1)题时作如下变换:

$$a_n=(2n-1)(-1)^{n-1}\times 2^n=(4n-2)(-2)^{n-1},$$

由$a_n=(2n-1)(-1)^{n-1}\times 2^n$得知$\{a_n\}$乃是高阶和比数列,而由$a_n=(4n-2)\cdot(-2)^{n-1}$得知$\{a_n\}$乃是等差数列,它们的同族特性及等价变换规律一目了然.

同样对第(2)题作如下变换:

$$a_n=[(2n-1)(-1)^{n-1}+1]\cdot 2^n=2[(2n-1)+(-1)^{n-1}](-2)^{n-1},$$

由此亦可得知高阶和比数列$\{a_n\}$与高阶差比数列$\{a_n\}$两者的同族特性及等价变换规律.

再者,对第(2)题又可作如下变换:

$$a_n=[(2n-1)(-1)^{n-1}+1]\cdot 2^n=(4n-2)(-2)^{n-1}+2^n,$$

令$a_n'=(4n-2)(-2)^{n-1},a_n''=2^n$,得出$a_n=a_n'+a_n''$.

从而可将数列$\{a_n\}$视为差比数列$\{a_n'\}$与等比数列$\{a_n''\}$由四则运算中的加法为媒介而得的一类混合数列,由此,开拓混合数列的领域,又获得另一求解思路.

4.2　等和数列深探拾零

回顾本章例3.8与例3.6,不难发现:可将r阶等和数列视为一类新数列——混合数列,它是两个p阶等差数列相互间隔而得的.从而引起我们思考:怎样的一些数列可有序相互间隔而获得具有确定通项的混合数列？

【例 3.10】 设公差相同且不为零的两个等差数列$\{b_n\}$与$\{c_n\}$，它们相互间隔混合而成的数列$\{a_n\}$呈现如下形式：

$$\{a_n\}: b_1, c_1, b_2, c_2, b_3, c_3, \cdots, b_i, c_i, \cdots (i=1,2,3,4,\cdots).$$

(1) 求证数列$\{a_n\}$的一阶和构成的数列$\{\delta_n^{(1)}\}$也是公差未变的等差数列，而其首项为b_1+c_1；

(2) 试求数列$\{a_n\}$的通项；

(3) 已知$b_n=c_n=n(n\in\mathbf{N}^*)$，试求数列$\{a_n\}$的前$n$项和$S_n$；

(4) 设$\{a_n\}$：1，−6，5，−2，9，2，13，6，…，已知数列$\{a_n\}$的奇数项与偶数项所构成的数列都是等差数列，试求数列$\{a_n\}$的前n项和S_n.

解 设数列$\{b_n\}$与$\{c_n\}$的公差$d\neq 0$.

(1) 当$a_n=b_i$时，得知$n=2i-1$，从而得$i=\dfrac{1}{2}(n+1)$，

$$\begin{aligned}\delta_n^{(1)}&=a_n+a_{n+1}=b_i+c_i=b_{\frac{1}{2}(n+1)}+c_{\frac{1}{2}(n+1)}\\&=b_1+\left[\frac{1}{2}(n+1)-1\right]d+c_1+\left[\frac{1}{2}(n+1)-1\right]d=(b_1+c_1)+(n-1)d;\end{aligned}$$

当$a_n=c_i$时，得知$n=2i$，从而得$i=\dfrac{1}{2}n$，

$$\begin{aligned}\delta_n^{(1)}&=a_n+a_{n+1}=c_i+b_{i+1}=c_{\frac{n}{2}}+b_{\frac{n}{2}+1}\\&=c_1+\left(\frac{n}{2}-1\right)d+b_1+\frac{n}{2}d=(b_1+c_1)+(n-1)d.\end{aligned}$$

综上得知$\delta_n^{(1)}=a_n+a_{n+1}=(b_1+c_1)+(n-1)d$，从而得证.

(2) $\because a_{n+1}+a_n=(b_1+c_1)+(n-1)d$

$$=\frac{1}{2}(b_1+c_1)+\frac{1}{2}(b_1+c_1)+\frac{1}{4}[(2n-1)+(2n-3)]d,$$

$$\therefore (-1)^n\left[a_{n+1}-\frac{1}{2}(b_1+c_1)-\frac{1}{4}(2n-1)d\right]=(-1)^{n-1}\left[a_n-\frac{1}{2}(b_1+c_1)-\frac{1}{4}(2n-3)d\right].$$

$\therefore$ 新数列$\left\{(-1)^{n-1}\left[a_n-\dfrac{1}{2}(b_1+c_1)-\dfrac{1}{4}(2n-3)d\right]\right\}$是常数数列，其首项为

$$a_1-\frac{1}{2}(b_1+c_1)+\frac{1}{4}d=b_1-\frac{1}{2}(b_1+c_1)+\frac{1}{4}d=\frac{1}{2}(b_1-c_1)+\frac{1}{4}d,$$

$$\therefore a_n=\frac{1}{2}(b_1+c_1)+\frac{1}{4}(2n-3)d+\left[\frac{1}{2}(b_1-c_1)+\frac{1}{4}d\right](-1)^{n-1}.$$

(3) $\because b_1=c_1=1, d=1$,

$\therefore a_n=\frac{1}{2}(1+1)+\frac{1}{4}(2n-3)+\frac{1}{4}(-1)^{n-1}=\frac{1}{4}(2n+1)+\frac{1}{4}(-1)^{n-1}$.

$$\because S_n-S_{n-1}=\frac{1}{4}(2n+1)+\frac{1}{4}(-1)^{n-1}$$

$$=\frac{1}{16}[(2n+3)(2n+1)-(2n+1)(2n-1)]+\left(\frac{1}{8}+\frac{1}{8}\right)(-1)^{n-1},$$

$$\therefore S_n-\frac{1}{16}(2n+3)(2n+1)+\frac{1}{8}(-1)^n=S_{n-1}-\frac{1}{16}(2n+1)(2n-1)+\frac{1}{8}(-1)^{n-1}.$$

$\therefore$ 新数列$\left\{S_n-\frac{1}{16}(2n+3)(2n+1)+\frac{1}{8}(-1)^n\right\}$是常数数列,其首项为

$$S_1-\frac{1}{16}\times 5\times 3-\frac{1}{8}=1-\frac{15}{16}-\frac{1}{8}=-\frac{1}{16},$$

$$\therefore S_n=\frac{1}{16}(2n+3)(2n+1)+\frac{1}{8}(-1)^{n-1}-\frac{1}{16}.$$

(4) $\because b_1=1, c_1=-6, d=4$,

$$\therefore a_n=-\frac{5}{2}+(2n-3)+\frac{9}{2}(-1)^{n-1}=\frac{1}{2}(4n-11)+\frac{9}{2}(-1)^{n-1}.$$

$$\because S_1-S_{n-1}=\frac{1}{2}(4n-11)+\frac{9}{2}(-1)^{n-1}$$

$$=\frac{1}{16}[(4n-7)(4n-11)-(4n-11)(4n-15)]+\left(\frac{9}{4}+\frac{9}{4}\right)(-1)^{n-1},$$

$$\therefore S_n-\frac{1}{16}(4n-7)(4n-11)+\frac{9}{4}(-1)^n$$

$$=S_{n-1}-\frac{1}{16}(4n-11)(4n-15)+\frac{9}{4}(-1)^{n-1},$$

$\therefore$ 新数列$\left\{S_n-\frac{1}{16}(4n-7)(4n-11)+\frac{9}{4}(-1)^n\right\}$是常数数列,其首项为

$$S_1-\frac{1}{16}(-3)(-7)-\frac{9}{4}=1-\frac{21}{16}-\frac{9}{4}=-\frac{41}{16},$$

$$\therefore S_n=\frac{1}{16}(4n-7)(4n-11)+\frac{9}{4}(-1)^{n-1}-\frac{41}{16}.$$

4.3　一句数学符号语言

由等和数列引申而得:若数列$\{a_n\}$满足 $a_{n+2}+a_{n+1}+a_n=$常数 t 且 a_1, a_2, a_3 不全相同,显然数列$\{a_n\}$是具有周期 $T=3$ 的摆动数列(参阅例 3.2 与例 3.4).此时

可将数列视为三个常数数列$\{b_n=a_1\}$,$\{c_n=a_2\}$,$\{f_n=a_3\}$$(a_1+a_2+a_3=t)$有序相互间隔而成的混合数列.由此类推,数列$\{a_n\}$满足$a_{n+k}+a_{n+k-1}+\cdots+a_{n+1}+a_n=$常数$t$且$a_1,a_2,a_3,\cdots,a_k,a_{k+1}$不全相同,显然数列是具有周期$T=k+1$的摆动数列,此时可将该数列视为$(k+1)$个常数数列$\{a_1\}$,$\{a_2\}$,$\{a_3\}$,…,$\{a_k\}$,$\{a_{k+1}\}$有序相互间隔而成的混合数列.再者,参阅例3.6、例3.7、例3.8、例3.10,它们是两个r阶等差数列有序相互间隔而成的混合数列.以上列举的实例,足可证实本书前面提及分布密度甚大的种种混合数列并非妄言.由于经常要涉及此类混合数列,能否设计贴切且合理的数学语言以简化陈述呢?

差比数列$\{a_n=b_nc_n\}$($\{b_n\}$为公差$d\neq 0$的等差数列,$\{c_n\}$为公比$q\neq 1$的等比数列)乃是经典著作中关注的一类混合数列,其媒介为符号"×"或符号"·",循此可将有序相互间隔这个媒介采用符号"⊢⊣"作为特定印记,并约定以"$\{m_n\}$"或"M"为混合数列的代用符号(M取自英语单词"medley"的第一个字母).

由数列$\{a_i\}$,$\{b_i\}$有序相互间隔而成混合数列$\{m_n\}$,可用数学语言表述为:

$$\{a_i\}\vdash\!\dashv\{b_i\}=\mathrm{M}.$$

由数列$\{a_i\}$,$\{b_i\}$,$\{c_i\}$有序相互间隔而成混合数列$\{m_n\}$,可用数学语言表述为:

$$\{a_i\}\vdash\!\dashv\{b_i\}\vdash\!\dashv\{c_i\}=\mathrm{M}.$$

同理可类推.

这里申明:本书后续章节即采用此语言形式陈述.

§5　递和接龙法形变律

第一章介绍了数条递差接龙法形变模式，现在再相应介绍数条递和接龙法形变模式.

5.1　递和数列接龙法形变模式

【例 3.11】 已知数列$\{a_n\}$满足：

(1) $a_{n+1}+a_n=n$；　(2) $a_{n+1}+a_n=2n+1$；

(3) $a_{n+1}+a_n=2n-1$；　(4) $a_{n+1}+a_n=n^2$；

(5) $a_{n+1}+a_n=n^3$；　(6) $a_{n+1}+a_n=2n^4+4n^3+6n^2+4n+1$.

试将每个一般递推式转化为典型递推式.

解　(1) $a_{n+1}+a_n=\frac{1}{4}[(2n+1)+(2n-1)]$

$$\Rightarrow(-1)^n\left[a_{n+1}-\frac{1}{4}(2n+1)\right]=(-1)^{n-1}\left[a_n-\frac{1}{4}(2n-1)\right].$$

(2) $a_{n+1}+a_n=(n+1)+n\Rightarrow(-1)^n[a_{n+1}-(n+1)]=(-1)^{n-1}(a_n-n)$.

(3) $a_{n+1}+a_n=n+(n-1)\Rightarrow(-1)^n(a_{n+1}-n)=(-1)^{n-1}[a_n-(n-1)]$.

(4) $a_{n+1}+a_n=\frac{1}{2}[(n+1)n+n(n-1)]$

$$\Rightarrow(-1)^n\left[a_{n+1}-\frac{1}{2}(n+1)n\right]=(-1)^{n-1}\left[a_n-\frac{1}{2}n(n-1)\right].$$

(5) $a_{n+1}+a_n=\frac{1}{2}[(n+1)n(n-1)+n(n-1)(n-2)]+\frac{3}{4}[(n+1)n+n(n-1)]$

$$-\frac{1}{8}[(2n+1)+(2n-1)]$$

$$\Rightarrow(-1)^n\left[a_{n+1}-\frac{1}{2}(n+1)n(n-1)-\frac{3}{4}(n+1)n+\frac{1}{8}(2n+1)\right]$$

$$=(-1)^{n-1}\left[a_n-\frac{1}{2}n(n-1)(n-2)-\frac{3}{4}n(n-1)+\frac{1}{8}(2n-1)\right].$$

(6) $a_{n+1}+a_n=(n+1)^4+n^4\Rightarrow(-1)^n[a_{n+1}-(n+1)^4]=(-1)^{n-1}(a_n-n^4)$.

5.2　r 阶和比数列接龙法形变模式

参阅例 3.9 中第(1)题，将 r 阶和比数列转化为$(r-1)$阶差比数列，然后可按递差接龙法形变模式转化为典型递推式.

5.3 变号型递和接龙法形变模式

【例 3.12】 已知$\{a_n\}$满足：

(1) $a_{n+1}+a_n=(-1)^n n$；

(2) $a_{n+1}+a_n=(-1)^n n^2$；

(3) $a_{n+1}+a_n=(-1)^n n^3$；

(4) $a_{n+1}+a_n=(-1)^n n^4$；

(5) $a_{n+1}+a_n=(-1)^n C_{n+p-1}^{p}(p\in\mathbf{N}^*)$.

试将每个一般递推式转化为典型递推式.

解 (1) $a_{n+1}+a_n=(-1)^n\cdot\frac{1}{2}[(n+1)n-n(n-1)]$

$$\Rightarrow(-1)^n\left[a_{n+1}+\frac{1}{2}(n+1)n(-1)^{n+1}\right]=(-1)^{n-1}\left[a_n+\frac{1}{2}n(n-1)(-1)^n\right].$$

(2) $a_{n+1}+a_n=(-1)^n[n(n-1)+n]$

$$=(-1)^n\left\{\frac{1}{3}[(n+1)n(n-1)-n(n-1)(n-2)]+\frac{1}{2}[(n+1)n-n(n-1)]\right\}$$

$$\Rightarrow(-1)^n\left\{a_{n+1}+(-1)^{n+1}\left[\frac{1}{3}(n+1)n(n-1)+\frac{1}{2}(n+1)n\right]\right\}$$

$$=(-1)^{n-1}\left\{a_n+(-1)^n\left[\frac{1}{3}n(n-1)(n-2)+\frac{1}{2}n(n-1)\right]\right\}.$$

(3) $a_{n+1}+a_n=(-1)^n\left[\frac{1}{4}(n+1)^2n^2-\frac{1}{4}n^2(n-1)^2\right]$

$$\Rightarrow(-1)^n\left[a_{n+1}+(-1)^{n+1}\cdot\frac{1}{4}(n+1)^2n^2\right]$$

$$=(-1)^{n-1}\left[a_n+(-1)^n\frac{1}{4}n^2(n-1)^2\right].$$

(4) $a_{n+1}+a_n=(-1)^n[(n+1)n(n-1)(n-2)+2(n+1)n(n-1)+n(n-1)+n]$

$$\Rightarrow(-1)^n\left\{a_{n+1}+(-1)^{n+1}\left[\frac{1}{5}(n+2)(n+1)n(n-1)(n-2)\right.\right.$$

$$\left.\left.+\frac{1}{2}(n+2)(n+1)n(n-1)+\frac{1}{3}(n+1)n(n-1)+\frac{1}{2}(n+1)n\right]\right\}$$

$$=(-1)^{n-1}\left\{a_n+(-1)^n\left[\frac{1}{5}(n+1)n(n-1)(n-2)(n-3)\right.\right.$$

$$\left.\left.+\frac{1}{2}(n+1)n(n-1)(n-2)+\frac{1}{3}n(n-1)(n-2)+\frac{1}{2}n(n-1)\right]\right\}.$$

(5) $a_{n+1}+a_n=(-1)^n(C_{n+p}^{p+1}-C_{n+p-1}^{p+1})$

$$\Rightarrow(-1)^n[a_{n+1}+(-1)^{n+1}C_{n+p}^{p+1}]=(-1)^{n-1}[a_n+(-1)^nC_{n+p-1}^{p+1}].$$

5.4　分式型递和接龙法形变模式

【例 3.13】 已知等差数列$\{a_n\}$的各项及公差 d 都不为零，且知数列$\{b_n\}$的一阶和构成的数列$\{\delta_n^{(1)}\}$满足：

(1) $\delta_n^{(1)}=b_{n+1}+b_n=\dfrac{2a_n+kd}{a_n\cdot a_{n+1}\cdot\cdots\cdot a_{n+k-1}\cdot a_{n+k}}(k\in\mathbf{N}^*)$；

(2) $\delta_n^{(1)}=b_{n+1}+b_n=\dfrac{(-1)^n}{a_n\cdot a_{n+1}\cdot\cdots\cdot a_{n+k-1}\cdot a_{n+k}}(k\in\mathbf{N}^*)$.

试将每个一般递推式转化为典型递推式.

解　(1) $\delta_n^{(1)}=b_{n+1}+b_n=\dfrac{1}{a_n\cdot a_{n+1}\cdot\cdots\cdot a_{n+k-1}}+\dfrac{1}{a_{n+1}\cdot a_{n+2}\cdot\cdots\cdot a_{n+k}}$

$$\Rightarrow(-1)^n\left(b_{n+1}-\frac{1}{a_{n+1}\cdot a_{n+2}\cdot\cdots\cdot a_{n+k}}\right)$$

$$=(-1)^n\left(b_n-\frac{1}{a_n\cdot a_{n+1}\cdot\cdots\cdot a_{n+k-1}}\right).$$

(2) $\delta_n^{(1)}=b_{n+1}+b_n=(-1)^n\cdot\dfrac{1}{kd}\left(\dfrac{1}{a_n\cdot a_{n+1}\cdot\cdots\cdot a_{n+k-1}}-\dfrac{1}{a_{n+1}\cdot a_{n+2}\cdot\cdots\cdot a_{n+k}}\right)$

$$\Rightarrow(-1)^n\left[b_{n+1}-(-1)^{n+1}\cdot\frac{1}{kd}\cdot\frac{1}{a_{n+1}\cdot a_{n+2}\cdot\cdots\cdot a_{n+k}}\right]$$

$$=(-1)^{n-1}\left[b_n-(-1)^n\cdot\frac{1}{kd}\cdot\frac{1}{a_n\cdot a_{n+1}\cdot\cdots\cdot a_{n+k-1}}\right].$$

5.5　阶乘型递和接龙法形变模式

【例 3.14】 已知数列$\{a_n\}$满足：

(1) $a_{n+1}+a_n=(-1)^n\cdot n\cdot n!$；

(2) $a_{n+1}+a_n=(n+2)\cdot n!$.

试将每个一般递推式转化为典型递推式.

解　(1) $a_{n+1}+a_n=(-1)^n[(n+1)!-n!]$

$$\Rightarrow(-1)^n[a_{n+1}+(-1)^{n+1}(n+1)!]$$

$$=(-1)^{n-1}[a_n+(-1)^nn!].$$

(2) $a_{n+1}+a_n=(n+1)!+n!\Rightarrow(-1)^n[a_{n+1}-(n+1)!]=(-1)^{n-1}(a_n-n!)$.

§6 架构线性递推数列求解理论新体系

对于具有 $k(k\in\mathbf{N}^*)$ 阶递推数列属性的各类数列，许多教材各自构建不同的求解法则与公式，形成求解理论体系. 就我国教学现状而言，数学教材改了再改，而在数列内容方面，从未渗入探索的点滴讯息，教与学两个层面出现学术讨论滞后现象也就在所难免，不妨选录几例以作佐证.

【例 3.15】 已知数列 $\{a_n\}$ 中，$a_1=5,a_2=2,a_n=2a_{n-1}+3a_{n-2}(n\geqslant 3)$，对于这个数列，能否写出它的通项公式？

一些教材中给出的答案是：

$$a_n=\begin{cases}\dfrac{1}{8}[7(3^n-3^{n-1})+26],n\text{ 是奇数},\\ \dfrac{1}{8}(42\times 3^{n-2}-26),\quad n\text{ 是偶数}.\end{cases}$$

此题确实是一道难得的好题，只不过这样的答案，引起争议，也有文章对答案作了完善诠释，可惜依然没有摆脱对 n 分成奇数和偶数进行讨论，答案结构未尽善尽美. 我们稍作修正，不难获得以下求解方案.

解法一 ∵ $a_n=2a_{n-1}+3a_{n-2}(n\geqslant 3)$，

∴ 数列 $\{a_n\}$ 是二阶线性递推数列，特征方程为 $x^2-2x-3=0$，

解之得 $x_1=-1,x_2=3$，

∴ $a_n=\lambda_1\cdot(-1)^{n-1}+\lambda_2\cdot 3^{n-1}$（$\lambda_1,\lambda_2$ 由 a_1,a_2 确定）.

∴ $\begin{cases}\lambda_1+\lambda_2=5,\\ -\lambda_1+3\lambda_2=2,\end{cases}$ 解之得 $\lambda_1=\dfrac{13}{4},\lambda_2=\dfrac{7}{4}$.

∴ $a_n=\dfrac{1}{4}[13\times(-1)^{n-1}+7\times 3^{n-1}](n\in\mathbf{N}^*)$.

即使教材不引入 $k(k\in\mathbf{N}^*)$ 阶线性递推数列的概念，略作辩证思考，同样也可获得另一求解方案.

解法二 ∵ $a_n=2a_{n-1}+3a_{n-2}$

$\Rightarrow a_n+a_{n-1}=3(a_{n-1}+a_{n-2})$

$\Rightarrow\dfrac{1}{3^n}(a_n+a_{n-1})=\dfrac{1}{3^{n-1}}(a_{n-1}+a_{n-2})$，

$\therefore$ 新数列$\left\{\frac{1}{3^n}(a_n+a_{n-1})\right\}$是常数数列，其首项为$\frac{1}{3^2}(5+2)=\frac{7}{9}$，

$\therefore a_n-a_{n-1}=7\times3^{n-2}=\frac{7}{4}(3^{n-1}+3^{n-2})$

$\Rightarrow(-1)^n\left(a_n-\frac{7}{4}\times3^{n-1}\right)=(-1)^{n-1}\left(a_{n-1}-\frac{7}{4}\times3^{n-2}\right)$，

$\therefore$ 新数列$\left\{(-1)^n\left(a_n-\frac{7}{4}\times3^{n-1}\right)\right\}$是常数数列，其首项为$-\left(5-\frac{7}{4}\right)=-\frac{13}{4}$，

$\therefore a_n=\frac{1}{4}[13\times(-1)^{n-1}+7\times3^{n-1}](n\in\mathbf{N}^*)$.

【例 3.16】 设$\{a_n\}$是首项为 1 的正项数列，且满足$(n+1)a_{n+1}^2-na_n^2+a_{n+1}a_n=0$，求通项公式 a_n.

这是一道甚易求解的试题，《中学数学月刊》刊载的《数学研究中不该淡忘的通法》一文通过此题推荐一种传统经典方法——递归法（即迭代法）. 该文中有一段十分生动的描述："这里递归法就是把数列中的递推式像'链条'一样，按 $n,n-1,\cdots,3,2,1$ 把 a_n逐次'拉开'层层迭代". 其实该题亦可采纳下面的求解方案.

分析　$(n+1)a_{n+1}^2-na_n^2+a_{n+1}a_n=0$ 可视为关于 a_{n+1},a_n的二次齐次方程，显然它必存在一次因式，易知为 $a_{n+1}+a_n$.

解　按接龙法求解.

$\because a_{n+1},a_n>0$，

$\therefore a_{n+1}+a_n>0$.

$\because (n+1)a_{n+1}^2-na_n^2+a_{n+1}a_n=0$，

$\therefore (a_{n+1}+a_n)[(n+1)a_{n+1}-na_n]=0$.

又 $a_{n+1}+a_n>0$，

$\therefore (n+1)a_n=na_n$，

$\therefore$ 新数列$\{na_n\}$是常数数列，其首项为 1，

$\therefore a_n=\frac{1}{n}(n\in\mathbf{N}^*)$.

如何架构 k 阶线性递推数列的求解理论新体系？以我肤浅认识提供以下求解理论新体系框架主构层的设想方案. 核心思路是：以 k 阶线性递推数列的特征方程与特征根作为理论体系的主要元素.

1. 等比数列.

按传统经典定义$\frac{a_{n+1}}{a_n}=q(q\neq0)$引出：

(1) 一阶线性递推数列$\{a_n\}$的一般形式为$r_0a_{n+1}+r_1a_n=0(r_0r_1\neq0)$(定义).

(2) $\{a_n\}$的特征方程为$r_0x+r_1=0(r_0r_1\neq0)$,特征根为$x_1=-\frac{r_1}{r_0}\neq0$(定义).

定理 1 若数列$\{a_n\}$为等比数列,则数列$\{a_n\}$有且只有一个非零的特征根,其逆亦真.

(3) 等比数列的性质：

定理 2 数列$\{a_n\}$是公比为q的等比数列$\Leftrightarrow a_{n+1}-qa_n=0(q\neq0)$
$\Leftrightarrow x-q=0(q\neq0)\Leftrightarrow x_1=q(q\neq0)$(称为基本性质).

定理 3 数列$\{a_n\}$是公比为q的等比数列$\Rightarrow r_0x^k+r_1x^{k-1}+r_2x^{k-2}+\cdots+r_k=0$(至少有一根$x_1=q$)$\Rightarrow r_0a_{n+k}+r_1a_{n+k-1}+r_2a_{n+k-2}+\cdots+r_ka_n=0$(称为一般性质或非基本性质).

(4) 一阶线性递推数列的通项模式：

定理 4 若a_1是一数值,$\{a_n\}$满足$r_0a_{n+1}+r_1a_n=0(r_0r_1\neq0)$,$x_1$是特征根,则$\{a_n\}$的通项模式为$a_n=\lambda_1x_1^{n-1}$($\lambda_1$由$a_1$确定,称$a_1$为初始值或初始条件).

2. 等差数列.

按传统经典定义$a_{n+1}-a_n=d$引出：

(1) 当$d=0$时,一阶线性递推数列$\{a_n\}$的一般形式为

$$r_0a_{n+1}+r_1a_n=0(r_0+r_1=0,r_0r_1\neq0)\text{(定义)};$$

当$d\neq0$时,二阶线性递推数列$\{a_n\}$的一般形式为

$$r_0a_{n+2}+r_1a_{n+1}+r_2a_n=0\left(r_0r_1\neq0,\frac{r_1}{r_0}=-2,\frac{r_2}{r_0}=1\right)\text{(定义)}.$$

(2) 当$d=0$时,$\{a_n\}$的特征方程为

$$r_0x+r_1=0(r_0+r_1=0,r_0r_1\neq0)\text{(定义)};$$

当$d\neq0$时,$\{a_n\}$的特征方程为

$$r_0x^2+r_1x+r_2=0\left(r_0r_1\neq0,\frac{r_1}{r_0}=-2,\frac{r_2}{r_0}=1\right)\text{(定义)}.$$

定理 5 若数列$\{a_n\}$为公差$d=0$的等差数列,则$\{a_n\}$的特征根有且仅有一个,其值为“1”,其逆亦真.

定理 6　若数列$\{a_n\}$为公差$d\neq 0$的等差数列,则$\{a_n\}$的特征根有且仅有两个,其值都是“1”,其逆亦真.

(3) 等差数列的性质:

定理 7　数列$\{a_n\}$是等差数列$\Leftrightarrow a_{n+2}-2a_{n+1}+a_n=0\Leftrightarrow x^2-2x+1=0$

$$\Leftrightarrow\begin{cases}x_1+x_2=1,\text{公差 } d\neq 0,\\ x_1=1,\quad\ \text{公差 } d=0\end{cases}\text{(称为基本性质)}.$$

定理 8　数列$\{a_n\}$是等差数列$\Leftrightarrow r_0x^k+r_1x^{k-1}+\cdots+r_k=0$(至少有两根$x_1=x_2=1,k\geqslant 3,r_0r_k\neq 0$)$\Leftrightarrow r_0a_{n+k}+r_1a_{n+k-1}+\cdots+r_ka_n=0(k\geqslant 3,r_0r_k\neq 0)$(称为一般性质或非基本性质).

(4) 二阶线性递推数列的通项模式:

定理 9　设初始条件为a_1,a_2,特征根为x_1,x_2,若数列$\{a_n\}$满足$r_0a_{n+2}+r_1a_{n+1}+r_2a_n=0(r_0r_2\neq 0)$,则$\{a_n\}$的通项模式为

$$a_n=\lambda_1x_1^{n-1}+\lambda_2x_2^{n-1}(x_1\neq x_2,\lambda_1,\lambda_2\text{由 }a_1,a_2\text{确定})$$

或　$a_n=[\lambda_1(n-1)+\lambda_2]x_2^{n-1}(x_1=x_2,\lambda_1,\lambda_2$由$a_1,a_2$确定).

注　等差数列的非基本性质以$k(k\in\mathbf{N}^*)$阶线性递推式模式表出时,其过程与方式千变万化,但最终可将它统一地设定模式,略作诠释如下:

∵ 数列$\{a_n\}$为等差数列,

∴ $a_2-a_1=a_3-a_2=a_4-a_3=\cdots=a_{n+1}-a_n=\cdots=a_{n+k+1}-a_{n+k}(k\in\mathbf{N}^*)$. (1)

(1) 由(1)式可得基本性质形态:

$$a_{n+2}-2a_{n+1}+a_n=0\Rightarrow a_{n+k+2}-2a_{n+k+1}+a_{n+k}=0(k\in\mathbf{N}^*).\tag{2}$$

由(2)式可导出非基本性质形态:

$\sum\limits_{i=1}^{k-1}\lambda_i(a_{n+i+1}-2a_{n+i}+a_{n+i-1})=0$(其中$\lambda_i$为任意常数,且$\lambda_{k-1}\lambda_1\neq 0,i=1,2,\cdots,k-1,k\geqslant 3$). (3)

因此可将(3)式设定模式为

$r_0a_{n+k}+r_1a_{n+k-1}+\cdots+r_ka_n=0(r_0r_k\neq 0,k\geqslant 3)$.

概述为:数列$\{a_n\}$是等差数列$\Rightarrow r_0a_{n+k}+r_1a_{n+k-1}+\cdots+r_ka_n=0(r_0r_k\neq 0,k\geqslant 3)$.

(2) 由(1)式可得非基本性质形态:

$$a_{n+3}-a_{n+2}-a_{n+1}+a_n=0\Rightarrow a_{n+k+3}-a_{n+k+2}-a_{n+k+1}+a_{n+k}=0(k\in\mathbf{N}^*).\tag{4}$$

同理,由(4)式可导出非基本性质形态:

$\sum_{i=1}^{k-1}\lambda_i(a_{n+i+2}-a_{n+i+1}-a_{n+i}+a_{n+i-1})=0$(其中$\lambda_i$为任意常数,且$\lambda_{k-1}\lambda_1\neq 0,i=1,2,\cdots,k-1,k\geqslant 3$). (5)

因此也可将(5)式设定模式为

$r_0a_{n+k}+r_1a_{n+k-1}+\cdots+r_ka_n=0(r_0r_k\neq 0,k\geqslant 3)$.

同理,可概述为:数列$\{a_n\}$是等差数列$\Rightarrow r_0a_{n+k}+r_1a_{n+k-1}+\cdots+r_ka_n=0\ (k\geqslant 3,r_0r_k\neq 0)$.

再者,也可将(2)式和(4)式组合导出设定模式,从略.

(3) 由(1)式可得非基本性质形态:

$\lambda_1a_{n+k+5}-\lambda_2a_{n+k+4}-\lambda_2a_{n+k+3}-\lambda_2a_{n+k+2}-\lambda_2a_{n+k+1}+\lambda_1a_{n+k}=0(\lambda_1=2\lambda_2,k\in\mathbf{N}^*)$,

$\lambda_2a_{n+k+5}+\lambda_2a_{n+k+4}-\lambda_1a_{n+k+3}-\lambda_1a_{n+k+2}+\lambda_2a_{n+k+1}+\lambda_1a_{n+k}=0(\lambda_1=2\lambda_2,k\in\mathbf{N}^*)$,

$\lambda_2a_{n+k+5}-\lambda_1+a_{n+k+4}+\lambda_2a_{n+k+3}+\lambda_2a_{n+k+2}-\lambda_1a_{n+k+1}+\lambda_2a_{n+k}=0(\lambda_1=2\lambda_2,k\in\mathbf{N}^*)$.

任选其一,与前同理可导出设定模式.也可任选其一与(2)式或与(4)式组合而导出设定模式,依次推而广之,总可导入统一的设定模式,毋庸赘述.

至于高阶等差数列、差比数列、高阶差比数列的非基本性质的模式,仿效等差数列均可纳入同样的设定模式,后文复述从略.

3. 高阶等差数列.

高阶等差数列即是$k(k\geqslant 2)$阶等差数列的统称.

按传统经典定义知

$C_k^0a_{n+k}-C_k^1a_{n+k-1}+\cdots+(-1)^kC_k^ka_n=C_k^0a_{k+1}-C_k^1a_k+\cdots+(-1)^kC_k^ka_1=d_r\neq 0(k\geqslant 2)$.

从而知$C_{k+1}^0a_{n+k+1}-C_{k+1}^1a_{n+k}+\cdots+(-1)^kC_{k+1}^{k+1}a_n=0(k\geqslant 2$且$k\in\mathbf{N})$.

再引出:

(1) 以k阶线性递推数列的一般形式刻画高阶等差数列.

设$r_0a_{n+k}+r_1a_{n+k-1}+\cdots+r_ka_n=C_k^0a_{n+k}-C_k^1a_{n+k-1}+\cdots+(-1)^kC_k^ka_n$,若高阶等差数列的解析表达式以线性递推数列的一般形式表出时,则应为

$r_0a_{n+k}+r_1a_{n+k-1}+\cdots+r_ka_n=0(r_0r_k\neq 0,k\geqslant 3$且$k\in\mathbf{N})$.

(2) 高阶等差数列的特征方程与特征根.

∵ $k(k\geqslant 2)$阶等差数列是$k+1$阶线性递推数列,

∴ 特征方程为

$C_{k+1}^{0}x^{k+1}-C_{k+1}^{1}x^{k}+C_{k+1}^{2}x^{k-1}-C_{k+1}^{3}x^{k-2}+\cdots+(-1)^{k+1}C_{k+1}^{k+1}=0(k\geqslant 2$ 且 $k\in\mathbf{N})$.

定理 10　若数列$\{a_n\}$为 $k(k\geqslant 2)$阶等差数列，则$\{a_n\}$的特征根有且仅有 $k+1$ 个，且都是 1. 其逆亦真.

(3) 高阶等差数列的性质：

定理 11　数列$\{a_n\}$是 $k(k\geqslant 2)$阶等差数列$\Leftrightarrow a_{n+k+1}-C_{k+1}^{1}a_{n+k}+\cdots+(-1)^{k+1}C_{k+1}^{k+1}a_n=0(k\geqslant 2)\Leftrightarrow x_1=x_2=x_3=\cdots=x_k=x_{k+1}=1(k\geqslant 2)$(称为基本性质).

定理 12　数列$\{a_n\}$是 $k(k\geqslant 2)$阶等差数列$\Rightarrow r_0x^p+r_1x^{p-1}+\cdots+r^p=0(k\geqslant 2)$(至少有三个根 $x_1=x_2=x_3=1$，且 $p\geqslant k+1,r_0r_p\neq 0)\Rightarrow r_0a_{n+p}+r_1a_{n+p-1}+\cdots+r_pa_n=0(p\geqslant k+1,r_0r_p\neq 0,k\geqslant 2$ 且 $k\in\mathbf{N})$(称为一般性质，或称为非基本性质).

(4) $k(k\geqslant 2)$阶等差数列的通项模式.

定理 13　已知初始条件 $a_1,a_2,a_3,\cdots,a_{k+1}$，特征根为 $x_1=x_2=x_3=\cdots=x_{k+1}=1(k\geqslant 2$ 且 $k\in\mathbf{N})$，若数列$\{a_n\}$是 $k(k\geqslant 2)$阶等差数列，则$\{a_n\}$的通项模式可拟定为

$$a_n=\lambda_1(n-1)(n-2)\cdots(n-k)+\lambda_2(n-1)(n-2)\cdots(n-k+1)+\cdots+\lambda_k(n-1)+\lambda_{k+1}$$
($\lambda_1,\lambda_2,\cdots,\lambda_{k+1}$ 由 $a_1,a_2,a_3,\cdots,a_{k+1}$ 确定，$k\geqslant 2$ 且 $k\in\mathbf{N}$).

4. 差比数列.

按传统经典定义 $a_{n+1}-qa_n=(a_2-qa_1)q^{n-1}(q\neq 0,1)$，引出：

(1) 差比数列是二阶线性递推数列，一般形式为 $a_{n+2}-2qa_{n+1}+q^2a_n=0(q\neq 0,1)$.

(2) 差比数列$\{a_n\}$的特征方程为 $x^2-2qx+q^2=0(q\neq 0,1)$.

定理 14　若数列$\{a_n\}$是以 $q(q\neq 0,1)$为公比的差比数列，则$\{a_n\}$的特征根有且仅有两个，且都是 q. 其逆亦真.

(3) 差比数列的性质.

定理 15　数列$\{a_n\}$是差比数列$\Leftrightarrow a_{n+2}-2qa_{n+1}+q^2a_n=0\Leftrightarrow x^2-2qx+q^2=0\Leftrightarrow x_1=x_2=q\neq 0,1$(称为基本性质).

定理 16　数列$\{a_n\}$是差比数列$\Rightarrow r_0x^k+r_1x^{k-1}+\cdots+r_k=0$(至少有两个根 $x_1=x_2=q\neq 0,1$ 且 $k\geqslant 3,r_0r_k\neq 0)\Rightarrow r_0a_{n+k}+r_1a_{n+k-1}+\cdots+r_ka_n=0(k\geqslant 3$，且 $k\in\mathbf{N},r_0r_k\neq 0)$(称为一般性质或非基本性质).

(4) 差比数列的通项模式.

定理 17　已知初始条件 a_1,a_2，特征根 $x_1=x_2\neq 0,1$，若数列$\{a_n\}$是差比数列，

则$\{a_n\}$的通项可拟定为

$$a_n=[(\lambda_1(n-1)+\lambda_2]x_2^{n-1}(\lambda_1,\lambda_2\text{由 }a_1,a_2\text{确定}).$$

5. 高阶差比数列.

高阶差比数列即是$k(k\geqslant 2)$阶差比数列的统称.

定义 数列$\{a_n\}$的$k(k\geqslant 2)$阶差比所构成的数列是公比为$q(q\neq 0,1)$的等比数列,将数列$\{a_n\}$统称为高阶差比数列.

由定义可引出:

(1) $k(k\geqslant 2)$阶差比数列是$k+1$阶线性递推数列,一般形式为

$C_{k+1}^0a_{n+k+1}-C_{k+1}^1qa_{n+k}+C_{k+1}^2q^2a_{n+k-1}-C_{k+1}^3q^3a_{n+k-2}+\cdots+(-1)^{k+1}q^{k+1}a_n=0(k\geqslant 2\text{ 且 }k\in\mathbf{N})$.

注 请读者对照高阶等差数列引出方式加以诠释高阶差比数列的一般形式从而深刻认清它是高阶等差数列的推广.

(2) $k(k\geqslant 2)$阶差比数列的特征方程为

$C_{k+1}^0x^{k+1}-C_{k+1}^1qx^k+C_{k+1}^2q^2x^{k-1}-C_{k+1}^3q^3x^{k-2}+\cdots+(-1)^{k+1}q^{k+1}=0$ $(q\neq 0,1,k\geqslant 2\text{ 且 }k\in\mathbf{N})$.

定理 18 若数列$\{a_n\}$是以$q(q\neq 0,1)$为公比的$k(k\geqslant 2)$阶差比数列,则$\{a_n\}$的特征根有且仅有$k+1(k\geqslant 2)$个,且都是$q(q\neq 0,1)$. 其逆亦真.

(3) $k(k\geqslant 2)$阶差比数列的性质:

定理 19 数列$\{a_n\}$是$k(k\geqslant 2)$阶差比数列

$\Leftrightarrow a_{n+k+1}-C_{k+1}^1qa_{n+k}+\cdots+(-1)^{k+1}q^{k+1}a_n=0$

$\Leftrightarrow x^{k+1}-C_{k+1}^1qx^k+\cdots+(-1)^{k+1}q^{k+1}=0$

$\Leftrightarrow x_1=x_2=\cdots=x_{k+1}=q(q\neq 0,1,k\geqslant 2\text{ 且 }k\in\mathbf{N})$(称为基本性质).

定理 20 数列$\{a_n\}$是$k(k\geqslant 2)$阶差比数列$\Rightarrow r_0x^p+r_1x^{p-1}+\cdots+r_p=0$(至少有两个根$x_1=x_2\neq 0,1$,且$p\geqslant k+1,r_0r_p\neq 0$)(称为一般性质或非基本性质).

(4) $k(k\geqslant 2)$阶差比数列的通项模式.

定理 21 已知初始条件$a_1,a_2,a_3,\cdots,a_n,a_{k+1}$,特征根为$x_1=x_2=x_3=\cdots=x_k=x_{k+1}\neq 0,1$,若数列$\{a_n\}$是$k(k\geqslant 2)$阶差比数列,则$\{a_n\}$的通项模式可拟定为

$$a_n=[\lambda_1(n-1)(n-2)\cdots(n-k)+\lambda_2(n-1)(n-2)\cdots(n-k+1)+\cdots$$
$$+\lambda_k(n-1)+\lambda_{k+1}]x_{k+1}^{n-1}(\lambda_1,\lambda_2,\cdots,\lambda_{k+1}\text{由 }a_1,a_2,\cdots,a_{k+1}\text{确定}).$$

注 上面纳入线性递推数列求解新理论体系框架的一些题型,绝大多数选自

常见的代数书中所探求的主要经典题型. 随着对线性递推数列认识的深化，等和数列、等积数列（它是隐性的线性类型）、高阶等和数列以及其他线性型的混合数列均可采纳，以充实新理论体系.

【例 3.17】 设数列$\{a_n\}$、$\{b_n\}$、$\{c_n\}$满足：

$$b_n=a_n-a_{n+2}, c_n=a_n+2a_{n+1}+3a_{n+2}(n=1,2,3,\cdots).$$

试证明$\{a_n\}$为等差数列的充要条件是$\{c_n\}$为等差数列且$b_n\leqslant b_{n+1}(n=1,2,3,\cdots)$.

分析　命题本身体现线性关系，充分显示依据"线性递推数列求解理论新体系"作答的可行性.

证　(1) 必要性.

$\because$ 数列$\{a_n\}$为等差数列，其特征方程为$1-2x+x^2=0$，

$\therefore (1-2x+x^2)(1+2x+3x^2)=0$

$\Rightarrow(1+2x+3x^2)-2(x+2x^2+3x^3)+(x^2+2x^3+3x^4)=0$，

从而知数列$\{a_n\}$必满足$(a_n+2a_{n+1}+3a_{n+2})-2(a_{n+1}+2a_{n+2}+3a_{n+3})+(a_{n+2}+2a_{n+3}+3a_{n+4})=0\Rightarrow c_n-2c_{n+1}+c_{n+2}=0\Rightarrow\{c_n\}$为等差数列.

又$\because$ $\{a_n\}$为等差数列$\Rightarrow a_n-a_{n+2}=a_{n+1}-a_{n+3}\Rightarrow b_n=b_{n+1}$，

$\therefore$ $b_n\leqslant b_{n+1}$成立.

(2) 充分性.

数列$\{c_n\}$为等差数列$\Rightarrow c_n-c_{n+1}-c_{n+2}+c_{n+3}=0$

$\Leftrightarrow(a_n+2a_{n+1}+3a_{n+2})-(a_{n+1}+2a_{n+2}+3a_{n+3})-(a_{n+2}+2a_{n+3}+3a_{n+4})+(a_{n+3}+2a_{n+4}+3a_{n+5})$

$\Leftrightarrow(a_n-a_{n+1}-a_{n+2}+a_{n+3})+2(a_{n+1}-a_{n+2}-a_{n+3}+a_{n+4})+3(a_{n+2}-a_{n+3}-a_{n+4}+a_{n+5})$，　(6)

又 $b_n\leqslant b_{n+1}\Leftrightarrow a_n-a_{n+1}-a_{n+2}+a_{n+3}\leqslant 0\Leftrightarrow a_{n+1}-a_{n+2}-a_{n+3}+a_{n+4}\leqslant 0$

$\Leftrightarrow a_{n+2}-a_{n+3}-a_{n+4}+a_{n+5}\leqslant 0$，　(7)

所以，由(6)、(7)两式得$a_n-a_{n+1}-a_{n+2}+a_{n+3}=0$，从而知$\{a_n\}$的特征根必满足方程

$$x^3-x^2-x+1=0\Rightarrow(x^2-1)(x+1)=0. \qquad (8)$$

因为数列$\{c_n\}$为等差数列$\Leftrightarrow c_n-2c_{n+1}+c_{n+2}=0$

$\Leftrightarrow(a_n+2a_{n+1}+3a_{n+2})-2(a_{n+1}+2a_{n+2}+3a_{n+3})+(a_{n+2}+2a_{n+3}+3a_{n+4})$

$\Leftrightarrow a_n-4a_{n+3}+3a_{n+4}=0$，

从而知$\{a_n\}$的特征根必满足方程

$$3x^4-4x^3+1=0\Rightarrow(x-1)^2(3x^2-2x+1)=0. \tag{9}$$

由(8)、(9)两式知数列$\{a_n\}$的特征根只能为单根“1”或二重根“1”，因而$\{a_n\}$必为等差数列.

【例 3.18】 设数列$\{a_n\}$、$\{b_n\}$、$\{c_n\}$满足：

$$b_n=q^2a_n-a_{n+2},c_n=a_n+2a_{n+1}+3a_{n+2}(q\neq0,1,n=1,2,3,\cdots).$$

试证$\{a_n\}$为差比数列（公比 q）的充要条件是$\{c_n\}$为差比数列（公比 q）且 $qb_n\leqslant b_{n+1}(n=1,2,3,\cdots)$.

证 由 $b_n=q^2a_n-a_{n+2}\Rightarrow b_{n+1}=q^2a_{n+1}-a_{n+3}$，

$$c_n=a_n+2a_{n+1}+3a_{n+2}\Rightarrow\begin{cases}c_{n+1}=a_{n+1}+2a_{n+2}+3a_{n+3},\\c_{n+2}=a_{n+2}+2a_{n+3}+3a_{n+4},\\c_{n+3}=c_{n+3}+2a_{n+4}+3a_{n+5}.\end{cases}$$

(1) 必要性.

$\{a_n\}$是公比为 q 的差比数列$\Rightarrow\{a_n\}$的特征方程为 $x^2-2qx+q^2=0$

$\Rightarrow(x^2-2qx+q^2)(3x^2+2x+1)=0$

$\Rightarrow(3x^4+2x^3+x^2)-2q(3x^3+2x^2+x)+q^2(3x^2+2x+1)=0$

$\Rightarrow(3a_{n+4}+2a_{n+3}+a_{n+2})-2q(3a_{n+3}+2a_{n+2}+a_{n+1})+q^2(3a_{n+2}+2a_{n+1}+a_n)=0$

$\Rightarrow c_{n+2}-2qc_{n+1}+q^2c_n=0$

$\Rightarrow\{c_n\}$是公比为 q 的差比数列.

$\{a_n\}$是公比为 q 的差比数列$\Rightarrow\left.\begin{array}{l}a_{n+1}-qa_n=(a_2-qa_1)\cdot q^{n-1}\\a_{n+3}-qa_{n+2}=(a_2-qa_1)\cdot q^{n+1}\end{array}\right\}$

$\Rightarrow a_{n+3}-qa_{n+2}-q^2a_{n+1}+q^3a_n=0\Rightarrow q(q^2a_n-a_{n+2})=q^2a_{n+1}-a_{n+3}$

$\Rightarrow qb_n=b_{n+1}$，

所以 $qb_n\leqslant b_{n+1}$成立.

(2) 充分性.

由$\{c_n\}$是公比为 q 的差比数列$\Rightarrow\left.\begin{array}{l}c_{n+1}-qc_n=(c_2-qc_1)\cdot q^{n-1}\\c_{n+3}-qc_{n+2}=(c_2-qc_1)\cdot q^{n+1}\end{array}\right\}$

$\Rightarrow c_{n+3}-qc_{n+2}-q^2c_{n+1}+q^3c_n=0$

$\Rightarrow(a_{n+3}+2a_{n+4}+3a_{n+5})-q(a_{n+2}+2a_{n+3}+3a_{n+4})-q^2(a_{n+1}+2a_{n+2}+3a_{n+3})$
$+q^3(a_n+2a_{n+1}+3a_{n+2})=0$

$\Rightarrow x^3(1+2x+3x^2)-qx^2(1+2x+3x^2)-q^2x(1+2x+3x^2)+q^3(1+2x+3^2)=0$

$\Rightarrow (x-q)^2(x+q)(1+2x+3x^2)=0.$　　(10)

又由 $qb_n\leqslant b_{n+1}\Rightarrow qb_n-b_{n+1}\leqslant 0\Rightarrow q(q^2a_n-a_{n+2})-(q^2a_{n+1}-a_{n+3})\leqslant 0$

$\Rightarrow q(q^2-x^2)-x(q^2-x^2)\leqslant 0\Rightarrow (q-x)^2(q+x)\leqslant 0.$　　(11)

再由$\{c_n\}$是公比为 q 的差比数列$\Rightarrow c_{n+2}-2qc_{n+1}+q^2c_n=0$

$\Rightarrow (a_{n+2}+2a_{n+3}+3a_{n+4})-2q(a_{n+1}+2a_{n+2}+3a_{n+3})+q^2(a_n+2a_{n+1}+3a_{n+2})=0$

$\Rightarrow x^2(1+2x+3x^2)-2qx(1+2x+3x^2)+q^2(1+2x+3x^2)=0$

$\Rightarrow (x-q)^2(1+2x+3x^2)=0.$　　(12)

因为$\{a_n\}$的特征根必须同时满足(10)、(11)、(12)三式，从而得$(x-q)^2=0\Rightarrow x_1=x_2=q\Rightarrow\{a_n\}$是公比为 q 的差比数列.

注　将例 3.17 与例 3.18 两相对比并仔细剖析，它们之间的奇妙关系能够理解得更深，认识得更清，从而对于 r 阶等差数列与 r 阶差比数列之间的奇妙关系就能一目了然.

第四章　线性分式递推数列

首先给出线性分式递推数列的定义如下：

定义　形如 $a_{n+1}=\dfrac{pa_n+t}{ra_n+s}$（$p,t,r,s$ 为常数，且 $r\neq0$，p 与 t 不同时为零）的递推式称为线性分式递推式. 由线性分式递推式所确定的数列 $\{a_n\}$ 称为线性分式递推数列.

探究线性分式递推数列的通项，许多经典著作引述了它的多种解法，但还没有确定的公式化模式. 构架线性分式递推数列的通项模式定理，不仅可以获取简捷的公式解法，而且兼可悟出线性或非线性递推数列的通项求解通法.

§1　例 3.1 隐藏玄理释疑

探究例 3.1 易知：非零的常数数列不仅具有两栖性——既是等差数列，又是等比数列，而且具有多栖性——它既是线性递推数列中的等和数列、等差数列、等比数列，又是非线性递推数列中的等积数列. 同时证实接龙法可以作为求解等和数列、等差数列、等积数列、等比数列的通项与前 n 项和的通用方法.

运用接龙法解题，应遵循一条主线法则：紧扣关于数列递推项所满足的方程，先局部滋生典型化因子，再逐步对原方程作等价变换，最终完成整体典型化. 就例 3.1而言：

第(1)小题紧扣递推项 a_{n+1}，a_n所满足的原方程 $a_{n+1}+a_n=10$.

第一步局部构造典型化因子 $a_{n+1}-5$ 与 a_n-5，将原方程等价变换得

$$a_{n+1}+a_n=10\Leftrightarrow a_{n+1}-5=-(a_n-5).\qquad(1)$$

第二步再局部构造典型化因子 $(-1)^n$ 与 $(-1)^{n-1}$，将(1)式完成整体典型化而得

$$\frac{a_{n+1}-5}{(-1)^n}=\frac{a_n-5}{(-1)^{n-1}}\text{或}(-1)^n(a_{n+1}-5)=(-1)^{n-1}(a_n-5). \quad (2)$$

由(2)式即知新数列$\left\{\frac{a_n-5}{(-1)^{n-1}}\right\}$是常数数列.

如何正确理解第一步局部构造典型化因子 $a_{n+1}-5$ 与 a_n-5 的立论依据呢?

释疑之一:从原数列$\{a_n\}$审视,由于初始条件 $a_1=2$,从而知原数列$\{a_n\}$不是常数数列而且不存在极限.

当 n 为奇数时,$a_n=a_1=2$,$a_{n+1}=a_2=8$,5 即是 a_{n+1} 与 a_n 的等差中项,由此得 $\frac{1}{2}(a_{n+1}+a_n)=\frac{1}{2}\times10=5$.

同理,当 n 为偶数时,$a_n=a_2=8$,$a_{n+1}=a_1=2$,5 即是 a_n 与 a_{n+1} 的等差中项,由此得$\frac{1}{2}(a_{n+1}+a_n)=\frac{1}{2}\times10=5$.

综上,即可局部构造典型化因子以完成第一步的等价变换形式.

释疑之二:摒除原数列$\{a_n\}$的初始条件 $a_1=2$,孤立审视递推项 a_n 与 a_{n+1} 所满足的方程 $a_{n+1}+a_n=10$,则数列$\{a_n\}$可能是常数数列,也可能不是常数数列,如此数列$\{a_n\}$可能存在极限,也可能不存在极限.

若取常数数列(当然极限存在的),则可采纳经典代换法则而得 $x+x=10$,$x=5$,从而完成第一步的等价变换

$$a_{n+1}+a_n=10\Leftrightarrow a_{n+1}-5=-(a_n-5).$$

对比释疑之一与释疑之二,局部典型化因子 $a_{n+1}-5$ 与 a_n-5,由于审视的视角不同,当然立论依据各异,可是等价变换的形式巧合,所谓殊途同归. 从而可知:运用接龙法求解时,对于原数列不存在极限的题型,为了探索局部典型化因子,同样可以发挥经典代换法则的威力,可如下表述:

∵ $a_{n+1}+a_n=10$,令 $a_{n+1}=a_n=x$,代入得 $x+x=10$,$x=5$,

∴ 典型化因子为 $a_{n+1}-5$ 与 a_n-5,从而得

$$a_{n+1}+a_n=10\Rightarrow a_{n+1}-5=-(a_n-5)\Rightarrow(-1)^n(a_{n+1}-5)=(-1)^{n-1}(a_n-5),$$

∴ 新数列$\{(-1)^{n-1}(a_n-5)\}$是常数数列.

同理,第(2)小题也可如下表述:

∵ $a_{n+1}a_n=16$,令 $a_{n+1}=a_n=x$,代入得 $x\cdot x=16$,$x=\pm4$,

∴ 典型化因子为 $a_{n+1}-4$ 与 a_n-4 或 $a_{n+1}+4$ 与 a_n+4,从而得

$$\left.\begin{aligned}a_{n+1}a_n=16\Rightarrow a_{n+1}-4=\frac{-4(a_n-4)}{a_n}\\a_{n+1}a_n=16\Rightarrow a_{n+1}+4=\frac{4(a_n+4)}{a_n}\end{aligned}\right\}\Rightarrow\frac{a_{n+1}-4}{(-1)^n(a_{n+1}+4)}=\frac{a_n-4}{(-1)^{n-1}(a_n+4)},$$

∴ 新数列$\left\{\dfrac{a_n-4}{(-1)^{n-1}(a_n+4)}\right\}$是常数数列.

最后依据原命题中的初始条件分别得出第(1)、(2)两题的通项公式，并验证结论以印证经典代换法则应用于极限不存在的数列中以构造典型化因子是合理可行的.

§2 线性分式递推数列通项模式

定义 将线性递推数列$\{a_n\}$所满足的递推式$a_{n+1}=\dfrac{pa_n+t}{ra_n+s}$($p,t,r,s$为常数，且$r\neq0$，$p,t$不同时为零)中的$a_{n+1}$，$a_n$代换为$x$后所得方程$x=\dfrac{px+t}{rx+s}$，称为该数列的特征方程. 此特征方程的根，称为该数列的特征根.

定理 由线性分式递推式$a_{n+1}=\dfrac{pa_n+t}{ra_n+s}$($p,t,r,s$为常数，且$r\neq0$，$p,t$不同时为零)所确定的数列$\{a_n\}$，其通项模式为

(1) 当特征根为重根时，

$$a_n=\frac{\alpha n+\beta}{n+\delta}(\alpha\text{为特征根，待定系数}\beta,\delta\text{由}a_1,a_2\text{确定});$$

(2) 当特征根为单根时，

$$a_n=\frac{\alpha\left(\dfrac{s+r\alpha}{p-r\alpha}\right)^{n-1}+\beta}{\left(\dfrac{s+r\alpha}{p-r\alpha}\right)^{n-1}+\delta}(\alpha\text{为特征根，待定系数}\beta,\delta\text{由}a_1,a_2\text{确定}).$$

证 首先采用反证法证明$p-r\alpha\neq0$，$s+r\alpha\neq0$，若$p-r\alpha=0$，则$\alpha=\dfrac{p}{r}$，且知$r\neq0$.

而由题意知特征方程为$x=\dfrac{px+t}{rx+s}$，即$rx^2+(s-p)x-t=0$，α为特征根，从而

再由韦达定理知另一根 $\alpha'=-\frac{s}{r}$，$t=\frac{ps}{r}$. 将 $t=\frac{ps}{r}$ 代入原递推式得

$$a_{n+1}=\frac{pa_n+\frac{ps}{r}}{ra_n+s}=\frac{p}{r}.$$

这与线性分式递推式相矛盾，从而证得 $p-r\alpha\neq0$. 同理证得 $s+r\alpha\neq0$.

其次求证通项模式.

(1)先证明特征根 $\alpha\neq0$ 时的情形.

将特征根代入特征方程得

$$\alpha=\frac{s\alpha-t}{p-r\alpha}. \tag{1}$$

所以

$$a_{n+1}-\alpha=\frac{pa_n+t}{ra_n+s}-\alpha=\frac{(p-r\alpha)a_n-(s\alpha-t)}{ra_n+s}=\frac{p-r\alpha}{r}\cdot\frac{a_n-\frac{s\alpha-t}{p-r\alpha}}{a_n+\frac{s}{r}}. \tag{2}$$

将(1)式代入(2)式得

$$a_{n+1}-\alpha=\frac{p-r\alpha}{r}\cdot\frac{a_n-\alpha}{a_n+\frac{s}{r}}=\frac{p-r\alpha}{r}\cdot\frac{1}{1+\frac{\frac{s+r\alpha}{r}}{a_n-\alpha}},$$

所以 $$\frac{1}{a_{n+1}-\alpha}=\frac{r}{p-r\alpha}\left(1+\frac{\frac{s+r\alpha}{r}}{a_n-\alpha}\right)=\frac{r}{p-r\alpha}+\frac{s+r\alpha}{p-r\alpha}\cdot\frac{1}{a_n-\alpha}. \tag{3}$$

① 当 α 为重根时，由韦达定理知 $\alpha=\frac{p-s}{2r}$，所以 $\frac{s+r\alpha}{p-r\alpha}=1$，从而再由(3)式知数列 $\left\{\frac{1}{a_n-\alpha}\right\}$ 是等差数列且公差 $\frac{r}{p-r\alpha}\neq0$. 该数列是二阶线性递推数列，它的通项模式是

$$\frac{1}{a_n-\alpha}=\lambda_1n+\lambda_2(\lambda_1\neq0,\lambda_1,\lambda_2\text{可由 }a_1,a_2\text{确定}).$$

所以 $$a_n-\alpha=\frac{1}{\lambda_1n+\lambda_2}\Rightarrow a_n=\frac{\lambda_1\alpha n+\lambda_2\alpha+1}{\lambda_1n+\lambda_2}=\frac{\alpha n+\frac{\lambda_2\alpha+1}{\lambda_1}}{n+\frac{\lambda_2}{\lambda_1}}. \tag{4}$$

令$\frac{\lambda_2\alpha+1}{\lambda_1}=\beta,\frac{\lambda_2}{\lambda_1}=\delta$,代入(4)式得

$$a_n=\frac{\alpha n+\beta}{n+\delta}\ (\beta,\delta\ 由\ a_1,a_2确定).$$

② 当α为单根时,由(3)式可得

$$\frac{1}{a_{n+1}-\alpha}+\frac{r}{s-p+2r\alpha}=\frac{s+r\alpha}{p-r\alpha}\left(\frac{1}{a_n-\alpha}+\frac{r}{s-p+2r\alpha}\right),$$

所以数列$\left\{\frac{1}{a_n-\alpha}+\frac{r}{s-p+2r\alpha}\right\}$成等比数列,它是一阶线性递推数列,通项模式为

$$\frac{1}{a_n-\alpha}+\frac{r}{s-p+2r\alpha}=\lambda_1\left(\frac{s+r\alpha}{p-r\alpha}^{n-1}\right)(\lambda_1\neq0). \tag{5}$$

令$\beta'=-\frac{r}{s-p+2r\alpha}$,代入(5)式得

$$a_n-\alpha=\frac{1}{\lambda_1\left(\frac{s+r\alpha}{p-r\alpha}\right)^{n-1}+\beta'}\Rightarrow a_n=\frac{\lambda_1\alpha\left(\frac{s+r\alpha}{p-r\alpha}\right)^{n-1}+\beta'\alpha+1}{\lambda_1\left(\frac{s+r\alpha}{p-r\alpha}\right)^{n-1}+\beta'}. \tag{6}$$

令$\frac{\beta'\alpha+1}{\lambda_1}=\beta,\frac{\beta'}{\lambda_1}=\delta$,代入(6)式即得

$$a_n=\frac{\alpha\left(\frac{s+r\alpha}{p-r\alpha}\right)^{n-1}+\beta}{\left(\frac{s+r\alpha}{p-r\alpha}\right)^{n-1}+\delta}\ (\beta,\delta\ 由\ a_1,a_2确定).$$

(2) 再证明特征根$\alpha=0$时的情形.

因为$\alpha=0\Rightarrow t=0$,所以线性分式递推式为

$$a_{n+1}=\frac{pa_n}{ra_n+s}. \tag{7}$$

由(7)式即知$p\neq0,s\neq0$.

① 当α为重根时,由(7)式可知$s=p$,从而得

$$a_{n+1}=\frac{pa_n}{ra_n+p}\Rightarrow\frac{1}{a_{n+1}}=\frac{1}{a_n}+\frac{r}{p},$$

所以数列$\left\{\frac{1}{a_n}\right\}$成等差数列且公差$\frac{r}{p}\neq0$,该数列为二阶线性递推数列,通项模式为

$$\frac{1}{a_n}=\lambda_1 n+\lambda_2(\lambda_1\neq 0),$$

故
$$a_n=\frac{\frac{1}{\lambda_1}}{n+\frac{\lambda_2}{\lambda_1}}.\tag{8}$$

令$\frac{1}{\lambda_1}=\beta,\frac{\lambda_2}{\lambda_1}=\delta$,代入(8)式得

$$a_n=\frac{\alpha n+\beta}{n+\delta}\ (\alpha=0,\beta,\delta\text{ 由 }a_1,a_2\text{确定}).$$

② 当 $\alpha=0$ 为单根时,由特征方程与韦达定理得知 $p\neq s$.

由(7)式得$\frac{1}{a_{n+1}}=\frac{s}{p}\cdot\frac{1}{a_n}+\frac{r}{p}\Rightarrow\frac{1}{a_{n+1}}+\frac{r}{s-p}=\frac{s}{p}\left(\frac{1}{a_n}+\frac{r}{s-p}\right)$.

所以数列$\left\{\frac{1}{a_n}+\frac{r}{s-p}\right\}$成等比数列,它是一阶线性递推数列,通项模式为

$$\frac{1}{a_n}+\frac{r}{s-p}=\lambda_1\left(\frac{s}{p}\right)^{n-1}(\lambda_1\neq 0),$$

故
$$a_n=\frac{\frac{1}{\lambda_1}}{\left(\frac{s}{p}\right)^{n-1}-\frac{r}{\lambda_1(s-p)}}.\tag{9}$$

令$\frac{1}{\lambda_1}=\beta,-\frac{r}{\lambda_1(s-p)}=\delta$,代入(9)式即得

$$a_n=\frac{\alpha\left(\frac{s+r\alpha}{p-r\alpha}\right)^{n-1}+\beta}{\left(\frac{s+r\alpha}{p-r\alpha}\right)^{n-1}+\delta}\ (\alpha=0,\beta,\delta\text{ 由 }a_1,a_2\text{确定}).$$

综上所述,命题得证.

【例 4.1】 已知数列$\{a_n\}$满足 $a_{n+1}=-\frac{a_n+4}{a_n+3}$,且 $a_1=1$,求 a_n.

解 由题意知$\{a_n\}$的特征方程为 $x=-\frac{x+4}{x+3}$,即

$$x^2+4x+4=0,$$

所以特征根 $x_1=x_2=-2$.

方法一 (按公式法求解)

$$a_n=\frac{-2n+\beta}{n+\delta}\ (\beta,\delta\text{ 由 }a_1,a_2\text{ 确定}).$$

$\because\ a_1=1$，$\therefore\ a_2=-\frac{1+4}{1+3}=-\frac{5}{4}$.

由$\begin{cases}\frac{-2+\beta}{1+\delta}=1,\\ \frac{-4+\beta}{2+\delta}=-\frac{5}{4},\end{cases}$ 解之得 $\beta=\frac{7}{3}$，$\delta=-\frac{2}{3}$，

$\therefore\ a_n=\frac{7-6n}{3n-2}\ (n\in\mathbf{N}^*)$.

方法二 （按接龙法求解）

$\because$ 特征根 $x_1=x_2=-2$，

$$\therefore\ a_{n+1}+2=-\frac{a_n+4}{a_n+3}+2\Rightarrow a_{n+1}+2=\frac{a_n+2}{a_n+3}$$

$$\Rightarrow\frac{1}{a_{n+1}+2}=\frac{1}{a_n+2}+1$$

$$\Rightarrow\frac{1}{a_{n+1}+2}-n=\frac{1}{a_n+2}-(n-1),$$

$\therefore$ 新数列$\left\{\frac{1}{a_n+2}-(n-1)\right\}$是常数数列，其首项为$\frac{1}{3}$，

$\therefore\ \frac{1}{a_n+2}=\frac{1}{3}+n-1=\frac{3n-2}{3}$，

$\therefore\ a_n+2=\frac{3}{3n-2}\Rightarrow a_n=\frac{7-6n}{3n-2}\ (n\in\mathbf{N}^*)$.

方法三 （按线性递推数列通项模式理论体系求解）

$\because$ 特征根 $x_1=x_2=-2$，

$$\therefore\ a_{n+1}+2=-\frac{-a_n-4}{a_n+3}+2\Rightarrow\frac{1}{a_{n+1}+2}=\frac{1}{a_n+2}+1. \tag{10}$$

由(10)式知新数列$\left\{\frac{1}{a_n+2}\right\}$是二阶线性递推数列，其通项模式为

$$\frac{1}{a_n+2}=\lambda_1 n+\lambda_2\ (\lambda_1\neq 0,\lambda_1,\lambda_2\text{ 可由 }a_1,a_2\text{ 确定}).$$

$$\therefore\ a_n+2=\frac{1}{\lambda_1 n+\lambda_2}\Rightarrow a_n=\frac{-2\lambda_1 n+1-2\lambda_2}{\lambda_1 n+\lambda_2}=\frac{-2n+\frac{1-2\lambda_2}{\lambda_1}}{n+\frac{\lambda_2}{\lambda_1}}. \tag{11}$$

令$\frac{1-2\lambda_2}{\lambda_1}=\beta,\frac{\lambda_2}{\lambda_1}=\delta$，代入(11)式得

$$a_n=\frac{-2n+\beta}{n+\delta}\ (\beta,\delta\text{ 由 }a_1,a_2\text{确定}).$$

由$\begin{cases}\frac{-2+\beta}{1+\delta}=1,\\ \frac{-4+\beta}{2+\delta}=-\frac{5}{4},\end{cases}$ 解之得 $\beta=\frac{7}{3},\delta=-\frac{2}{3}$，

$\therefore a_n=\frac{7-6n}{3n-2}\ (n\in\mathbf{N}^*)$.

注　方法三将非线性递推数列化归为线性递推数列而求解，并非创新，乃是传统经典思路——将一般数列问题化归为等差数列、高阶等差数列、等比数列、差比数列而求解的翻版.

【例 4.2】　已知数列$\{a_n\}$满足$a_{n+1}=-\frac{a_n-2}{a_n+4}$，且$a_1=1$，求$a_n$.

解　由题意知$\{a_n\}$的特征方程为$x=-\frac{x-2}{x+4}$，即

$$x^2+3x+2=0,$$

得特征根$x_1=-1,x_2=-2$.

按公式法可得两种解法：

方法一　$\because p=1,t=-2,r=1,s=4$，

取$\alpha=-1$，得$\frac{s+r\alpha}{p-r\alpha}=\frac{3}{2}$，

$$a_n=\frac{-1\times\left(\frac{3}{2}\right)^{n-1}+\beta}{\left(\frac{3}{2}\right)^{n-1}+\delta}\ (\beta,\delta\text{ 由 }a_1,a_2\text{确定}).$$

$\because a_1=2,\ \therefore a_2=-\frac{2-2}{2+4}=0$.

由$\begin{cases}\frac{-1+\beta}{1+\delta}=2,\\ \frac{-\frac{3}{2}+\beta}{\frac{3}{2}+\delta}=0,\end{cases}$ 解之得 $\beta=\frac{3}{2},\delta=-\frac{3}{4}$，

$\therefore\ a_n=\dfrac{-\left(\dfrac{3}{2}\right)^{n-1}+\dfrac{3}{2}}{\left(\dfrac{3}{2}\right)^{n-1}-\dfrac{3}{4}}=\dfrac{2^{n-2}-3^{n-2}}{3^{n-2}-2^{n-3}}\ (n\in\mathbf{N}^*).$

方法二　$\because\ p=1,t=-2,r=1,s=4,$

取$\alpha=-2$，得$\dfrac{s+r\alpha}{p-r\alpha}=\dfrac{2}{3}$，

$$a_n=\frac{-2\times\left(\frac{2}{3}\right)^{n-1}+\beta}{\left(\frac{2}{3}\right)^{n-1}+\delta}\ (\beta,\delta\text{ 由 }a_1,a_2\text{确定}).$$

由$\begin{cases}\dfrac{-2+\beta}{1+\delta}=2,\\[2ex]\dfrac{-2\times\frac{2}{3}+\beta}{\frac{2}{3}+\delta}=0,\end{cases}$　解之得$\beta=\dfrac{4}{3},\delta=-\dfrac{4}{3}$，

$\therefore\ a_n=\dfrac{2^{n-2}-3^{n-2}}{3^{n-2}-2^{n-3}}\ (n\in\mathbf{N}^*).$

按接龙法可得三种解法：

方法三　取$x_1=-1$，

$a_{n+1}+1=\dfrac{a_n-2}{a_n-4}+1\Rightarrow\dfrac{1}{a_{n+1}+1}=\dfrac{1}{2}\left(1+\dfrac{3}{a_n+1}\right)$

$\Rightarrow\dfrac{1}{a_{n+1}+1}=\dfrac{1}{2}+\dfrac{3}{2}\cdot\dfrac{1}{a_n+1}$

$\Rightarrow\dfrac{1}{a_{n+1}+1}+1=\dfrac{3}{2}\left(\dfrac{1}{a_n+1}+1\right)$

$\Rightarrow\left(\dfrac{2}{3}\right)^n\left(\dfrac{1}{a_{n+1}+1}+1\right)=\left(\dfrac{2}{3}\right)^{n-1}\left(\dfrac{1}{a_n+1}+1\right),$

$\therefore$ 新数列$\left\{\left(\dfrac{2}{3}\right)^{n-1}\left(\dfrac{1}{a_n+1}+1\right)\right\}$是常数数列，其首项为$\dfrac{1}{a_n+1}+1=\dfrac{4}{3}$，

$\therefore\ \dfrac{1}{a_n+1}=\dfrac{4}{3}\cdot\left(\dfrac{3}{2}\right)^{n-1}-1=\dfrac{3^{n-2}}{2^{n-3}}-1=\dfrac{3^{n-2}-2^{n-3}}{2^{n-3}}$

$\Rightarrow a_n+1=\dfrac{2^{n-3}}{3^{n-2}-2^{n-3}}$

$\Rightarrow a_n=\dfrac{2^{n-2}-3^{n-2}}{3^{n-2}-2^{n-3}}\ (n\in\mathbf{N}^*).$

方法四　取 $x_2=-2$，

$$a_{n+1}+2=\frac{a_n-2}{a_n+4}+2=\frac{3(a_n+2)}{a_n+4}$$

$$\Rightarrow\frac{1}{a_{n+1}+2}=\frac{1}{3}\left(1+\frac{2}{a_n+2}\right)=\frac{1}{3}+\frac{2}{3}\cdot\frac{1}{a_n+2}$$

$$\Rightarrow\frac{1}{a_{n+1}+2}-1=\frac{2}{3}\left(\frac{1}{a_n+2}-1\right)$$

$$\Rightarrow\left(\frac{3}{2}\right)^n\left(\frac{1}{a_{n+1}+2}-1\right)=\left(\frac{3}{2}\right)^{n-1}\left(\frac{1}{a_n+2}-1\right),$$

∴ 新数列$\left\{\left(\frac{3}{2}\right)^{n-1}\left(\frac{1}{a_n+2}-1\right)\right\}$是常数数列，其首项为$-\frac{3}{4}$，

∴ $\frac{1}{a_n+2}-1=-\frac{3}{4}\cdot\left(\frac{2}{3}\right)^{n-1}=-\frac{2^{n-3}}{3^{n-1}}\Rightarrow a_n=\frac{2^{n-2}-3^{n-2}}{3^{n-2}-2^{n-3}}\ (n\in\mathbf{N}^*)$.

方法五

$$\left.\begin{aligned}a_{n+1}+1&=\frac{2(a_n+1)}{a_n+4}\\a_{n+1}+2&=\frac{3(a_n+2)}{a_n+4}\end{aligned}\right\}\Rightarrow\frac{a_{n+1}+2}{a_{n+1}+1}=\frac{3}{2}\cdot\frac{a_n+2}{a_n+1}$$

$$\Rightarrow\left(\frac{2}{3}\right)^n\cdot\frac{a_{n+1}+2}{a_{n+1}+1}=\left(\frac{2}{3}\right)^{n-1}\cdot\frac{a_n+2}{a_n+1},$$

∴ 新数列$\left\{\left(\frac{2}{3}\right)^{n-1}\cdot\frac{a_n+2}{a_n+1}\right\}$是常数数列，其首项为$\frac{a_1+2}{a_1+1}=\frac{4}{3}$，

∴ $\frac{a_n+2}{a_n+1}=\frac{4}{3}\cdot\left(\frac{3}{2}\right)^{n-1}=\frac{3^{n-2}}{2^{n-3}}$，

∴ $2a_n+3=\frac{3^{n-2}+2^{n-3}}{3^{n-2}-2^{n-3}}$，

∴ $a_n=\frac{2^{n-2}-3^{n-2}}{3^{n-2}-2^{n-3}}\ (n\in\mathbf{N}^*)$.

按线性递推数列通项模式定理可得三种解法：

方法六　由接龙法求解知

$$\frac{1}{a_{n+1}+1}-\frac{3}{2(a_n+1)}=\frac{1}{2}\Rightarrow\frac{1}{a_{n+1}+1}+1=\frac{3}{2}\left(\frac{1}{a_n+1}+1\right),$$

∴ 数列$\left\{\frac{1}{a_n+1}+1\right\}$是一阶线性递推数列，特征根为$\frac{3}{2}$，其通项模式为

$$\frac{1}{a_n+1}+1=\lambda\left(\frac{3}{2}\right)^{n-1}\ (\lambda\text{ 由 }a_1\text{ 确定}).$$

当 $n=1$ 时，$\lambda=\frac{1}{a_1+1}+1=\frac{4}{3}$，

$\therefore \frac{1}{a_n+1}+1=\frac{4}{3}\cdot\left(\frac{3}{2}\right)^{n-1}=\frac{3^{n-2}}{2^{n-3}}\Rightarrow\frac{1}{a_n+1}=\frac{3^{n-2}-2^{n-3}}{2^{n-3}}$

$\Rightarrow a_n=\frac{2^{n-2}-3^{n-2}}{3^{n-2}-2^{n-3}}(n\in\mathbf{N}^*)$.

方法七　由接龙法求解知

$$a_{n+1}+2=\frac{a_n-2}{a_n+4}+2\Rightarrow\frac{1}{a_{n+1}+2}-1=\frac{2}{3}\left(\frac{1}{a_n+2}-1\right),$$

$\therefore$ 数列$\left\{\frac{1}{a_n+2}-1\right\}$是一阶线性递推数列，特征根 $x=\frac{2}{3}$，其通项模式为

$$\frac{1}{a_n+2}-1=\lambda\left(\frac{2}{3}\right)^{n-1}.$$

当 $n=1$ 时，$\lambda=\frac{1}{a_1+2}-1=-\frac{3}{4}$，

$\therefore \frac{1}{a_1+2}-1=-\frac{3}{4}\cdot\left(\frac{2}{3}\right)^{n-1}=-\frac{2^{n-3}}{3^{n-2}}\Rightarrow a_n+2=\frac{3^{n-2}}{3^{n-2}-2^{n-3}}$

$\Rightarrow a_n=\frac{2^{n-2}-3^{n-2}}{3^{n-2}-2^{n-3}}(n\in\mathbf{N}^*)$.

方法八　由接龙法求解知

$$\left.\begin{aligned}a_{n+1}+1=\frac{2(a_n+1)}{a_n+4}\\a_{n+1}+2=\frac{3(a_n+2)}{a_n+4}\end{aligned}\right\}\Rightarrow\frac{a_{n+1}+2}{a_{n+1}+1}=\frac{3}{2}\cdot\frac{a_n+2}{a_n+1},$$

$\therefore$ 数列$\left\{\frac{a_n+2}{a_n+1}\right\}$是一阶线性递推数列，特征根 $x=\frac{3}{2}$，其通项模式为

$$\frac{a_n+2}{a_n+1}=\lambda\left(\frac{3}{2}\right)^{n-1}\ (\lambda\text{ 由 }a_1\text{确定}).$$

当 $n=1$ 时，$\lambda=\frac{4}{3}$，

$\therefore \frac{a_n+2}{a_n+1}=\frac{4}{3}\cdot\left(\frac{3}{2}\right)^{n-1}=\frac{3^{n-2}}{2^{n-3}}$，

$\therefore a_n=\frac{2^{n-2}-3^{n-2}}{3^{n-2}-2^{n-3}}(n\in\mathbf{N}^*)$.

【例 4.3】 已知数列$\{a_n\}$满足$a_{n+1}=\dfrac{a_n}{a_n+2}$,且$a_1=2$,求$a_n$.

解 由题意知数列$\{a_n\}$的特征方程为$x=\dfrac{x}{x+2}$,即$x^2+x=0$,特征根为$x_1=0,x_2=-1$.

按公式法可得两种解法:

方法一 ∵ $p=1,t=0,r=1,s=2,a_1=2,a_2=\dfrac{a_1}{a_1+2}=\dfrac{1}{2}$,

取$x_1=0$,得$\dfrac{s+rx_1}{p-rx_1}=2$,

∴ $a_n=\dfrac{\beta}{2^{n-1}+\delta}$($\beta,\delta$由$a_1,a_2$确定).

由$\begin{cases}\dfrac{\beta}{1+\delta}=2,\\ \dfrac{\beta}{2+\delta}=\dfrac{1}{2},\end{cases}$ 解之得$\beta=\dfrac{2}{3},\delta=-\dfrac{2}{3}$,

∴ $a_n=\dfrac{\dfrac{2}{3}}{2^{n-1}-\dfrac{2}{3}}=\dfrac{1}{3\cdot 2^{n-2}-1}\ (n\in\mathbf{N}^*)$.

方法二 取$x_2=-1$,得$\dfrac{s+rx_2}{p-rx_2}=\dfrac{1}{2}$,

∴ $a_n=\dfrac{-1\times\left(\dfrac{1}{2}\right)^{n-1}+\beta}{\left(\dfrac{1}{2}\right)^{n-1}+\delta}$($\beta,\delta$由$a_1,a_2$确定).

由$\begin{cases}\dfrac{-1+\beta}{1+\delta}=2,\\ \dfrac{-\dfrac{1}{2}+\beta}{\dfrac{1}{2}+\delta}=\dfrac{1}{2},\end{cases}$ 解之得$\beta=0,\delta=-\dfrac{3}{2}$,

∴ $a_n=\dfrac{-\left(\dfrac{1}{2}\right)^{n-1}}{\left(\dfrac{1}{2}\right)^{n-1}-\dfrac{3}{2}}=\dfrac{1}{3\cdot 2^{n-2}-1}\ (n\in\mathbf{N}^*)$.

按接龙法可得三种解法:

方法三 $\because a_{n+1}=\frac{a_n}{a_n+2}\Rightarrow\frac{1}{a_{n+1}}=\frac{2}{a_n}+1\Rightarrow\frac{1}{a_{n+1}}+1=2\left(\frac{1}{a_n}+1\right)$

$$\Rightarrow\frac{1}{2^n}\left(\frac{1}{a_{n+1}}+1\right)=\frac{1}{2^{n-1}}\left(\frac{1}{a_n}+1\right),$$

$\therefore$ 新数列$\left\{\frac{1}{2^{n-1}}\left(\frac{1}{a_n}+1\right)\right\}$是常数数列，其首项为$\frac{1}{a_1}+1=\frac{3}{2}$.

$\therefore \frac{1}{a_n}+1=\frac{3}{2}\times 2^{n-1}=3\cdot 2^{n-2}$,

$\therefore a_n=\frac{1}{3\cdot 2^{n-2}-1}\ (n\in\mathbf{N}^*)$.

方法四 $a_{n+1}+1=\frac{a_n}{a_n+2}+1=\frac{2(a_n+1)}{a_n+2}$

$$\Rightarrow\frac{1}{a_{n+1}+1}=\frac{1}{2}+\frac{1}{2}\cdot\frac{1}{a_n+1}$$

$$\Rightarrow\frac{1}{a_{n+1}+1}-1=\frac{1}{2}\left(\frac{1}{a_n+1}-1\right)$$

$$\Rightarrow 2^n\left(\frac{1}{a_{n+1}+1}-1\right)=2^{n-1}\left(\frac{1}{a_n+1}-1\right),$$

$\therefore$ 新数列$\left\{2^{n-1}\left(\frac{1}{a_n+1}-1\right)\right\}$是常数数列，其首项为$\frac{1}{3}-1=-\frac{2}{3}$,

$\therefore \frac{1}{a_n+1}-1=\frac{-2}{3}\cdot\frac{1}{2^{n-1}}=-\frac{1}{3\cdot 2^{n-2}}$,

$\therefore a_n=\frac{1}{3\cdot 2^{n-2}-1}(n\in\mathbf{N}^*)$.

方法五 $\left.\begin{array}{l} a_{n+1}+1=\frac{2(a_n+1)}{a_n+2} \\ a_{n+1}=\frac{a_n}{a_n+2}\end{array}\right\}\Rightarrow\frac{a_{n+1}+1}{a_{n+1}}=2\cdot\frac{a_n+1}{a_n}$

$$\Rightarrow\frac{1}{2^n}\left(\frac{1}{a_{n+1}}+1\right)=\frac{1}{2^{n-1}}\left(\frac{1}{a_n}+1\right),$$

$\therefore$ 新数列$\left\{\frac{1}{2^{n-1}}\left(\frac{1}{a_n}+1\right)\right\}$是常数数列，其首项为$\frac{1}{a_1+1}=\frac{3}{2}$,

$\therefore \frac{1}{a_n}+1=3\cdot 2^{n-2}\Rightarrow a_n=\frac{1}{3\cdot 2^{n-2}}-1\ (n\in\mathbf{N}^*)$.

按线性递推数列通项模式定理可得三种解法：

方法六　由接龙法求解知$\frac{1}{a_{n+1}}+1=2\left(\frac{1}{a_n}+1\right)$,

$\therefore$ 数列$\left\{\frac{1}{a_n}+1\right\}$是一阶线性递推数列,特征根 $x=2$,通项模式为

$$\frac{1}{a_n}+1=\lambda\cdot 2^{n-1}(\lambda\text{ 由 }a_1\text{确定}).$$

当$n=1$时,$\lambda=\frac{1}{a_1}+1=\frac{3}{2}$,

$\therefore \frac{1}{a_n}+1=3\cdot 2^{n-2}\Rightarrow a_n=\frac{1}{3\cdot 2^{n-2}-1}\ (n\in\mathbf{N}^*)$.

方法七　由接龙法求解知$\frac{1}{a_{n+1}+1}-1=\frac{1}{2}\left(\frac{1}{a_n+1}-1\right)$,

$\therefore$ 数列$\left\{\frac{1}{a_n+1}-1\right\}$是一阶线性递推数列,特征根 $x=\frac{1}{2}$,其通项模式为

$$\frac{1}{a_n+1}-1=\lambda\left(\frac{1}{2}\right)^{n-1}(\lambda\text{ 由 }a_1\text{确定}).$$

当$n=1$时,$\lambda=\frac{1}{a_1+1}-1=-\frac{2}{3}$,

$\therefore \frac{1}{a_n+1}-1=-\frac{2}{3}\cdot\left(\frac{1}{2}\right)^{n-1}=-\frac{1}{3\cdot 2^{n-2}}$,

$\therefore \frac{1}{a_n+1}=\frac{3\cdot 2^{n-2}-1}{3\cdot 2^{n-2}}\Rightarrow a_n+1=\frac{3\cdot 2^{n-2}}{3\cdot 2^{n-2}-1}\Rightarrow a_n=\frac{1}{3\cdot 2^{n-2}-1}\ (n\in\mathbf{N}^*)$.

方法八　由接龙法求解知

$$\left.\begin{aligned} a_{n+1}+1&=\frac{2(a_n+1)}{a_n+2}\\ a_{n+1}&=\frac{a_n}{a_n+2}\end{aligned}\right\}\Rightarrow\frac{a_{n+1}+1}{a_{n+1}}=2\cdot\frac{a_n+1}{a_n},$$

$\therefore$ 数列$\left\{\frac{a_n+1}{a_n}\right\}$是一阶线性递推数列,特征根 $x=2$,其通项模式为

$$\frac{a_n+1}{a_n}=\lambda\cdot 2^{n-1}(\lambda\text{ 由 }a_1\text{确定}).$$

当$n=1$时,$\lambda=\frac{a_1+1}{a_1}=\frac{3}{2}$,

$\therefore \frac{a_n+1}{a_n}=\frac{3}{2}\cdot 2^{n-1}\Rightarrow\frac{1}{a_n}=3\cdot 2^{n-2}-1\Rightarrow a_n=\frac{1}{3\cdot 2^{n-2}-1}(n\in\mathbf{N}^*)$.

§3 浅议数列极限

探索线性分式递推数列的特征根与通项公式的相关性，惘然沉思……

沉思之一：难道传统经典数列极限论是不刊之论？

下面，我们利用传统经典数列极限论和函数极限论知识探索例 4.1～4.3 中的数列$\{a_n\}$的极限.

由例 4.1 知，$a_n=\frac{7-6n}{3n-2}$.

按经典数列极限论思索：

∵ 数列$\{a_n\}$的定义域为$\mathbf{N}^*$，∴$\lim\limits_{n\to\infty}a_n=\lim\limits_{n\to\infty}\frac{7-6n}{3n-2}=-2$.

按经典函数极限论思索：

若数列$\{a_n\}$的定义域为$\mathbf{Z}$，则得

$$\left.\begin{aligned}\lim_{n\to+\infty}a_n=\lim_{n\to+\infty}\frac{7-6n}{3n-2}=-2\\ \lim_{n\to-\infty}a_n=\lim_{n\to-\infty}\frac{7-6n}{3n-2}=-2\end{aligned}\right\}\Rightarrow\lim_{n\to\infty}a_n=\lim_{n\to\infty}\frac{7-6n}{3n-2}=-2.$$

由例 4.2 知，$a_n=\frac{2^{n-2}-3^{n-2}}{3^{n-2}-2^{n-3}}$.

按经典数列极限论思索：

∵ 数列$\{a_n\}$的定义域为$\mathbf{N}^*$，

∴ $\lim\limits_{n\to\infty}a_n=\lim\limits_{n\to\infty}\frac{2^{n-2}-3^{n-2}}{3^{n-2}-2^{n-3}}=\lim\limits_{n\to\infty}\frac{-\left(\frac{3}{2}\right)^{n-1}+\frac{3}{2}}{\left(\frac{3}{2}\right)^{n-1}-\frac{3}{4}}=-1$，不能诠释另一特征根$-2$.

按经典函数极限论思索：

若数列$\{a_n\}$的定义域为$\mathbf{Z}$，则得

$$\lim_{n\to+\infty}a_n=\lim_{n\to+\infty}\frac{-\left(\frac{3}{2}\right)^{n-1}+\frac{3}{2}}{\left(\frac{3}{2}\right)^{n-1}-\frac{3}{4}}=-1\text{（左极限）},$$

$$\lim_{n\to-\infty} a_n=\lim_{n\to-\infty}\frac{-\left(\frac{3}{2}\right)^{n-1}+\frac{3}{2}}{\left(\frac{3}{2}\right)^{n-1}-\frac{3}{4}}=-2\text{（右极限）},$$

$\because \lim\limits_{n\to+\infty} a_n\neq \lim\limits_{n\to-\infty} a_n$，$\therefore \lim\limits_{n\to\infty} a_n$不存在.

由例 4.3 知，$a_n=\dfrac{1}{3\cdot 2^{n-2}-1}$.

按经典数列极限思索：

$\because$ 数列$\{a_n\}$的定义域为$\mathbf{N}^*$，$\therefore \lim\limits_{n\to\infty} a_n=\lim\limits_{n\to\infty}\dfrac{1}{3\cdot 2^{n-2}-1}=0$，不能诠释另一特征根$-1$.

按经典函数极限论思索：

若数列$\{a_n\}$的定义域为$\mathbf{Z}$，则得

$$\lim_{n\to+\infty} a_n=\lim_{n\to+\infty}\frac{1}{3\cdot 2^{n-2}-1}=0\text{（左极限）},$$

$$\lim_{n\to-\infty} a_n=\lim_{n\to-\infty}\frac{1}{3\cdot 2^{n-2}-1}=-1\text{（右极限）},$$

$\because \lim\limits_{n\to+\infty} a_n\neq \lim\limits_{n\to-\infty} a_n$，$\therefore \lim\limits_{n\to\infty} a_n$不存在.

由数列通项公式 $a_n=f(n)$，经典理念认定它是定义域为 $\mathbf{N}^*$ 的函数，以函数极限论而言，数列存在极限仅是单侧极限.

为了全面诠释线性分式递推数列的特征根，急待构建完善的数列极限基础理论.

沉思之二：怎样理解“无穷大”（即“无穷远点”）？

经典理念确认数列通项 $a_n=f(n)$是定义域为 $\mathbf{N}^*$ 的函数（离散型），而在描述时采用$\lim\limits_{n\to\infty} a_n$而不采用 $\lim\limits_{n\to+\infty} a_n$，严谨、有理. 正如：数列中引进“负数”方才相对提出“正数”，引进“无理数”方才相对提出“有理数”，引进“虚数”方才相对提出“实数”等等. 经典著作遵循典范规则，未可厚非！然而从现行教学实况来说，函数极限论安排在先，而数列与级数居后，函数极限论必然要引出 $n\to+\infty$ 与 $n\to-\infty$ 等概念，而在居后的数列极限研讨中，假使直接采用 $\lim\limits_{n\to+\infty} a_n$（它包容隐含条件定义域为 $\mathbf{N}^*$），有何不可？

从几何学视角审视“∞”，它即是“无穷远点”. 数轴上此“点”隐居何方？为了认

清它的真面目，不妨重温射影几何学.

按射影几何理论，在欧氏直线上添加了一个无穷远点以后便得到了一条新的直线，称为仿射直线. 现在又将仿射直线上的无穷远点等同看待而不加区分，这条仿射直线就称为射影直线了.

在欧氏平面上有一个圆 A（A 为圆心），一条直线 l，且知 $AO\perp l$，O 为垂足（如图所示）.

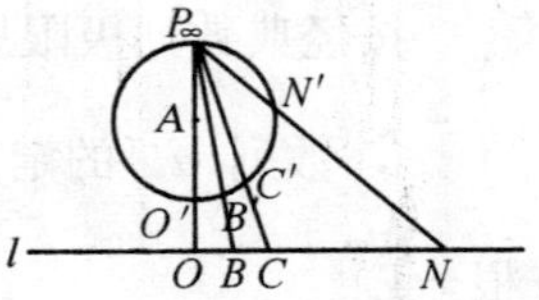

直线 AO 与圆 A 的一个交点作为无穷远点，记作 P_∞（见右图），这样，圆 A 便是一条射影直线的几何模型.

以直线 l 为坐标轴，O 为原点，并引进无穷远点，即可建立射影直线(A)上的点与坐标轴 l 上的点之间的一一对应（如图所示），这就是射影直线(A)与坐标轴 l 之间的透视对应.

设想你面向圆心 A 而站在圆上的点 P_∞ 处，这样圆弧 $P_\infty N'$（劣弧）不是位于你的左方了吗？如此直观地来理解数列的左极限概念，不是很清晰吗？同样理解数列右极限概念，也就十分显然了. 当然，这里的叙述是十分粗糙的，尽管如此，也许对射影理论相对贫乏的一些读者来说，仍有助于他们认清位于数轴 l 上的"无穷远点"，洞悉数列极限论的修正理论.

沉思之三：线性分式递推数列是否具有弥合修正经典数列极限论的创新潜能？

对线性分式递推数列的通项模式作深层探索如下：

当特征根 α_1,α_2 不相等时，

(1) 探索 $p-r\alpha_1\neq0$，$p-r\alpha_2\neq0$，$s+r\alpha_1\neq0$，$s+r\alpha_2\neq0$.

因为特征方程为 $x=\dfrac{px+t}{rx+s}$，即 $rx^2+(s-p)x-t=0$，采用反证法.

若 $p-r\alpha_1=0$，则 $\alpha_1=\dfrac{p}{r}$，

由韦达定理知，$\alpha_2=-\dfrac{s}{r}$，$t=\dfrac{ps}{r}$，

将 $t=\dfrac{ps}{r}$ 代入 $a_{n+1}=\dfrac{pa_n+t}{ra_n+s}$ 得 $a_{n+1}=\dfrac{p}{r}$，这与线性分式相矛盾，

所以 $p-r\alpha_1\neq0$.

同理可证 $p-r\alpha_2\neq0$，$s+r\alpha_1\neq0$，$s+r\alpha_2\neq0$.

(2) 探索 $s+r\alpha_1\neq p-r\alpha_1$，$s+r\alpha_2\neq p-r\alpha_2$.

采用反证法，若 $s+r\alpha_1=p-r\alpha_1$，则 $\alpha_1=\frac{p-s}{2r}$.

∵ 特征方程为 $rx^2+(s-p)x-t=0$，

由韦达定理知，$\alpha_2=\alpha_1=\frac{p-s}{2r}$，这与所设矛盾，

∴ $s+r\alpha_1\neq p-r\alpha_1$.

同理可证 $s+r\alpha_2\neq p-r\alpha_2$.

(3) 探索 $\frac{s+r\alpha_1}{p-r\alpha_1}\cdot\frac{s+r\alpha_2}{p-r\alpha_2}=1$.

∵ $(s+r\alpha_1)(s+r\alpha_2)=s^2+sr(\alpha_1+\alpha_2)+r^2\alpha_1\alpha_2$

$$=s^2+sr\cdot\frac{p-s}{r}+r^2(-t)$$

$$=sp-r^2t,$$

$(p-r\alpha_1)(p-r\alpha_2)=p^2-pr(\alpha_1+\alpha_2)+r^2\alpha_1\alpha_2$

$$=p^2-pr\cdot\frac{p-s}{r}+r^2(-t)$$

$$=sp-r^2t,$$

∴ $(s+r\alpha_1)(s+r\alpha_2)=(p-r\alpha_1)(p-r\alpha_2)$.

∵ $s+r\alpha_1\neq 0, s+r\alpha_2\neq 0, p-r\alpha_1\neq 0, p-r\alpha_2\neq 0$（已证），

∴ $\frac{s+r\alpha_1}{p-r\alpha_1}\cdot\frac{s+r\alpha_2}{p-r\alpha_2}=1$.

(4) 探索线性分式递推数列的极限与特征根之间的关系.

按函数极限论要求对经典数列极限论作弥合修正：在数列 $\{a_n\}$ 中，规定 $n\in\mathbf{Z}$. 依据修正观点，由(1)、(2)、(3)易得

$$\frac{s+r\alpha_1}{p-r\alpha_1}\neq 1,\frac{s+r\alpha_2}{p-r\alpha_2}\neq 1,\text{且}\frac{s+r\alpha_1}{p-r\alpha_1}\cdot\frac{s+r\alpha_2}{p-r\alpha_2}=1,$$

从而知

当 $\left|\frac{s+r\alpha_1}{p-r\alpha_1}\right|>1$ 时，必然 $0<\left|\frac{s+r\alpha_2}{p-r\alpha_2}\right|<1$；

当 $0<\left|\frac{s+r\alpha_1}{p-r\alpha_1}\right|<1$ 时，必然 $\left|\frac{s+r\alpha_2}{p-r\alpha_2}\right|>1$.

若 $\alpha_1\neq\alpha_2$ 且 $\alpha_1\alpha_2\neq 0$，则由线性分式递推数列通项模式定理可得：

当$\left|\dfrac{s+r\alpha_1}{p-r\alpha_1}\right|>1$时，

$$\lim_{n\to+\infty}a_n=\lim_{n\to+\infty}\frac{\alpha_1\left(\dfrac{s+r\alpha_1}{p-r\alpha_1}\right)^{n-1}+\beta}{\left(\dfrac{s+r\alpha_1}{p-r\alpha_1}\right)^{n-1}+\delta}=\alpha_1,$$

$$\lim_{n\to-\infty}a_n=\lim_{n\to-\infty}\frac{\alpha_2\left(\dfrac{s+r\alpha_2}{p-r\alpha_2}\right)^{n-1}+\beta}{\left(\dfrac{s+r\alpha_2}{p-r\alpha_2}\right)^{n-1}+\delta}=\alpha_2;$$

当$0<\left|\dfrac{s+r\alpha_1}{p-r\alpha_1}\right|<1$时，

$$\lim_{n\to-\infty}a_n=\lim_{n\to-\infty}\frac{\alpha_1\left(\dfrac{s+r\alpha_1}{p-r\alpha_1}\right)^{n-1}+\beta}{\left(\dfrac{s+r\alpha_1}{p-r\alpha_1}\right)^{n-1}+\delta}=\alpha_1,$$

$$\lim_{n\to+\infty}a_n=\lim_{n\to+\infty}\frac{\alpha_2\left(\dfrac{s+r\alpha_2}{p-r\alpha_2}\right)^{n-1}+\beta}{\left(\dfrac{s+r\alpha_2}{p-r\alpha_2}\right)^{n-1}+\delta}=\alpha_2.$$

综上所述，$\lim\limits_{n\to+\infty}a_n$与$\lim\limits_{n\to-\infty}a_n$分别等于两个单根.

以上仅对特征根为单根时的情况作了剖析，下面再对特征根为重根时剖析.

若重根$\alpha\neq0$，则由线性分式递推数列通项模式定理可得

$$\lim_{n\to+\infty}a_n=\lim_{n\to-\infty}a_n=\lim_{n\to\infty}\frac{\alpha n+\beta}{n+\delta}=\alpha;$$

若重根$\alpha=0$，则由线性分式递推数列通项模式定理可得

$$\lim_{n\to+\infty}a_n=\lim_{n\to-\infty}a_n=\lim_{n\to\infty}\frac{\beta}{n+\delta}=0.$$

于是即得$\lim\limits_{n\to\infty}a_n=\alpha$（$\alpha$为重根）.

第五章　一般递推数列

k 阶线性递推数列与线性分式递推数列是两类不同的递推数列，运用同一方法——接龙法各自构建出不可两者兼用且形态相异的通项模式，这就印证无法按图索骥探索出一切递推数列能够兼用的通项模式，而接龙法能否作为探求一切递推数列通项的通用方法呢？

可将线性分式递推数列$\{a_n\}$所满足的递推式

$$a_{n+1}=\frac{pa_n+t}{ra_n+s}(p,t,r,s\text{ 为常数，且 }r\neq 0,p,t\text{ 不同时为零})$$

等价变换为 $ra_{n+1}a_n+sa_{n+1}-pa_n-t=0$.

由于其中含有交叉项 $ra_{n+1}a_n$，显然 k 阶线性递推数列构建特征方程的代换原则不能实施. 不妨逆向思考：线性分式构建特征方程的代换原则能否在 k 阶线性递推数列中实施？特别要注意这种代换原则是否有助于充分发挥接龙法的“特异功能”.

§1　一类混合数列的启示

【例 5.1】　设两个不同的非零常数数列$\{a_n\}$，$\{b_n\}$，且知混合数列$\{m_n\}=M$满足

$$M=\{a_i\}\vdash\!\dashv\{b_i\}(i=1,2,3,\cdots,n,\cdots).$$

试问数列$\{m_n\}$是否为 k 阶线性递推数列？是否为线性分式递推数列？并请说明理由.

解　由题意知

$$\{m_n\}:a_1,b_1,a_2,b_2,a_3,b_3,\cdots,a_i,b_i,\cdots.$$

$\because$ $\{a_n\}$，$\{b_n\}$均为非零常数数列，

$\therefore a_i=a_1\neq0,b_i=b_1\neq0$,且

$$m_{n+1}+m_n=a_1+b_1, \tag{1}$$

$$m_{n+1}m_n=a_ib_i. \tag{2}$$

由(1)式得

当 $a_1+b_1=0$ 时,$\{m_n\}$是一阶线性递推数列;

当 $a_1+b_1\neq0$ 时,$\{m_n\}$是二阶线性递推数列.

由(2)式得 $m_{n+1}=\dfrac{a_1b_1}{m_n}$,$\{m_n\}$是线性分式递推数列.

由此可知,对于等和数列而言,它的显性是一阶或二阶线性递推数列,隐性则否.对于等积数列而言:它的隐性是一阶或二阶线性递推数列,显性则否.这类具有矛盾对立两重性的数列,它自身就存在隐性与显性相互矛盾的对立面.不妨再从矛盾统一性视角审视,在重温第四章中的例 3.1 隐藏玄理释疑以后,一定能够明白:线性分式递推数列构建特征方程的代换原则实施于一阶或二阶的线性递推数列是可行的,它确实有助于充分发挥接龙法的特异潜能.

为了便于表述,凡是按线性分式递推数列构建特征方程的代换原则并伴随运用接龙法的解题策略,称为线性分式递推数列移植原理,或简称移植原理.

关于任意的 k 阶线性递推数列($k\geqslant2$),移植原理能否畅通施行呢?

§2 常系数线性递推数列的降阶模式

2.1 二阶常系数线性递推数列的降阶模式

设数列$\{a_n\}$满足

$$\gamma_0a_{n+1}+\beta a_n=pu^{n-1}(\gamma_0,\beta,p,u\text{ 是非零常数}),$$

从而知$\{a_n\}$必为二阶线性递推数列,且知其特征根为 $x_1=-\dfrac{\beta}{\gamma_0}$,$x_2=u$,故称上式为二阶常系数线性递推数列的降阶模式.

下面利用移植原理探求数列$\{a_n\}$的通项公式.

若 x_1,x_2 为二阶常系数线性递推数列$\{a_n\}$的特征根,则$\{a_n\}$必满足

$$a_{n+2}-(x_1+x_2)a_{n+1}+x_1x_2a_n=0,$$

所以 $a_{n+2}-x_1a_{n+1}=x_2(a_{n+1}-x_1a_n)$,

从而$\frac{1}{x_2^n}(a_{n+2}-x_1a_{n+1})=\frac{1}{x_2^{n-1}}(a_{n+1}-x_1a_n)$,

故 $a_{n+1}-x_1a_n=(a_2-x_1a_1)x_2^{n-1}$.

令 $a_2-x_1a_1=\beta$,代入得

$$a_{n+1}-x_1a_n=\beta x_2^{n-1}. \tag{1}$$

(1) 当 $x_2=1$ 时,(1)式即为

$$a_{n+1}-x_1a_n=\beta. \tag{2}$$

① 若 $x_1=x_2$,由(2)式知 $a_{n+1}-a_n=\beta$.

令 $a_{n+1}=a_n=y$,代入得

$$0\cdot y=\beta\Rightarrow y\to\infty.$$

按接龙法形变模式得出

$$a_{n+1}-\beta n=a_n-\beta(n-1),$$

即可求出$\{a_n\}$的通项公式,从而证实移植原理可以施行.

② 若 $x_1\neq1$,令 $a_{n+1}=a_n=y$,代入(2)式得

$$y=\frac{\beta}{1-x_1}.$$

按接龙法形变模式即得

$$a_{n+1}-\frac{\beta}{1-x_1}=x_1\left(a_n-\frac{\beta}{1-x_1}\right)\Rightarrow\frac{1}{x_1^n}\left(a_{n+1}-\frac{\beta}{1-x_1}\right)=\frac{1}{x_1^{n-1}}\left(a_n-\frac{\beta}{1-x_1}\right),$$

即可求出$\{a_n\}$的通项公式,从而证实移植原理可以施行.

(2) 当 $x_2\neq1$ 时,

① 若 $x_1=x_2$,则(1)式即为

$$a_{n+1}-x_2a_n=\beta x_2^{n-1}. \tag{3}$$

令 $a_{n+1}=a_n=y$,代入得

$$y=\beta\cdot\frac{x_2^{n-1}}{1-x_2}.$$

按接龙法形变模式得出

$$\frac{1}{x_2^n}(a_{n+1}-\beta nx_2^{n-1})=\frac{1}{x_2^{n-1}}[a_n-\beta(n-1)x_2^{n-2}],$$

即可求出$\{a_n\}$的通项公式,从而证实移植原理可以施行.

② 若 $x_2 \neq x_1$ 且 $x_1=1$，则(1)式即为 $a_{n+1}-a_n=\beta x_2^{n-1}$.

令 $a_{n+1}=a_n=y$，代入得

$$0 \cdot y=\beta \cdot x_2^{n-1} \Rightarrow y \to \infty.$$

按接龙法形变模式得出

$$a_{n+1}-\frac{\beta}{x_2-1}x_2^n=a_n-\frac{\beta}{x_2-2}x_2^{n-1},$$

即可求出 $\{a_n\}$ 的通项公式，从而证实移植原理可以施行.

③ 若 $x_2 \neq x_1$ 且 $x_1 \neq 1$，则令 $a_{n+1}=a_n=y$，代入(1)式得

$$y=\beta \cdot \frac{x_2^{n-1}}{1-x_1}(x_2 \neq 1).$$

按接龙法形变模式得出

$$a_{n+1}-\frac{\beta}{x_2-x_1}x_x^n=x_1\left(a_n-\frac{\beta}{x_2-x_1}x_x^{n-1}\right)$$

$$\Rightarrow \frac{1}{x_1^n}\left(a_{n+1}-\frac{\beta}{x_2-x_1}x_2^n\right)=\frac{1}{x_1^{n-1}}\left(a_n-\frac{\beta}{x_2-x_1}x_2^{n-1}\right),$$

即可求出 $\{a_n\}$ 的通项公式，从而证实移植原理可以施行.

综上所述，移植原理可以在二阶常系数线性递推数列中畅通施行.

2.2　k 阶线性递推数列($k \geqslant 3$ 且 $k \in \mathbf{N}$)的二阶型降阶模式

若 $x_1, x_2, x_3, \cdots, x_k$ 为 k 阶常系数线性递推数列 $\{a_n\}$ 的特征根，则 $\{a_n\}$ 必满足

$$A_{n+1}-x_{k-1}A_n=\beta x_k^{n-1},$$

其中

$$A_n=a_{n+k-2}-(x_1+x_2+\cdots+x_{n-2})a_{n+k-3}+\cdots+(-1)^{k-2}x_1 \cdot x_2 \cdot \cdots \cdot x_{k-2} \cdot a_n,$$

$$A_{n+1}=a_{n+k-1}-(x_1+x_2+\cdots+x_{n-2})a_{n+k-2}+\cdots+(-1)^{k-2}x_1 \cdot x_2 \cdot \cdots \cdot x_{k-2} \cdot a_{n+1}.$$

称上式为 k 阶线性递推数列的二阶型降阶模式($k \geqslant 3$ 且 $k \in \mathbf{N}$).

参照 2.1 中的 $a_{n+1}-x_1a_n=\beta x_2^{n-1}$ 即知，在新数列 $\{A_n\}$ 中移植原理可以畅通施行. 同理逐次作降阶变换，即可类推最终求得数列 $\{a_n\}$ 的通项公式.

【例 5.2】 已知数列 $\{a_n\}$ 分别满足：

(1) $a_{n+1}=3a_n+n$，且 $a_1=\dfrac{1}{4}$；

(2) $4a_{n+1}=3a_n+3^n$，且 $a_1=4$；

(3) $a_{n+1}=2(a_n+1)-a_{n-1}$，且 $a_0=0, a_1=0$；

(4)$a_{n+2}=2a_{n+1}+3a_n+10$，且 $a_1=1, a_2=4$；

(5)$a_{n+2}+a_n=2a_{n+1}+3n^2+4n+5$，且 $a_1=0, a_2=1$.

试求各数列$\{a_n\}$的通项公式.

解　从线性递推数列视角审视，本题均可按 k 阶线性递推数列通项模式定理求解，从略.

从移植原理视角审视，本题可得另一解法如下：

(1) ∵ $a_{n+1}=3a_n+n$,

令 $a_{n+1}=a_n=x$，代入得

$$x=3x+n，解得\ x=-\frac{1}{2}n.$$

当 $n\to+\infty$ 时，

$$x=-\frac{1}{2}n=-\frac{1}{4}(2n)\to-\infty,-\frac{1}{4}(2n+3)\to-\infty,-\frac{1}{4}(2n+1)\to-\infty.$$

三者是等价无穷大，因此按接龙法形变模式作等价变换，即得

$$a_{n+1}=3a+n\Rightarrow a_{n+1}+\frac{1}{4}(2n+3)=3\left[a_n+\frac{1}{4}(2n+1)\right]$$

$$\Rightarrow\frac{1}{3^n}\left[a_{n+1}+\frac{1}{4}(2n+3)\right]=\frac{1}{3^{n-1}}\left[a_n+\frac{1}{4}(2n+1)\right],$$

∴ 新数列$\left\{\frac{1}{3^{n-1}}\left[a_n+\frac{1}{4}(2n+1)\right]\right\}$是常数数列，其首项为

$$a_1+\frac{3}{4}=\frac{1}{4}+\frac{3}{4}=1,$$

∴ $a_n=3^{n-1}-\frac{1}{4}(2n+1)(n\in\mathbf{N}^*)$.

(2) ∵ $4a_{n+1}=3a_n+3^n$,

令 $a_{n+1}=a_n=x$，代入得

$$4x=3x+3^n，得\ x=3^n.$$

从而可按接龙法形变模式作等价变换，即得

$$4a_{n+1}=3a_n+3^n\Rightarrow4(a_{n+1}-3^{n-1})=3(a_n-3^{n-2})$$

$$\Rightarrow\left(\frac{4}{3}\right)^n(a_{n+1}-3^{n-1})=\left(\frac{4}{3}\right)^{n-1}(a_n-3^{n-2}),$$

∴ 新数列$\left\{\left(\frac{4}{3}\right)^{n-1}(a_n-3^{n-2})\right\}$是常数数列，其首项为 $a_1-\frac{1}{3}=4-\frac{1}{3}=\frac{11}{3}$.

$\therefore\ a_n=3^{n-2}+\dfrac{11}{3}\cdot\left(\dfrac{3}{4}\right)^{n-1}\ (n\in\mathbf{N}^*)$

(3) $\because\ a_{n+1}=2(a_n+1)-a_{n-1}\Rightarrow(a_{n+1}-a_n)-(a_n-a_{n-1})=2$,

令 $a_{n+1}-a_n=a_n-a_{n-1}=x$,代入得

$$x-x=2\Rightarrow 0\cdot x=2\Rightarrow x\to\infty,$$

$\therefore$ 按接龙法形变模式作等价变换,即得

$$a_{n+1}-a_n-2n=a_n-a_{n-1}-2(n-1),$$

$\therefore$ 数列 $\{a_n-a_{n-1}-2(n-1)\}$ 是常数数列,其首项为 $a_1-a_0-2\times0=0$,

$\therefore\ a_n-a_{n-1}=2(n-1)$.

同理,按移植原理可得

$$a_n-n(n-1)=a_{n-1}-(n-1)(n-2),$$

$\therefore$ 新数列 $\{a_n-n(n-1)\}$ 是常数数列,其首项为 $a_0-0=0$,

$\therefore\ a_n=n(n-1)(n\in\mathbf{N}^*)$.

(4) $\because\ a_{n+2}=2a_{n+1}+3a_n+10\Rightarrow a_{n+2}+a_{n+1}=3(a_{n+1}+a_n)+10$,

令 $a_{n+2}+a_{n+1}=a_{n+1}+a_n=x$,代入得

$$x=3x+10,得\ x=-5.$$

$\therefore\ a_{n+2}+a_{n+1}+5=3(a_{n+1}+a_n+5)$

$\Rightarrow\dfrac{1}{3^n}(a_{n+2}+a_{n+1}+5)=\dfrac{1}{3^{n-1}}(a_{n+1}+a_n+5)$,

$\therefore$ 新数列 $\left\{\dfrac{1}{3^{n-1}}(a_{n+1}+a_n+5)\right\}$ 是常数数列,其首项为

$$a_2+a_1+5=10,$$

$\therefore\ \left(a_{n+1}+\dfrac{5}{2}\right)+\left(a_n+\dfrac{5}{2}\right)=10\times3^{n-1}$.

同理,按移植原理可得

$a_{n+1}+\dfrac{5}{2}-\dfrac{5}{2}\times3^n=-\left(a_n+\dfrac{5}{2}-\dfrac{5}{2}\times3^{n-1}\right)$

$\Rightarrow(-1)^n\left(a_{n+1}+\dfrac{5}{2}-\dfrac{5}{2}\times3^n\right)=(-1)^{n-1}\left(a_n+\dfrac{5}{2}-\dfrac{5}{2}\times3^{n-1}\right)$.

$\therefore$新数列 $\left\{(-1)^{n-1}\left(a_n+\dfrac{5}{2}-\dfrac{5}{2}\times3^{n-1}\right)\right\}$ 是常数数列,其首项为 $a_1=1$,

$\therefore\ a_n=(-1)^{n-1}+\dfrac{5}{2}(3^{n-1}-1)(n\in\mathbf{N}^*)$.

(5) $\because$ $a_{n+2}+a_n=2a_{n+1}+3n^2+4n+5$,

$\therefore$ $(a_{n+2}-a_{n+1})-(a_{n+1}-a_n)=3n^2+4n+5$.

令 $a_{n+2}-a_{n+1}=a_{n+1}-a_n=x$,代入得

$$0\cdot x=3n^2+4n+5\Rightarrow x\to\infty,$$

从而知,当 $n\to+\infty$ 时,x 是比 $3n^2+4n+5$ 高阶的无穷大.

按接龙法形变模式作等价变换即得

$$(a_{n+2}-a_{n+1})-(a_{n+1}-a_n)=3(n+1)n+(n+5)$$

$$\Rightarrow a_{n+2}-a_{n+1}-(n+2)(n+1)n-\frac{1}{2}(n+6)(n+5)$$

$$=a_{n+1}-a_n-(n+1)n(n-1)-\frac{1}{2}(n+5)(n+4),$$

$\therefore$ 新数列 $\left\{a_{n+1}-a_n-(n+1)n(n-1)-\frac{1}{2}(n+5)(n+4)\right\}$ 是常数数列,其首项为 $a_2-a_1-15=-14$.

$\therefore$ $a_{n+1}=a_n+(n+1)n(n-1)+\frac{1}{2}(n+5)(n+4)-14$.

同理,按移植原理即得

$$a_{n+1}-\frac{1}{4}(n+2)(n+1)n(n-1)-\frac{1}{6}(n+6)(n+5)(n+4)+14n$$

$$=a_n-\frac{1}{4}(n+1)n(n-1)(n-2)-\frac{1}{6}(n+5)(n+4)(n+3)+14(n-1),$$

$\therefore$ 新数列 $\left\{a_n-\frac{1}{4}(n+1)n(n-1)(n-2)-\frac{1}{6}(n+5)(n+4)(n+3)+14(n-1)\right\}$ 是常数数列,其首项为 -20,

$$\therefore\ a_n=\frac{1}{4}(n+1)n(n-1)(n-2)+\frac{1}{6}(n+5)(n+4)(n+3)-14(n-1)-20$$

$$=\frac{1}{4}n^4-\frac{1}{3}n^3+\frac{7}{4}n^2-\frac{17}{3}n+4,$$

即 $a_n=\frac{1}{4}n^4-\frac{1}{3}n^3+\frac{7}{4}n^2-\frac{17}{3}n+4\,(n\in\mathbf{N}^*)$.

§3 系数不是常数的线性递推数列

当数列$\{a_n\}$所满足的线性递推式的系数不是常数时，欲求其通项公式，依然以移植原理作为探索思路的主线导向.

【例 5.3】 已知数列$\{a_n\}$分别满足：

(1) $a_{n+1}=(n+2)a_n-na_{n-1}+1$，且 $a_0=a_1=1$；

(2) $a_{n+1}=\left(2+\dfrac{2}{n+1}\right)a_n-\left(1+\dfrac{2}{n}\right)a_{n-1}$，且 $a_0=-\dfrac{2}{3}$，$a_1=0$；

(3) $3(n+2)a_{n+2}-5(n+1)a_{n+1}+2na_n-2=0$，且 $a_1=0$，$a_2=\dfrac{1}{2}$.

试求各数列$\{a_n\}$的通项公式.

分析 本大题各题中的递推式均含有三个连续递推项，等价变换的重心是注视阶数最高项的系数，作出相互适应的递推关系使之转化为降阶模式，而后按移植原理解之.

解 (1) ∵ 原递推式中的阶数最高项为 a_{n+1}，它的系数为常数"1"，

∴ 作出相互适应的递推项 a_n 的系数也为常数"1"，即将$(n+2)a_n$分解出 a_n 与$(n+1)a_n$，即得

$a_{n+1}=(n+2)a_n-na_{n-1}+1=a_n+(n+1)a_n-na_{n-1}+1$

$\Rightarrow a_{n+1}-(n+1)a_n-(a_n-na_{n-1})=1.$

按移植原理即得

$$a_{n+1}-(n+1)a_n-n=a_n-na_{n-1}-(n-1),$$

∴ 新数列$\{a_n-na_{n-1}-(n-1)\}$是常数数列，其首项为 $a_1-a_0-0=0$，

∴ $a_n=na_{n-1}+n-1\Rightarrow a_n+1=n(a_{n-1}+1)\Rightarrow \dfrac{a_n+1}{n!}=\dfrac{a_{n-1}+1}{(n-1)!}$，

∴ 新数列$\left\{\dfrac{a_n+1}{n!}\right\}$是常数数列，其首项为 $a_0+1=2$，

∴ $a_n=2\times n!-1(n\in \mathbf{N})$.

(2) ∵ 原递推式中的阶数最高项为 a_{n+1}，它的系数为常数"1"，

∴ 作出相互适应的递推项 a_n 的系数也为常数"1"，即将$\left(2+\dfrac{2}{n+1}\right)a_n$分解出

a_n与$\left(1+\frac{2}{n+1}\right)a_n$，即得

$$a_{n+1}=\left(2+\frac{2}{n+1}\right)a_n-\left(1+\frac{2}{n}\right)a_{n-1}$$

$$\Rightarrow a_{n+1}-\left(1+\frac{2}{n+1}\right)a_n=a_n-\left(1+\frac{2}{n}\right)a_{n-1},$$

∴ 新数列$\left\{a_n-\left(1+\frac{2}{n}\right)a_{n-1}\right\}$是常数数列，其首项为$a_1-3a_0=0+2=2$，

∴ $a_n-\left(1+\frac{2}{n}\right)a_{n-1}=2$

$\Rightarrow\frac{a_n}{n+2}-\frac{a_{n-1}}{n}=\frac{2}{n+2}$

$\Rightarrow\frac{a_n}{(n+2)(n+1)}-\frac{a_{n-1}}{(n+1)n}=\frac{2}{(n+2)(n+1)}$

$\Rightarrow\frac{a_n}{(n+2)(n+1)}+\frac{2}{n+2}=\frac{a_{n-1}}{(n+1)n}+\frac{2}{n+1}$,

∴ 新数列$\left\{\frac{a_n}{(n+2)(n+1)}+\frac{2}{n+2}\right\}$是常数数列，其首项为$\frac{a_n}{2}+1=-\frac{1}{3}+1=\frac{2}{3}$，

∴ $\frac{a_n}{(n+2)(n+1)}=\frac{2}{3}-\frac{2}{n+2}$

$\Rightarrow a_n=\frac{2}{3}(n+2)(n+1)-2(n+1)$

$\Rightarrow a_n=\frac{2}{3}(n+1)(n-1)(n\in\mathbf{N})$.

(3) ∵ 在原递推式中，a_{n+2}的变系数为$3(n+2)$，

∴ 作出相互适应的递推项a_{n+1}的变系数为$3(n+1)$，即将$-5(n+1)a_{n+1}$分解成$-3(n+1)a_{n+1}$与$-2(n+1)a_{n+1}$，从而得

$3(n+2)a_{n+2}-5(n+1)a_{n+1}-2na_n-2=0$

$\Rightarrow[3(n+2)a_{n+2}-2(n+1)a_{n+1}]-[3(n+1)a_{n+1}-2na_n]=2[n-(n-1)]$

$\Rightarrow 3(n+2)a_{n+2}-2(n+1)a_{n+1}-2n=3(n+1)a_{n+1}-2na_n-2(n-1)$,

∴ 新数列$\{3(n+1)a_{n+1}-2na_n-2(n-1)\}$是常数数列，其首项为

$$6a_2-2a_1-0=3,$$

$\therefore\ 3(n+1)a_{n+1}-2na_n=2n+1.$ (1)

令 $3(n+1)a_{n+1}-2na_n=x$,代入(1)式得

$$x=2n+1.$$

当 $n\to\infty$ 时,$x=2n+1\to\infty$,可取得与 $x=2n+1\to\infty$ 等价的两个无穷大:

$$2n-3 \text{ 与 } 2n-5,$$

将(1)式等价变换为

$3[(n+1)a_{n+1}-(2n-3)]=2[na_n-(2n-5)]$

$\Rightarrow\left(\frac{3}{2}\right)^n[(n+1)a_{n+1}-(2n-3)]=\left(\frac{3}{2}\right)^{n-1}[na_n-(2n-5)]$,

$\therefore$ 新数列 $\left\{\left(\frac{3}{2}\right)^{n-1}[na_n-(2n-5)]\right\}$ 是常数数列,其首项为 $a_1-(-3)=3$,

$\therefore\ na_n=3\left(\frac{2}{3}\right)^{n-1}+2n-5\Rightarrow a_n=\frac{3}{n}\left(\frac{2}{3}\right)^{n-1}+2-\frac{5}{n}(n\in\mathbf{N}^*)$.

§4 非线性递推数列

求解非线性递推数列问题,依然可将线性分式移植原理伴随接龙法作为探索思路的主线导向.

【例 5.4】 已知数列 $\{a_n\}$ 分别满足:

(1) $a_{n+1}=a_n^2+4a_n+2$,且 $a_1=2$;

(2) $a_{n+1}=a_n^2+2na_n+n^2-n-1$,且 $a_1=2$;

(3) $a_{n+1}^2=2^na_n^2+2^{n+3}-8$,且 $a_1=1,a_n>0$;

(4) $a_{n+1}^3=3^na_n^3+2n\cdot 3^n+3^n-2n-3$,且 $a_1=1$.

试求各数列的通项公式.

分析 由于数列 $\{a_n\}$ 所满足的递推式是关于递推项 a_{n+1} 与 a_n 的非线性的整式,探索思路的考察重心是典型化因子与线性化.

解 (1) $\because\ a_{n+1}=a_n^2+4a_n+2$ 中系数为常数,

$\therefore$ 令 $a_{n+1}=a_n=x$,代入得

$$x=x^2+4x+2,\text{即 } x^2+3x+2=0,$$

解之得 $x_1=-2,x_2=-1$.

方法一　取 $x_1=-2$,可得

$$a_{n+1}+2=(a_n+2)^2,$$

两边取对数得

$$\lg(a_{n+1}+2)=2\lg(a_n+2),$$

即
$$\frac{1}{2^n}\lg(a_{n+1}+2)=\frac{1}{2^{n-1}}\lg(a_n+2),$$

$\therefore$ 新数列$\left\{\frac{1}{2^{n-1}}\lg(a_n+2)\right\}$是常数数列,其首项为 $\lg(a_1+2)=\lg4$,

$\therefore \lg(a_n+2)=2^{n-1}\lg4\Rightarrow a_n+2=4^{2^{n-1}}\Rightarrow a_n=2^{2^n}-2(n\in\mathbf{N}^*)$.

方法二　取 $x_1=-2$,可得

$$a_{n+1}+2=(a_n+2)^2\Rightarrow(a_{n+1}+2)^{\frac{1}{2^n}}=(a_n+2)^{\frac{1}{2^{n-1}}},$$

$\therefore$ 新数列$\left\{(a_n+2)^{\frac{1}{2^{n-1}}}\right\}$是常数数列,其首项为 $a_1+2=4$,

$\therefore a_n+2=(2^2)^{2^{n-1}}\Rightarrow a_n=2^{2^n}-2(n\in\mathbf{N}^*)$.

方法三　取 $x_2=-1$,可得

$$a_{n+1}+1=a_n^2+4a_n+3=(a_n+1)(a_n+3)=(a_n+1)^2+2(a_n+1)$$
$$\Rightarrow a_{n+1}+2=(a_n+2)^2,$$

以下解法与方法二相同,从略.

(2) $a_{n+1}=a_n^2+2na_n+n^2-n-1$

$$\Rightarrow a_{n+1}+n+1=(a_n+n)^2$$
$$\Rightarrow(a_{n+1}+n+1)^{\frac{1}{2^n}}=(a_n+n)^{\frac{1}{2^{n-1}}},$$

$\therefore$ 新数列$\left\{(a_n+n)^{\frac{1}{2^{n-1}}}\right\}$是常数数列,其首项为 $a_1+1=3$,

$\therefore a_n=3^{2^{n-1}}-n(n\in\mathbf{N}^*)$.

(3) $a_{n+1}^2=2^na_n^2+2^{n+3}-8\Rightarrow a_{n+1}^2+8=2^n(a_n^2+8)$.

方法一　$\because a_{n+1}^2+8=2^{\frac{1}{2}(n+1)n-\frac{1}{2}n(n-1)}\cdot(a_n^2+8)$,

$$\therefore \frac{a_{n+1}^2+8}{2^{\frac{1}{2}(n+1)n}}=\frac{a_n^2+8}{2^{\frac{1}{2}n(n-1)}},$$

$\therefore$ 新数列$\left\{\frac{a_n^2+8}{2^{\frac{1}{2}n(n-1)}}\right\}$是常数数列,其首项为 $a_1^2+8=9$.

$\therefore a_n^2+8=9\times2^{\frac{1}{2}n(n-1)}$.

又 $a_n>0$，

$\therefore\ a_n=\sqrt{9\times 2^{\frac{1}{2}n(n-1)}-8}\,(n\in\mathbf{N}^*)$.

方法二　由 $a_{n+1}^2+8=2^n(a_n+8)$ 两边取对数得

$$\lg(a_{n+1}^2+8)=\lg(a_n^2+8)+n\lg 2,$$

即 $$\lg(a_{n+1}^2+8)-\frac{1}{2}(n+1)n\lg 2=\lg(a_n^2+8)-\frac{1}{2}n(n-1)\lg 2,$$

$\therefore$ 新数列 $\left\{\lg(a_n^2+8)-\frac{1}{2}n(n-1)\lg 2\right\}$ 是常数数列，其首项为

$$\lg(a_1^2+8)-0=\lg 9,$$

$\therefore\ \lg(a_n^2+8)=\frac{1}{2}n(n-1)\lg 2+\lg 9=\lg 9\times 2^{\frac{1}{2}n(n-1)}$，

故 $a_n^2+8=9\times 2^{\frac{1}{2}n(n-1)}$.

又 $a_n>0$，

$\therefore\ a_n=\sqrt{9\times 2^{\frac{1}{2}n(n-1)}-8}\,(n\in\mathbf{N}^*)$.

(4) $\because\ a_{n+1}^3=3^n a_n^3+2n\cdot 3^n+3^n-2n-3$

$$\Rightarrow a_{n+1}^3+(2n+3)=3^n[a_n^3+(2n+1)]$$

$$\Rightarrow a_{n+1}^3+(2n+3)=3^{\frac{1}{2}(n+1)n-\frac{1}{2}n(n-1)}[a_n^3+(2n+1)]$$

$$\Rightarrow 3^{-\frac{1}{2}(n+1)n}[a_{n+1}^3+(2n+3)]=3^{-\frac{1}{2}n(n-1)}[a_n^3+(2n+1)],$$

$\therefore$ 新数列 $\left\{3^{-\frac{1}{2}n(n-1)}[a_n^3+(2n+1)]\right\}$ 是常数数列，其首项为 $a_1^3+3=4$，

$\therefore\ a_n^3=4\times 3^{\frac{1}{2}n(n-1)}-(2n+1)$，

故 $a_n=\sqrt[3]{4\times 3^{\frac{1}{2}n(n-1)}-2n-1}\,(n\in\mathbf{N}^*)$.

【例 5.5】 已知数列 $\{a_n\}$ 分别满足：

(1) $a_{n+1}=a_n^2+2a_na_{n-1}+a_{n-1}^2-3a_n-2a_{n-1}+2$，且 $a_0=0,a_1=2$；

(2) $a_{n+1}=a_n^2+2a_na_{n-1}+a_{n-1}^2-(2n+1)a_n-2na_{n-1}+n^2+n+1$，且 $a_0=0,a_1=2$；

(3) $a_{n+2}=\dfrac{n+2}{(n+1)^3}a_{n+1}^3+\dfrac{3(n+2)}{(n+1)^2n}a_{n+1}^2a_n+\dfrac{3(n+2)}{(n+1)n^2}a_{n+1}a_n^2+\dfrac{n+2}{n^3}a_n^3$

$\quad-\left(1+\dfrac{1}{n+1}\right)a_{n+1}$，且 $a_1=0,a_2=2$.

试求各数列的通项公式.

对于含有多个连续递推项的非线性递推式，如果是常系数问题，那么考察重心

应落在处理它的典型化因子方面，兼顾线性化而求解；如果是变系数问题，那么考察重心首先是处理与变系数有关项之间的递推关系，同时兼顾典型化因子，然后再谋划线性化而求解.

解　(1) $a_{n+1}=a_n^2+2a_na_{n-1}+a_{n-1}^2-3a_n-2a_{n-1}+2$

$\Rightarrow a_{n+1}+a_n=(a_n+a_{n-1})^2-2(a_n+a_{n+1})+2$

$$\Rightarrow a_{n+1}+a_n-1=(a_n+a_{n-1}-1)^2. \qquad (1)$$

方法一　由(1)式得$(a_{n+1}+a_n-1)^{\frac{1}{2^n}}=(a_n+a_{n-1}-1)^{\frac{1}{2^{n-1}}}$，

$\therefore$ 新数列$\left\{(a_n+a_{n-1}-1)^{\frac{1}{2^{n-1}}}\right\}$是常数数列，其首项为

$$a_1+a_0-1=2+0-1=1,$$

$\therefore a_n+a_{n-1}-1=1\Rightarrow a_n-1=-(a_{n-1}-1)\Rightarrow(-1)^n(a_n-1)=(-1)^{n-1}(a_{n-1}-1)$，

$\therefore$ 新数列$\{(-1)^n(a_n-1)\}$是常数数列，其首项为$a_0-1=0-1=-1$，

$\therefore (-1)^n(a_n-1)=-1\Rightarrow a_n-1=(-1)^{n+1}\Rightarrow a_n=(-1)^{n+1}+1(n\in\mathbf{N})$.

方法二　$\because a_0=0,a_1=2$，由(1)式得

$$\lg(a_{n+1}+a_n-1)=2\lg(a_n+a_{n-1}-1)$$

$$\Rightarrow\frac{1}{2^n}\lg(a_{n+1}+a_n-1)=\frac{1}{2^{n-1}}\lg(a_n+a_{n-1}-1),$$

$\therefore$ 新数列$\left\{\frac{1}{2^{n-1}}\lg(a_n+a_{n-1}-1)\right\}$是常数数列，其首项为

$$\lg(a_1+a_0-1)=\lg1=0,$$

$\therefore \lg(a_n+a_{n-1}-1)=0\Rightarrow a_n+a_{n-1}-1=1$(以下解法与方法一相同，从略).

(2) $\because a_{n+1}=a_n^2+2a_na_{n-1}+a_{n-1}^2-(2n+1)a_n-2na_{n-1}+n^2+n+1$

$\Rightarrow a_{n+1}=(a_n+a_{n-1})^2-2n(a_n+a_{n-1})+n^2-a_n+n+1$

$\Rightarrow a_{n+1}+a_n-(n+1)=(a_n+a_{n-1}-n)^2$

$\Rightarrow[a_{n+1}+a_n-(n+1)]^{\frac{1}{2^n}}=(a_n+a_{n-1}-n)^{\frac{1}{2^{n-1}}}$，

$\therefore$ 新数列$\left\{(a_n+a_{n-1}-n)^{\frac{1}{2^{n-1}}}\right\}$是常数数列，其首项为$a_1+a_0-1=1$，

$\therefore a_n+a_{n-1}-n=1$

$\Rightarrow a_n+a_{n-1}=n+1\Rightarrow a_n-\frac{1}{4}(2n+3)=-\left[a_{n-1}-\frac{1}{4}(2n+1)\right]$

$\Rightarrow(-1)^n\left[a_n-\frac{1}{4}(2n+3)\right]=(-1)^{n-1}\left[a_{n-1}-\frac{1}{4}(2n+1)\right]$，

$\therefore$ 新数列$\left\{(-1)^n\left[a_n-\frac{1}{4}(2n+3)\right]\right\}$是常数数列，其首项为$a_0-\frac{3}{4}=-\frac{3}{4}$，

$\therefore a_n=-\frac{3}{4}(-1)^n+\frac{1}{4}(2n+3)=\frac{3}{4}(-1)^{n+1}+\frac{1}{4}(2n+3)(n\in\mathbf{N})$.

(3) $$a_{n+2}=\frac{n+2}{(n+1)^3}a_{n+1}^3+\frac{3(n+2)}{(n+1)^2n}a_{n+1}^2a_n+\frac{3(n+2)}{(n+1)n^2}a_{n+1}a_n^2+\frac{n+2}{n^3}a_n^3-\left(1+\frac{1}{n+1}\right)a_{n+1}$$

$$\Rightarrow\frac{1}{n+2}a_{n+2}+\frac{1}{n+1}a_{n+1}=\left(\frac{1}{n+1}a_{n+1}+\frac{1}{n}a_n\right)^3$$

$$\Rightarrow\left(\frac{1}{n+2}a_{n+2}+\frac{1}{n+1}a_{n+1}\right)^{\frac{1}{3^n}}=\left(\frac{1}{n+1}a_{n+1}+\frac{1}{n}a_n\right)^{\frac{1}{3^{n-1}}},$$

$\therefore$ 新数列$\left\{\left(\frac{1}{n+1}a_{n+1}+\frac{1}{n}a_n\right)^{\frac{1}{3^{n-1}}}\right\}$是常数数列，其首项为

$$\frac{1}{2}a_2+a_1=\frac{1}{2}\times2+0=1,$$

$$\therefore \frac{1}{n+1}a_{n+1}+\frac{1}{n}a_n=1\Rightarrow\frac{1}{n+1}a_{n+1}-\frac{1}{2}=-\left(\frac{1}{n}a_n-\frac{1}{2}\right)$$

$$\Rightarrow(-1)^n\left(\frac{1}{n+1}a_{n+1}-\frac{1}{2}\right)=(-1)^{n-1}\left(\frac{1}{n}a_n-\frac{1}{2}\right),$$

$\therefore$ 新数列$\left\{(-1)^{n-1}\left(\frac{1}{n}a_n-\frac{1}{2}\right)\right\}$是常数数列，其首项为$a_1-\frac{1}{2}=-\frac{1}{2}$，

$\therefore a_n=\frac{n}{2}[(-1)^n+1](n\in\mathbf{N}^*)$.

【例 5.6】 已知数列$\{a_n\}$分别满足：

(1) $a_{n+1}=\frac{a_n^2}{2a_n-1}$，且$a_1=2$；

(2) $a_{n+1}=\frac{a_n^2+p}{2a_n}(p>0)$，且$a_1=2$；

(3) $a_{n+1}=\frac{a_n^3+12a_n}{3a_n^2+4}$，且$a_1=3$；

(4) $4a_{n+1}a_n=(a_{n+1}+a_n-1)^2$，且$a_n<a_{n+1}$，$a_1=1$.

试求各数列的通项公式.

探求线性分式递推数列的通项，可由公式法获解，而对于满足非线性的分式递推式的此类数列，虽不能如法炮制，但仍可利用线性分式递推数列移植原理并伴随

接龙法作为探索思路的主线导向.

解　(1) $a_{n+1}=\frac{a_n^2}{2a_n-1}$.　(2)

令 $a_{n+1}=a_n=x$,代入(2)式得

$$x=\frac{x^2}{2x-1}\Rightarrow x^2-x=0,$$

解之得 $x_1=0,x_2=1$,从而有

$$\left.\begin{array}{r}a_{n+1}-1=\frac{a_n^2}{2a_n-1}-1\Rightarrow a_{n+1}-1=\frac{(a_n-1)^2}{2a_n-1}\\ a_{n+1}=\frac{a_n^2}{2a_n-1}\end{array}\right\}\Rightarrow\frac{a_{n+1}}{a_{n+1}-1}=\left(\frac{a_n}{a_n-1}\right)^2.\quad(3)$$

方法一　由(2)式得 $\left(\frac{a_{n+1}}{a_{n+1}-1}\right)^{\frac{1}{2^n}}=\left(\frac{a_n}{a_n-1}\right)^{\frac{1}{2^{n-1}}}$,

∴ 新数列 $\left\{\left(\frac{a_n}{a_n-1}\right)^{\frac{1}{2^{n-1}}}\right\}$ 是常数数列,其首项为 $\frac{a_1}{a_1-1}=2$,

∴ $\frac{a_n}{a_n-1}=2^{2^{n-1}}\Rightarrow a_n=\frac{2^{2^{n-1}}}{2^{2^{n-1}}-1}(n\in\mathbf{N}^*)$.

方法二　由(3)式得

$$\lg\frac{a_{n+1}}{a_{n+1}-1}=2\lg\frac{a_n}{a_n-1}\Rightarrow\frac{1}{2^n}\lg\left(\frac{a_{n+1}}{a_{n+1}-1}\right)=\frac{1}{2^{n-1}}\lg\frac{a_n}{a_n-1},$$

∴ 新数列 $\left\{\frac{1}{2^{n-1}}\lg\frac{a_n}{a_n-1}\right\}$ 是常数数列,其首项为 $\lg 2$,

∴ $\lg\frac{a_n}{a_n-1}=\lg 2^{2^{n-1}}\Rightarrow\frac{a_n}{a_n-1}=2^{2^{n-1}}\Rightarrow a_n=\frac{2^{2^{n-1}}}{2^{2^{n-1}}-1}(n\in\mathbf{N}^*)$.

(2) 令 $a_{n+1}=a_n=x$,代入 $a_{n+1}=\frac{a_n^2+p}{2a_n}$ 得 $x^2=p>0$,解得 $x=\pm\sqrt{p}$,

$$\therefore\left.\begin{array}{r}a_{n+1}-\sqrt{p}=\frac{(a_n-\sqrt{p})^2}{2a_n}\\ a_{n+1}+\sqrt{p}=\frac{(a_n+\sqrt{p})^2}{2a_n}\end{array}\right\}\Rightarrow\frac{a_{n+1}-\sqrt{p}}{a_{n+1}+\sqrt{p}}=\left[\frac{a_n-\sqrt{p}}{a_n+\sqrt{p}}\right]^2.\quad(4)$$

方法一　由(4)式得 $\left[\frac{a_{n+1}-\sqrt{p}}{a_{n+1}+\sqrt{p}}\right]^{\frac{1}{2^n}}=\left[\frac{a_n-\sqrt{p}}{a_n+\sqrt{p}}\right]^{\frac{1}{2^{n-1}}}$,

$\therefore$ 新数列$\left\{\left(\dfrac{a_n-\sqrt{p}}{a_n+\sqrt{p}}\right)^{\frac{1}{2^{n-1}}}\right\}$是常数数列，其首项为$\dfrac{a_1-\sqrt{p}}{a_1+\sqrt{p}}=\dfrac{2-\sqrt{p}}{2+\sqrt{p}}$,

$\therefore \dfrac{a_n-\sqrt{p}}{a_n+\sqrt{p}}=\left(\dfrac{2-\sqrt{p}}{2+\sqrt{p}}\right)^{2^{n-1}}$,

解得 $a_n=\sqrt{p}\cdot\dfrac{(2+\sqrt{p})^{2^{n-1}}+(2-\sqrt{p})^{2^{n-1}}}{(2+\sqrt{p})^{2^{n-1}}-(2-\sqrt{p})^{2^{n-1}}}(p>0,n\in\mathbf{N}^*)$.

方法二 由(4)式两边取对数，化归为线性递推数列型而求解(与第(1)题中方法二相同，从略).

(3) 令 $a_{n+1}=a_n=x$，代入 $a_{n+1}=\dfrac{a_n^3+12a_n}{3a_n^2+4}$ 得

$$x=\frac{x^3+12x}{3x^2+4}\text{，即 }2x^3-8x=0,$$

解之得 $x_1=0,x_2=2,x_3=-2$.

取 $x_2=2,x_3=-2$ 得

$$\left.\begin{aligned}a_{n+1}-2=\frac{(a_n-2)^3}{3a_n^2+8}\\a_{n+1}+2=\frac{(a_n+2)^3}{3a_n^2+8}\end{aligned}\right\}\Rightarrow\frac{a_{n+1}-2}{a_{n+1}+2}=\left(\frac{a_n-2}{a_n+2}\right)^3. \qquad (5)$$

方法一 由(1)式得$\left(\dfrac{a_{n+1}-2}{a_{n+1}+2}\right)^{\frac{1}{3^n}}=\left(\dfrac{a_n-2}{a_n+2}\right)^{\frac{1}{3^{n-1}}}$,

$\therefore$ 新数列$\left\{\left(\dfrac{a_n-2}{a_n+2}\right)^{\frac{1}{3^{n-1}}}\right\}$是常数数列，其首项为$\dfrac{1}{5}$,

$\therefore \dfrac{a_n-2}{a_n+2}=\dfrac{1}{5^{3^{n-1}}}\Rightarrow a_n=\dfrac{2(5^{3^{n-1}}+1)}{5^{3^{n-1}}-1}(n\in\mathbf{N}^*)$.

方法二 由(5)式两边取对数，将其化为线性递推数列型而求解，从略.

方法三 取 $x_1=0,x_2=2$ 得$\dfrac{a_{n+1}}{a_{n+1}-2}=\dfrac{a_n^3+12a_n}{(a_n-2)^3}$,

取 $x_1=0,x_3=-2$ 得$\dfrac{a_{n+1}}{a_{n+1}+2}=\dfrac{a_n^3+12a_n}{(a_n+2)^3}$,

所以$\dfrac{a_{n+1}-2}{a_{n+1}+2}=\left(\dfrac{a_n-2}{a_n+2}\right)^3$,

以下解法与前面相同，从略.

(4) $\because a_1=1$ 且 $a_n<a_{n+1}$，

$\therefore$ 数列$\{a_n\}$是严格单调递增的正项数列.

$\because 4a_{n+1}a_n=(a_{n+1}+a_n-1)^2\Rightarrow(a_{n+1}-a_n-1)^2=4a_n$

$\Rightarrow a_{n+1}-a_n-1=\pm2\sqrt{a_n}$，

若 $a_{n+1}-a_n-1=-2\sqrt{a_n}$，则 $a_{n+1}=(\sqrt{a_n}-1)^2$，又知 $a_1=1$，故 $a_2=0$，不合题意，舍去.

若 $a_{n+1}-a_n-1=2\sqrt{a_n}$，则 $a_{n+1}=(\sqrt{a_n}+1)^2$，所以 $\sqrt{a_{n+1}}=\sqrt{a_n}+1$，得

$$\sqrt{a_{n+1}}-n=\sqrt{a_n}-(n-1),$$

新数列$\{\sqrt{a_n}-(n-1)\}$是常数数列，其首项为 $\sqrt{a_1}-0=1$，

$\therefore \sqrt{a_n}=n\Rightarrow a_n=n^2$.

注　例 5.6 中第(4)题乃是传统经典题型，在经典著作中有如下描述.

数列$\{a_n\}$是这样确定的：

$$a_1=1,4a_na_{n+1}=(a_n+a_{n+1}-1)^2,a_n<a_{n+1}(n\in\mathbf{N}^*).$$

(1) 求 a_2,a_3,a_4，并由此推断 a_n；

(2) 用数学归纳法证明你作出的推断；

(3) 求 S_n.

运用传统经典方法求解此题，显然繁琐，运用接龙法则较简捷，如求 S_n：

$$\because S_n-S_{n-1}=n^2=n(n-1)+n$$

$$=\frac{1}{3}[(n+1)n(n-1)-n(n-1)(n-2)]$$

$$+\frac{1}{2}[(n+1)n-n(n-1)]$$

$$\Rightarrow S_n-\left[\frac{1}{3}(n+1)n(n-1)+\frac{1}{2}(n+1)n\right]$$

$$=S_{n-1}-\left[\frac{1}{3}n(n-1)(n-2)+\frac{1}{2}n(n-1)\right],$$

$\therefore$ 新数列$\left\{S_n-\left[\frac{1}{3}(n+1)n(n-1)+\frac{1}{2}(n+1)n\right]\right\}$是常数数列，其首项为

$$S_1-(0+1)=0,$$

$\therefore S_n=\frac{1}{3}(n+1)n(n-1)+\frac{1}{2}(n+1)n=\frac{1}{6}(n+1)n(2n+1)(n\in\mathbf{N}^*)$.

【例 5.7】 已知数列$\{a_n\}$分别满足：

(1) $a_{n+1}=\dfrac{\sqrt{7a_n^2-12}}{a_n}$，且 $a_1=\sqrt{5}$；

(2) $\sqrt{a_{n+1}}=\dfrac{4\sqrt{a_n}-2}{\sqrt{a_n}+1}$，且 $a_1=9$；

(3) $a_{n+1}=\dfrac{(n+1)(a_n^2+n^2)}{2na_n}$，且 $a_1=2$；

(4) $a_{n+1}=\dfrac{2^n a_n^2}{2^{n+2}a_n-2}$，且 $a_1=1$.

试分别求出各数列的通项公式.

解 (1) **方法一** 令 $a_{n+1}=a_n=x$，代入 $a_{n+1}=\dfrac{\sqrt{7a_n^2-12}}{a_n}$得

$$x=\frac{\sqrt{7x^2-12}}{x}，即\ x^4-7x^2+12=0，$$

解之得 $x_1=2，x_2=-2，x_3=\sqrt{3}，x_4=-\sqrt{3}$.

从而可得

$$\left.\begin{aligned}&\left.\begin{aligned}a_{n+1}-2&=\frac{\sqrt{7a_n^2-12}-2a}{a_n}\\ a_{n+1}+2&=\frac{\sqrt{7a_n^2-12}+2a}{a_n}\end{aligned}\right\}\Rightarrow a_{n+1}^2-4=\frac{3(a_n^2-4)}{a_n^2}\\ &\left.\begin{aligned}a_{n+1}-\sqrt{3}&=\frac{\sqrt{7a_n^2-12}-\sqrt{3}a}{a_n}\\ a_{n+1}+\sqrt{3}&=\frac{\sqrt{7a_n^2-12}+\sqrt{3}a}{a_n}\end{aligned}\right\}\Rightarrow a_{n+1}^2-3=\frac{4(a_n^2-3)}{a_n^2}\end{aligned}\right\}$$

$$\Rightarrow\frac{a_{n+1}^2-4}{a_{n+1}^2-3}=\frac{3}{4}\cdot\frac{a_n^2-4}{a_n^2-3}$$

$$\Rightarrow\left(\frac{4}{3}\right)^n\cdot\frac{a_{n+1}^2-4}{a_{n+1}^2-3}=\left(\frac{4}{3}\right)^{n-1}\cdot\frac{a_n^2-4}{a_n^2-3}，$$

∴ 新数列$\left\{\left(\dfrac{4}{3}\right)^{n-1}\cdot\dfrac{a_n^2-4}{a_n^2-3}\right\}$是常数数列，其首项为$\dfrac{a_1^2-4}{a_1^2-3}=\dfrac{1}{2}$，

∴ $\dfrac{a_n^2-4}{a_n^2-3}=\left(\dfrac{3}{4}\right)^{n-1}\cdot\dfrac{1}{2}=\dfrac{3^{n-1}}{2^{2n-1}}\Rightarrow a_n^2=\dfrac{2^{2n+1}-3^n}{2^{2n-1}-3^{n-1}}$.

由题意知 $a_n>0$，

$\therefore a_n=\sqrt{\dfrac{2^{2n+1}-3^n}{2^{2n-1}-3^{n-1}}}(n\in\mathbf{N}^*)$.

方法二　由题意知 $a_n>0,a_{n+1}^2=\dfrac{7a_n^2-12}{a_n^2}$.

令 $a_{n+1}^2=a_n^2=x$，代入得

$$x=\frac{7x-12}{x}\text{，即 } x^2-7x+12=0,$$

解之得 $x_1=4,x_2=3$，

从而可得

$$\left.\begin{aligned}a_{n+1}^2-4=\frac{3(a_n^2-4)}{a_n^2}\\a_{n+1}^2-3=\frac{4(a_n^2-3)}{a_n^2}\end{aligned}\right\}\Rightarrow\frac{a_{n+1}^2-4}{a_{n+1}^2-3}=\frac{3}{4}\cdot\frac{a_n^2-4}{a_n^2-3}.$$

以下解法与方法一相同，从略.

方法三　由题意知 $a_n>0,a_{n+1}^2=\dfrac{7a_n^2-12}{a_n^2},a_1^2=5,a_2^2=\dfrac{7\times5-12}{5}=\dfrac{23}{5}$，

$\therefore$ 数列 $\{a_n^2\}$ 是线性分式递推数列，其特征根为 $x_1=4,x_2=3$.

$\because p=7,t=-12,r=1,s=0$，

若取 $x_1=4$，则

$$a_n^2=\frac{4\times\left(\frac{4}{3}\right)^{n-1}+\beta}{\left(\frac{4}{3}\right)^{n-1}+\delta}(\beta,\delta\text{ 由 }a_1^2,a_2^2\text{确定})，$$

由 $\begin{cases}\dfrac{4+\beta}{1+\delta}=5,\\ \dfrac{4\times\frac{4}{3}+\beta}{\frac{4}{3}+\delta}=\dfrac{23}{5},\end{cases}$ 解得 $\beta=-\dfrac{3}{2},\delta=-\dfrac{1}{2},a_n^2=\dfrac{2^{2n+1}-3^n}{2^{2n-1}-3^{n-1}}$，

$\therefore a_n=\sqrt{\dfrac{2^{2n+1}-3^n}{2^{2n-1}-3^{n-1}}}(n\in\mathbf{N}^*)$；

若取 $x_2=3$，则

$$a_n=\frac{3\times\left(\frac{3}{4}\right)^{n-1}+\beta}{\left(\frac{3}{4}\right)^{n-1}+\delta}(\beta,\delta\text{ 由 }a_1^2,a_2^2\text{ 确定}),$$

由$\begin{cases}\dfrac{3+\beta}{1+\delta}=5,\\[2ex]\dfrac{3\times\frac{3}{4}+\beta}{\frac{3}{4}+\delta}=\dfrac{23}{5},\end{cases}$ 解得 $\beta=-8,\delta=-2,a_n^2=\dfrac{2^{2n+1}-3^n}{2^{2n-1}-3^{n-1}}$,

$\therefore\ a_n=\sqrt{\dfrac{2^{2n+1}-3^n}{2^{2n-1}-3^{n-1}}}(n\in\mathbf{N}^*)$.

(2) 由题意如 $a_n>0$.

令 $\sqrt{a_{n+1}}=\sqrt{a_n}=x$,代入 $\sqrt{a_{n+1}}=\dfrac{4\sqrt{a_n}-2}{\sqrt{a_n}+1}$ 得

$$x=\frac{4x-2}{x+1},\text{即 }x^2-3x+2=0,$$

解之得 $x_1=1,x_2=2$,

$$\therefore\ \left.\begin{array}{l}\sqrt{a_{n+1}}-1=\dfrac{3(\sqrt{a_n}-1)}{\sqrt{a_n}+1}\\[2ex]\sqrt{a_{n+1}}-2=\dfrac{2(\sqrt{a_n}-2)}{\sqrt{a_n}+1}\end{array}\right\}\Rightarrow\frac{\sqrt{a_{n+1}}-1}{\sqrt{a_{n+1}}-2}=\frac{3}{2}\cdot\frac{\sqrt{a_n}-1}{\sqrt{a_n}-2}$$

$$\Rightarrow\left(\frac{2}{3}\right)^n\frac{\sqrt{a_{n+1}}-1}{\sqrt{a_{n+1}}-2}=\left(\frac{2}{3}\right)^{n-1}\frac{\sqrt{a_n}-1}{\sqrt{a_n}-2},$$

$\therefore$ 新数列$\left\{\left(\dfrac{2}{3}\right)^{n-1}\dfrac{\sqrt{a_n}-1}{\sqrt{a_n}-2}\right\}$是常数数列,其首项为$\dfrac{\sqrt{a_1}-1}{\sqrt{a_1}-2}=2$,

$\therefore\ \dfrac{\sqrt{a_n}-1}{\sqrt{a_n}-2}=\dfrac{3^{n-1}}{2^{n-2}}\Rightarrow\sqrt{a_n}=\dfrac{2\cdot3^{n-1}-2^{n-2}}{3^{n-1}-2^{n-2}}\Rightarrow a_n=\left(\dfrac{2\cdot3^{n-1}-2^{n-2}}{3^{n-1}-2^{n-2}}\right)^2(n\in\mathbf{N}^*)$.

另解 由题意知 $a_n>0$,数列$\{\sqrt{a_n}\}$是线性分式递推数列,特征根 $x_1=1,x_2=2$.

$\because\ p=4,t=-2,r=1,s=1$,

若取 $x_1=1$,则

$$\frac{s+rx_1}{p-rx_1}=\frac{1+1}{4-1}=\frac{2}{3},\sqrt{a_n}=\frac{\left(\frac{2}{3}\right)^{n-1}+\beta}{\left(\frac{2}{3}\right)^{n-1}+\delta}(\beta,\delta\text{由}\sqrt{a_1},\sqrt{a_2}\text{确定}),$$

由$\begin{cases}\dfrac{1+\beta}{1+\delta}=3,\\ \dfrac{\frac{2}{3}+\beta}{\frac{2}{3}+\delta}=\dfrac{5}{2},\end{cases}$解得 $\beta=-4,\delta=-2$,

$$\therefore\ \sqrt{a_n}=\frac{\left(\frac{2}{3}\right)^{n-1}-4}{\left(\frac{2}{3}\right)^{n-1}-2}=\frac{2\times 3^{n-1}-2^{n-2}}{3^{n-1}-2^{n-2}},$$

故 $a_n=\left(\dfrac{2\times 3^{n-1}-2^{n-2}}{3^{n-1}-2^{n-2}}\right)(n\in\mathbf{N}^*)$;

若取 $x_2=2$,则

$$\frac{s+rx_2}{p-rx_2}=\frac{1+2}{4-2}=\frac{3}{2},\sqrt{a_n}=\frac{2\times\left(\frac{3}{2}\right)^{n-1}+\beta}{\left(\frac{3}{2}\right)^{n-1}+\delta}(\beta,\delta\text{由}\sqrt{a_1},\sqrt{a_2}\text{确定}),$$

由$\begin{cases}\dfrac{2+\beta}{1+\delta}=3,\\ \dfrac{2\times\frac{3}{2}+\beta}{\frac{3}{2}+\delta}=\dfrac{5}{2},\end{cases}$解得 $\beta=\delta=-\dfrac{1}{2}$,

$$\therefore\ \sqrt{a_n}=\frac{2\times\left(\frac{3}{2}\right)^{n-1}-\frac{1}{2}}{\left(\frac{3}{2}\right)^{n-1}-\frac{1}{2}}=\frac{2\times 3^{n-1}-2^{n-2}}{3^{n-1}-2^{n-2}}\Rightarrow a_n=\left(\frac{2\times 3^{n-1}-2^{n-2}}{3^{n-1}-2^{n-2}}\right)^2(n\in\mathbf{N}^*).$$

(3) $\because\ a_{n+1}=\dfrac{(n+1)(a_n^2+n^2)}{2na_n}\Rightarrow\dfrac{a_{n+1}}{n+1}=\dfrac{1}{2}\left(\dfrac{a_n}{n}+\dfrac{n}{a_n}\right)$,

令$\dfrac{a_{n+1}}{n+1}=\dfrac{a_n}{n}=x$,代入上式得

$$x=\frac{1}{2}\left(x+\frac{1}{x}\right),\text{即 }x^2-1=0,$$

解之得 $x_1=1,x_2=-1$,

$$\therefore \left.\begin{aligned}\frac{a_{n+1}-(n+1)}{n+1}=\frac{(a_n-n)^2}{2na_n}\\ \frac{a_{n+1}+(n+1)}{n+1}=\frac{(a_n+n)^2}{2na_n}\end{aligned}\right\}\Rightarrow\left[\frac{a_{n+1}-(n+1)}{a_{n+1}+(n+1)}\right]^{\frac{1}{2^n}}=\left(\frac{a_n-n}{a_n+n}\right)^{\frac{1}{2^{n-1}}},$$

$\therefore$ 新数列$\left\{\left(\frac{a_n-n}{a_n+n}\right)^{\frac{1}{2^{n-1}}}\right\}$是常数数列，其首项为$\frac{a_1-1}{a_1+1}=\frac{1}{3}$，

$\therefore \frac{a_n-n}{a_n+n}=\frac{1}{3^{2^{n-1}}}\Rightarrow a_n=\frac{n(3^{2^{n-1}}+1)}{3^{2^{n-1}}-1}(n\in\mathbf{N}^*)$.

(4) $\because a_{n+1}=\frac{2^n a_n^2}{2^{n+2}a_n-2}=\frac{2^{n-1}a_n^2}{2^{n+1}a_n-1}\Rightarrow 2^{n+1}a_{n+1}=\frac{(2^n a_n)^2}{2(2^n a_n)-1}$，

令 $2^{n+1}a_{n+1}=2^n a_n=x$，代入上式得

$$x=\frac{x^2}{2x-1}，即\ x^2-x=0，$$

解之得 $x_1=0，x_2=1$.

$$\therefore \left.\begin{aligned}2^{n+1}a_{n+1}=\frac{(2^n a_n)^2}{2(2^n a_n)-1}\\ 2^{n+1}a_{n+1}-1=\frac{(2^n a_n-1)^2}{2(2^n a_n)-1}\end{aligned}\right\}\Rightarrow\left(\frac{2^{n+1}a_{n+1}}{2^{n+1}a_{n+1}-1}\right)^{\frac{1}{2^n}}=\left(\frac{2^n a_n}{2^n a_n-1}\right)^{\frac{1}{2^{n-1}}},$$

$\therefore$ 新数列$\left\{\left(\frac{2^n a_n}{2^n a_n-1}\right)^{\frac{1}{2^{n-1}}}\right\}$是常数数列，其首项为$\frac{2a_1}{2a_1-1}=2$，

$\therefore \frac{2^n a_n}{2^n a_n-1}=2^{2^{n-1}}\Rightarrow a_n=\frac{2^{2^{n-1}}}{2^n(2^{2^{n-1}}-1)}(n\in\mathbf{N}^*)$.

第六章　接龙法与“MM”方法

近年来国外流行一种解题思路——“MMM”，国内曾有专家学者特地撰文推荐并倡导研究. 所谓“MMM”，即是“数学模型方法”的简称.

以接龙法探究数学数列问题所起的积极作用，纵观前述，毋庸赘言. 构建数列为“MM”(数学模型的简称)的解题方法——“MMM”，尤能彰显接龙法的“特异功能”.

§1　恒等式解法新探

【例题 6.1】 试证二项式定理：

$$(a+b)^n=a^n+C_n^1a^{n-1}b+C_n^2a^{n-2}b^2+C_n^3a^{n-3}b^3+\cdots+C_n^nb^n.$$

证　架构$\{T_n\}$为“MM”，即设$n\in\mathbf{N}^*$时，

$\{T_n\}$：$a+b, a^2+C_2^1ab+C_2^2b^2, a^3+C_3^1a^2b+C_3^2ab^2+C_3^3b^3, \cdots,$

$a^n+C_n^1a^{n-1}b+C_n^2a^{n-2}b^2+\cdots+C_n^nb^n, \cdots.$

从而得

$$\begin{aligned}
&T_{n+1}-(a+b)T_n\\
&=a^{n+1}+C_{n+1}^1a^nb+C_{n+1}^2a^{n-1}b^2+\cdots+C_{n+1}^{n+1}b^{n+1}\\
&\quad-(a+b)(a^n+C_n^1a^{n-1}b+C_n^2a^{n-2}b^2+\cdots+C_n^nb^n)\\
&=(C_{n+1}^1-C_n^1)a^nb+(C_{n+1}^2-C_n^2)a^{n-1}b^2+\cdots+(C_{n+1}^n-C_n^n)ab^n\\
&\quad+C_{n+1}^{n+1}b^{n+1}-b(a^n+C_n^1a^{n-1}b+C_n^2a^{n-2}b^2+\cdots+C_n^nb^n)\\
&=C_n^0a^nb+C_n^1a^{n-1}b^2+\cdots+C_n^{n-1}ab^n+C_n^nb^{n+1}\\
&\quad-(a^nb+C_n^1a^{n-1}b^2+\cdots+C_n^{n-1}ab^n+C_n^nb^{n+1})=0,
\end{aligned}$$

$\therefore\ T_{n+1}=(a+b)T_n\Rightarrow\dfrac{T_n}{(a+b)^{n-1}}=\dfrac{T_{n+1}}{(a+b)^n}$,

$\therefore$ 新数列$\left\{\dfrac{T_n}{(a+b)^{n-1}}\right\}$是常数数列，其首项为 $T_1=a+b$，

$\therefore\ \dfrac{T_n}{(a+b)^{n-1}}=(a+b)\Rightarrow T_n=(a+b)^n$,

即得$(a+b)^n=a^n+C_n^n a^{n-1}b+C_n^2 a^{n-2}b^2+\cdots+C_n^n b^n$.

【例 6.2】 试证棣莫弗定理：

$$(\cos\varphi+i\sin\varphi)^n=\cos n\varphi+i\sin n\varphi.$$

证 架构$\{T_n\}$为“MM”，即设 $n\in\mathbf{N}^*$ 时，

$\{T_n\}$: $\cos\varphi+\sin\varphi,\cos2\varphi+i\sin2\varphi,\cos3\varphi+i\sin3\varphi,\cdots,\cos n\varphi+i\sin n\varphi,\cdots$.

从而得

$T_{n+1}-(\cos\varphi+i\sin\varphi)T_n$

$=[\cos(n+1)\varphi+i\sin(n+1)\varphi]-(\cos\varphi+i\sin\varphi)(\cos n\varphi+i\sin n\varphi)$

$=[\cos(n+1)\varphi+i\sin(n+1)\varphi]-[\cos n\varphi\cos\varphi+i\sin n\varphi\cos\varphi$

$\quad+i\cos n\varphi\sin\varphi-\sin n\varphi\sin\varphi]$

$=[\cos(n+1)\varphi+i\sin(n+1)\varphi]-[\cos(n+1)\varphi+i\sin(n+1)\varphi]$

$=0$,

$\therefore\ T_{n+1}=(\cos\varphi+i\sin\varphi)T_n\Rightarrow\dfrac{T_{n+1}}{(\cos\varphi+i\sin\varphi)^n}=\dfrac{T_n}{(\cos\varphi+i\sin\varphi)^{n-1}}$

$\therefore$ 新数列$\left\{\dfrac{T_n}{(\cos\varphi+i\sin\varphi)^{n-1}}\right\}$是常数数列，其首项为 $\cos\varphi+i\sin\varphi$，

$\therefore\ \dfrac{T_n}{(\cos\varphi+i\sin\varphi)^{n-1}}=\cos\varphi+i\sin\varphi\Rightarrow T_n=(\cos\varphi+i\sin\varphi)^n$,

即 $$(\cos\varphi+i\sin\varphi)^n=\cos n\varphi+i\sin n\varphi.$$

【例 6.3】 试证：

$$(a_1+a_2+a_3+\cdots+a_n)^2=a_1^2+a_2^2+a_3^2+\cdots+a_n^2+2(a_1a_2+a_1a_3+\cdots+a_1a_n+a_2a_3+\cdots+a_{n-1}a_n).$$

证 架构$\{T_n\}$为“MM”，即设 $n\in\mathbf{N}^*$ 时，

$\{T_n\}$: $a_1^2,a_1^2+a_2^2+2a_1a_2,a_1^2+a_2^2+a_3^2+2(a_1a_2+a_1a_3+a_2a_3),\cdots,a_1^2+a_2^2+a_3^2+\cdots+a_n^2+2(\overline{a_1a_2+a_1a_3+\cdots+a_1a_n}+\overline{a_2a_3+a_2a_4+\cdots+a_2a_n}+\cdots+a_{n-1}a_n),\cdots$.

$\because\ T_1=a_1^2,T_2=a_1^2+a_2^2+2a_1a_2=(a_1^2+a_1a_2)+(a_2^2+a_1a_2)=a_1(a_1+a_2)+$

$a_2(a_1+a_2)=(a_1+a_2)^2$，

$\therefore$ $n=1,2$ 时，原式成立.

$\because$ 当 $n\geqslant 3$ 时，

$$T_{n+1}-T_n=a_{n+1}^2+2a_{n+1}(a_1+a_2+\cdots+a_n)$$
$$=[a_{n+1}^2+2a_{n+1}(a_1+a_2+\cdots+a_n)+(a_1+a_2+\cdots+a_n)^2]$$
$$-(a_1+a_2+\cdots+a_n)^2, \qquad (1)$$

由 $n=2$ 得 $a_1^2+a_2^2+2a_1a_2=(a_1+a_2)^2$，从而知

$a_{n+1}^2+2a_{n+1}(a_1+a_2+\cdots+a_n)+(a_1+a_2+\cdots+a_n)^2$

$=(\overline{a_1+a_2+\cdots+a_n}+a_{n+1})^2$，

$\therefore$ 由(1)式可得 $T_{n+1}-(a_1+a_2+\cdots+a_n+a_{n+1})^2=T_n-(a_1+a_2+\cdots+a_n)^2$，

$\therefore$ 新数列$\{T_n-(a_1+a_2+\cdots+a_n)^2\}$是常数数列，其首项为 $T_1-a_1^2=a_1^2-a_1^2=0$，

$\therefore$ $T_n=(a_1+a_2+\cdots+a_n)^2$，

亦即 $(a_1+a_2+\cdots+a_n)^2=a_1^2+a_2^2+\cdots+a_n^2+2(\overline{a_1a_2+a_1a_3+\cdots+a_1a_n+a_2a_3+a_2a_4+\cdots+a_2a_n}+\cdots+a_{n-1}a_n)$.

有些恒等式采用第一数学归纳法论证颇感棘手，往往可借助于跷跷板归纳法. 面对此类颇具难度的问题，不妨试用以数列为“MM”的求解方法，或许可现甚易的思路.

【例 6.4】 已知 $n\in\mathbf{N}^*$，$S_n=1-2+3-4+\cdots+(-1)^{n-1}n$.

求证：当 n 为奇数时，$S_n=\frac{1}{2}(n+1)$；当 n 为偶数时，$S_n=-\frac{1}{2}n$.

证　即择$\{S_n\}$为“MM”，

$\therefore$ $S_{n+1}-S_n=(-1)^n(n+1)$.

按变号型接龙法形变模式得

$$S_{n+1}-S_n=(-1)^n\cdot\frac{1}{4}[(2n+3)+(2n+1)]$$

$$\Rightarrow S_{n+1}+(-1)^{n+1}\cdot\frac{1}{4}(2n+3)=S_n+(-1)^n\cdot\frac{1}{4}(2n+1),$$

$\therefore$ 新数列$\left\{S_n+(-1)^n\cdot\frac{1}{4}(2n+1)\right\}$是常数数列，其首项为 $S_1-\frac{3}{4}=1-\frac{3}{4}=\frac{1}{4}$，

$\therefore\ S_n=(-1)^{n-1}\cdot\frac{1}{4}(2n+1)+\frac{1}{4}(n\in\mathbf{N}^*)$.

$\therefore$ 当 n 为奇数时，$S_n=\frac{1}{4}(2n+1)+\frac{1}{4}=\frac{1}{2}(n+1)$；

当 n 为偶数时，$S_n=-\frac{1}{4}(2n+1)+\frac{1}{4}=-\frac{1}{2}n$.

【例 6.5】 已知 $n\in\mathbf{N}^*$，$S_n=1^2-2^2+3^2-4^2+\cdots+(-1)^{n-1}\cdot n^2$.

求证：当 n 为奇数时，$S_n=\frac{1}{2}n(n+1)$；当 n 为偶数时，$S_n=-\frac{1}{2}n(n+1)$.

证 即择 $\{S_n\}$ 为"MM"，

$\therefore S_{n+1}-S_n=(-1)^n(n+1)^2$.

按变号型接龙法形变模式得

$S_{n+1}-S_n=(-1)^n\cdot\frac{1}{2}+[(n+2)(n+1)+(n+1)n]$

$\Rightarrow S_{n+1}+(-1)^{n+1}\cdot\frac{1}{2}(n+2)(n+1)=S_n+(-1)^n\cdot\frac{1}{2}(n+1)n$，

$\therefore$ 新数列 $\left\{S_n+(-1)^n\cdot\frac{1}{2}(n+1)n\right\}$ 是常数数列，其首项为 $S_1-1=1-1=0$，

$\therefore S_n=(-1)^{n-1}\cdot\frac{1}{2}(n+1)n\ (n\in\mathbf{N}^*)$.

$\therefore$ 当 n 为奇数时，$S_n=\frac{1}{2}n(n+1)$；

当 n 为偶数时，$S_n=-\frac{1}{2}n(n+1)$.

【例 6.6】 试证 $C_n^0+C_n^1+C_n^2+\cdots+C_n^n=2^n$.

传统经典方法采用二项式公式论证，十分简捷. 为了诱导求异思维而推荐"MM"方法.

证 架构 $\{T_n\}$ 为"MM"，即设 $n\in\mathbf{N}^*$ 时，

$\{T_n\}$：C_0^0，$C_1^0+C_1^1$，$C_2^0+C_2^1+C_2^2$，$\cdots$，$C_n^0+C_n^1+C_n^2+\cdots+C_n^n$，$\cdots$.

从而得 $T_{n+1}=C_{n+1}^0+C_{n+1}^1+C_{n+1}^2+\cdots+C_{n+1}^n+C_{n+1}^{n+1}$

$=C_n^0+(C_n^0+C_n^1)+(C_n^1+C_n^2)+\cdots+(C_n^{n-1}+C_n^n)+C_n^n$

$=2(C_n^0+C_n^1+C_n^2+\cdots+C_n^{n-1}+C_n^n)=2T_n$，

$\therefore\ T_{n+1}=2T_n\Rightarrow\frac{T_{n+1}}{2^{n+1}}=\frac{T_n}{2^n}$，

$\therefore$ 新数列$\left\{\dfrac{T_n}{2^n}\right\}$是常数数列，其首项为 $T_0=C_0^0=1$，

$\therefore$ $T_n=2^n$，即 $C_n^0+C_n^1+C_n^2+\cdots+C_n^n=2^n(n\in\mathbf{N})$.

【例 6.7】 试证 $C_p^p+C_{p+1}^p+C_{p+2}^p+\cdots+C_{p+n-1}^p=C_{p+n}^{p+1}(p\in\mathbf{N},n\in\mathbf{N}^*)$.

证　架构$\{T_n\}$为“MM”，即设 $n\in\mathbf{N}^*$ 时，

$\{T_n\}$：$C_p^p,C_p^p+C_{p+1}^p,C_p^p+C_{p+1}^p+C_{p+2}^p,\cdots,C_p^p+C_{p+1}^p+C_{p+2}^p+\cdots+C_{p+n-1}^p,\cdots$.

从而得 $T_{n+1}-T_n=C_{p+n}^p=C_{p+n+1}^{p+1}-C_{p+n}^{p+1}\Rightarrow T_{n+1}-C_{p+n+1}^{p+1}=T_n-C_{p+n}^{p+1}$，

$\therefore$ 新数列$\{T_n-C_{p+n}^{p+1}\}$是常数数列，其首项为

$$T_1-C_{p+1}^{p+1}=C_p^p-C_{p+1}^{p+1}=1-1=0,$$

$\therefore$ $T_n=C_{p+n}^{p+1}$，即 $C_p^p+C_{p+1}^p+C_{p+2}^p+\cdots+C_{p+n-1}^p=C_{p+n}^{p+1}(p\in\mathbf{N},n\in\mathbf{N}^*)$.

【例 6.8】 试证 $C_n^0+3C_n^1+7C_n^2+\cdots+(n^2+n+1)C_n^n=(n^2+3n+4)\cdot 2^{n-2}$.

证　架构$\{T_n\}$为“MM”，即设 $n\in\mathbf{N}$ 时，

$\{T_n\}$：$C_0^0,C_1^0+3C_1^1,C_2^0+3C_2^1+7C_2^2,C_3^0+3C_3^1+7C_3^2+13C_3^3,\cdots,C_n^0+3C_n^1+7C_n^2+13C_n^3+\cdots+(n^2+n+1)C_n^n,\cdots$.

$$\begin{aligned}\because T_n&=C_n^0+3C_n^1+7C_n^2+13C_n^3+\cdots+(\overline{n-1}^2+\overline{n-1}+1)C_n^{n-1}+(n^2+n+1)C_n^n\\&=C_{n-1}^0+3(C_{n-1}^0+C_{n-1}^1)+7(C_{n-1}^1+C_{n-1}^2)+13(C_{n-1}^2+C_{n-1}^3)+\cdots+(\overline{n-1}^2\\&\quad+\overline{n-1}+1)(C_{n-1}^{n-2}+C_{n-1}^{n-1})+(n^2+n+1)C_{n-1}^{n-1}\\&=4C_{n-1}^0+10C_{n-1}^1+20C_{n-1}^2+34C_{n-1}^3+\cdots+2(n^2+1)C_{n-1}^{n-1}\\&=2[C_{n-1}^0+3C_{n-1}^1+7C_{n-1}^2+13C_{n-1}^3+\cdots+(\overline{n-1}^2+\overline{n-1}+1)C_{n-1}^{n-1}]\\&\quad+(2C_{n-1}^0+4C_{n-1}^1+6C_{n-1}^2+8C_{n-1}^3+\cdots+2nC_{n-1}^{n-1})\\&=2T_{n-1}+\frac{1}{2}(2+2n)(C_{n-1}^0+C_{n-1}^1+C_{n-1}^2+C_{n-1}^3+\cdots+C_{n-1}^{n-1})\\&=2T_{n-1}+(n+1)\cdot 2^{n-1},\end{aligned}$$

$$\begin{aligned}\therefore T_n-2T_{n-1}&=(n+1)\cdot 2^{n-1}\\&\Rightarrow\frac{T_n}{2^{n-1}}-\frac{T_{n-1}}{2^{n-2}}=\frac{1}{2}(n+2)(n+1)-\frac{1}{2}(n+1)n\\&\Rightarrow\frac{T_n}{2^{n-1}}-\frac{1}{2}(n+2)(n+1)=\frac{T_{n-1}}{2^{n-2}}-\frac{1}{2}(n+1)n,\end{aligned}$$

$\therefore$ 新数列$\left\{\dfrac{T_n}{2^{n-1}}-\dfrac{1}{2}(n+2)(n+1)\right\}$是常数数列，其首项为

$$\frac{T_0}{2^{-1}}-\frac{1}{2}\times 2\times 1=2-1=1,$$

$\therefore \dfrac{T_n}{2^{n-1}}=\dfrac{1}{2}(n+2)(n+1)+1$

$\Rightarrow T_n=\dfrac{1}{2}(n^2+3n+4)\cdot 2^{n-1}=(n^2+3n+4)\cdot 2^{n-2}$,

亦即 $C_n^0+3C_n^1+7C_n^2+\cdots+(n^2+n+1)C_n^n=(n^2+3n+4)\cdot 2^{n-2}(n\in \mathbf{N})$.

§2 不等式解法新探

$\sum\limits_{n=1}^{\infty}\dfrac{1}{\sqrt{n}}$是$p$- 级数的一个特例，探索它前$n$项的近似值，历来是诸多学者的研究课题. 例如，求“$\sum\limits_{n=1}^{\infty}\dfrac{1}{\sqrt{n}}$的整数部分”就屡见于诸多数学文献. 下面架构一个崭新的定理，使其同类型的许许多多问题，都能获得统一的简捷解法.

定理 如果 $n=p^2$ 或 $n=p^2-1(p\geqslant 2$ 且 $p\in \mathbf{N})$，那么$\sum\limits_{i=1}^{n}\dfrac{1}{\sqrt{i}}$的整数部分是 $2(p-1)$，记作$\left[\sum\limits_{i=1}^{p^2-1}\dfrac{1}{\sqrt{i}}\right]=\left[\sum\limits_{i=1}^{p^2}\dfrac{1}{\sqrt{i}}\right]=2(p-1)$.

证 架构$\{T_n\}$为“MM”，即设 $n\in \mathbf{N}^*$ 时，

$\{T_n\}$：$1,1+\dfrac{1}{\sqrt{2}},1+\dfrac{1}{\sqrt{2}}+\dfrac{1}{\sqrt{3}},\cdots,1+\dfrac{1}{\sqrt{2}}+\dfrac{1}{\sqrt{3}}+\cdots+\dfrac{1}{\sqrt{n}},\cdots$.

从而得 $T_{n+1}-T_n=\dfrac{1}{\sqrt{n+1}}>\dfrac{2}{\sqrt{n+2}+\sqrt{n+1}}=2\sqrt{n+2}-2\sqrt{n+1}$

$\Rightarrow T_{n+1}-2\sqrt{n+2}>T_n-2\sqrt{n+1}$,

$\therefore$ 新数列$\{T_n-2\sqrt{n+1}\}$严格单调递增，其首项为 $T_1-2\sqrt{2}=1-2\sqrt{2}$,

$\therefore n\geqslant 2$ 时，$T_n>2\sqrt{n+1}+1-2\sqrt{2}$. (1)

又由 $T_{n+1}-T_n=\dfrac{1}{\sqrt{n+1}}<\dfrac{2}{\sqrt{n+1}+\sqrt{n}}<2\sqrt{n+1}-2\sqrt{n}$

$\Rightarrow T_{n+1}-2\sqrt{n+1}<T_n-2\sqrt{n}$,

$\therefore$ 新数列$\{T_n-2\sqrt{n}\}$严格单调递减，其首项为 $T_1-2=1-2=-1$,

$\therefore n\geqslant 2$ 时，$T_n<2\sqrt{n}-1$. (2)

由(1)、(2) 两式得

$$2\sqrt{n+1}+1-2\sqrt{2}<\sum_{i=1}^{n}\frac{1}{\sqrt{i}}<2\sqrt{n}-1. \tag{3}$$

① 当 $n=p^2(p\geqslant 2$ 且 $p\in\mathbf{N})$ 时，由(3) 式可得

$2\sqrt{p^2}+1-2\sqrt{2}<2\sqrt{p^2+1}+1-2\sqrt{2}<T_{p^2}<2\sqrt{p^2}-1$

$\Rightarrow 2p+1-2\sqrt{2}<T_{p^2}<2p-1$

$\Rightarrow 2(p-1)+3-2\sqrt{2}<T_{p^2}<2(p-1)+1$

$\Rightarrow\left[\sum_{i=1}^{p^2}\frac{1}{\sqrt{i}}\right]=2(p-1).$

② 当 $n=p^2-1(p\geqslant 2$ 且 $p\in\mathbf{N})$ 时，由(3) 式可得

$2\sqrt{p^2}+1-2\sqrt{2}<T_{p^2-1}<2\sqrt{p^2-1}-1<2\sqrt{p^2}-1$

$\Rightarrow 2p+1-2\sqrt{2}<T_{p^2-1}<2p-1$

$\Rightarrow 2(p-1)+3-2\sqrt{2}<T_{p^2-1}<2(p-1)+1$

$\Rightarrow\left[\sum_{i=1}^{p^2-1}\frac{1}{\sqrt{i}}\right]=2(p-1).$

综上所述，$\left[\sum_{i=1}^{p^2-1}\frac{1}{\sqrt{i}}\right]=\left[\sum_{i=1}^{p^2}\frac{1}{\sqrt{i}}\right]=2(p-1).$

【例 6.9】　计算$\left[\sum_{n=1}^{99}\frac{1}{\sqrt{n}}\right]$、$\left[\sum_{n=1}^{100}\frac{1}{\sqrt{n}}\right]$、$\left[\sum_{n=1}^{1935}\frac{1}{\sqrt{n}}\right]$、$\left[\sum_{n=1}^{1936}\frac{1}{\sqrt{n}}\right]$、$\left[\sum_{n=1}^{2024}\frac{1}{\sqrt{n}}\right]$、$\left[\sum_{n=1}^{2025}\frac{1}{\sqrt{n}}\right]$.

解　$\because 99=10^2-1, 1935=44^2-1, 2024=45^2-1,$

$\therefore\left[\sum_{n=1}^{99}\frac{1}{\sqrt{n}}\right]=\left[\sum_{n=1}^{100}\frac{1}{\sqrt{n}}\right]=2(10-1)=18,$

$\left[\sum_{n=1}^{1935}\frac{1}{\sqrt{n}}\right]=\left[\sum_{n=1}^{1936}\frac{1}{\sqrt{n}}\right]=2(44-1)=86,$

$\left[\sum_{n=1}^{2024}\frac{1}{\sqrt{n}}\right]=\left[\sum_{n=1}^{2025}\frac{1}{\sqrt{n}}\right]=2(45-1)=88.$

【例 6.10】　试问$\left[\sum_{i=1}^{1999}\frac{1}{\sqrt{i}}\right]$的整数部分是 87 呢，还是 88？并请说明理由.

本题是《一个不等式问题的初等研究》(数学通讯 1998 年 5 月) 中提出的一个待解决的问题. 笔者认为可作如下探究：

解　第一步　构建 $2\sqrt{n+1}+1-2\sqrt{2}<\sum_{i=1}^{n}\frac{1}{\sqrt{i}}<2\sqrt{n}-1$($n\geqslant 2$ 且 $n\in$ **N**) 的加强不等式.

架构$\{T_n\}$为"MM",即设 $n\in \mathbf{N}^*$ 时,

$\{T_n\}$:$1,1+\frac{1}{\sqrt{2}},1+\frac{1}{\sqrt{2}}+\frac{1}{\sqrt{3}},\cdots,1+\frac{1}{\sqrt{2}}+\frac{1}{\sqrt{3}}+\cdots+\frac{1}{\sqrt{n}},\cdots$,

从而得 $T_n-T_{n-1}=\frac{1}{\sqrt{n}}$.

$\because\ \sqrt{n+1}+\sqrt{n}>2\sqrt{n}>\sqrt{n+\frac{1}{2}}+\sqrt{n-\frac{1}{2}}$,

$\therefore\ \frac{2}{\sqrt{n+1}+\sqrt{n}}<\frac{1}{\sqrt{n}}<\frac{2\sqrt{2}}{\sqrt{2n+1}+\sqrt{2n-1}}$.

由 $T_n-T_{n-1}=\frac{1}{\sqrt{n}}<\frac{2\sqrt{2}}{\sqrt{2n+1}+\sqrt{2n-1}}$

$=\sqrt{2}(\sqrt{2n+1}-\sqrt{2n-1})=\sqrt{4n+2}-\sqrt{4n-2}$

$\Rightarrow T_n-\sqrt{4n+2}<T_{n-1}-\sqrt{4n-2}$,　(4)

$\therefore$ 新数列$\{T_n-\sqrt{4n+2}\}$严格单调递减,其首项为 $1-\sqrt{6}$,

$\therefore$ 当 $n\geqslant 2$ 时,$T_n<\sqrt{4n+2}-\sqrt{6}+1$.

前面已证由 $T_n-T_{n-1}=\frac{1}{\sqrt{n}}>\frac{2}{\sqrt{n+1}+\sqrt{n}}$ 可得

$$T_n>2\sqrt{n+1}+1-2\sqrt{2}.\tag{5}$$

所以由(4)、(5) 两式得

$$2\sqrt{n+1}+1-2\sqrt{2}<\sum_{i=1}^{n}\frac{1}{\sqrt{i}}<\sqrt{4n+2}-\sqrt{6}+1(n\geqslant 2\text{ 且 }n\in \mathbf{N}).\tag{6}$$

再者,$\because\ 2\sqrt{n}+\sqrt{6}>0,\sqrt{4n+2}+2>0$,

$(2\sqrt{n}+\sqrt{6})^2=4n+6+4\sqrt{6n}$,

$(\sqrt{4n+2}+2)^2=4n+6+4\sqrt{4n+2}$,

且当 $n\geqslant 2$ 时,$6n-(4n+2)=2n-2>0$,

$\therefore$ 可由 $(2\sqrt{n}+6)^2>(\sqrt{4n+2}+2)^2$

$\Rightarrow 2\sqrt{n}+\sqrt{6}>\sqrt{4n+2}+2$

$\Rightarrow 2\sqrt{n-1} > \sqrt{4n+2}-\sqrt{6}+1$,

从而证得(6) 式是 $2\sqrt{n+1}+1-2\sqrt{2} < \sum_{i=1}^{n}\frac{1}{\sqrt{i}} < 2\sqrt{n}-1$ 的加强不等式.

第二步　依据(4) 式探索求解方法.

设 $f(n)=2\sqrt{n+1}-2\sqrt{2}+1, g(n)=\sqrt{4n+2}-\sqrt{6}+1$.

当取 $n=t$ 时,

方法一　计算 $f(t)$ 及 $g(t)$.

当且仅当$[f(t)]=[g(t)]=M$(M 为正整数) 时,$\left[\sum_{i=1}^{t}\frac{1}{\sqrt{i}}\right]=M$.

方法二　$\because g(n)=f(n)=\sqrt{4n+2}-\sqrt{6}+1-(2\sqrt{n+1}-2\sqrt{2}+1)$

$$=\sqrt{8}-\sqrt{6}-(\sqrt{4n+4}-\sqrt{4n+2})<\sqrt{8}-\sqrt{6}$$

$$=\frac{2}{\sqrt{8}+\sqrt{6}}<\frac{2}{2\sqrt{6}}<\frac{1}{\sqrt{6}},$$

$\therefore$ 若计算出$[g(t)]=M+\alpha$(M 为正整数,α 为正的纯小数),则当 $\alpha>\frac{1}{\sqrt{6}}$ 时,

$f(t)>M$,从而即得$\left[\sum_{i=1}^{t}\frac{1}{\sqrt{i}}\right]=[g(t)]=M$.

根据以上论述,本题解答如下:

设 $f(n)=2\sqrt{n+1}+2\sqrt{2}+1, g(n)=\sqrt{4n+2}-\sqrt{6}+1$.

方法一　$\because f(1999)=\sqrt{8000}-\sqrt{8}+1=87.61\cdots$,

$$g(1999)=\sqrt{7998}-\sqrt{6}+1=87.98\cdots,$$

$\therefore f(1999)=g(1999)=87$,

$\therefore \left[\sum_{i=1}^{1999}\frac{1}{\sqrt{i}}\right]=87$.

方法二　$\because g(1999)=87.98\cdots$,且 $0.98\cdots>\frac{9}{10}=\sqrt{\frac{1}{6}\times\frac{486}{100}}>\sqrt{\frac{1}{6}}$,

$\therefore \left[\sum_{i=1}^{1999}\frac{1}{\sqrt{i}}\right]=87$.

注　若先计算出 $f(t)=M+\beta$(M 为正整数,β 为正的纯小数),则当

$1-\beta>\frac{1}{\sqrt{6}}$ 时,即得$\left[\sum_{i=1}^{t}\frac{1}{\sqrt{i}}\right]=[f(t)]=M$.

【例 6.11】 试证当 $1981 \leqslant n \leqslant 1999 (n \in \mathbf{N})$ 时，$\left[\sum_{i=1}^{n} \frac{1}{\sqrt{i}}\right] = 87$.

证 $2\sqrt{n+1} - 2\sqrt{2} + 1 < \sum_{i=1}^{n} \frac{1}{\sqrt{i}} < \sqrt{4n+2} - \sqrt{6} + 1 (n \geqslant 2$ 且 $n \in \mathbf{N})$.

设 $g(n) = \sqrt{4n+2} - \sqrt{6} + 1$，由例 6.10 知 $\left[\sum_{i=1}^{1999} \frac{1}{\sqrt{i}}\right] = 87$，

而 $g(1981) = \sqrt{7926} - \sqrt{6} + 1 = 87.56\cdots$，

且知 $0.56\cdots > \frac{1}{2} = \sqrt{\frac{1}{4}} > \sqrt{\frac{1}{6}}$，

$\therefore \left[\sum_{i=1}^{1999} \frac{1}{\sqrt{i}}\right] = 87$.

又 $\because$ 数列 $\left\{\sum_{i=1}^{n} \frac{1}{\sqrt{i}}\right\}$ 严格单调递增，

$\therefore$ 当 $1981 \leqslant n \leqslant 1999 (n \in \mathbf{N})$ 时，$\left[\sum_{i=1}^{n} \frac{1}{\sqrt{i}}\right] = 87$.

【例 6.12】 试证柯西不等式：

$$(a_1b_1 + a_2b_2 + \cdots + a_nb_n)^2 \leqslant (a_1^2 + a_2^2 + \cdots + a_n^2)(b_1^2 + b_2^2 + \cdots + b_n^2).$$

证 架构 $\{T_n\}$ 为“MM”，即设 $n \in \mathbf{N}^*$ 时，

$\{T_n\}$：$(a_1b_1)^2 - a_1^2b_1^2, (a_1b_1 + a_2b_2)^2 - (a_1^2 + a_2^2)(b_1^2 + b_2^2), (a_1b_1 + a_2b_2 + a_3b_3)^2 - (a_1^2 + a_2^2 + a_3^2)(b_1^2 + b_2^2 + b_3^2), \cdots, (a_1b_1 + a_2b_2 + \cdots + a_nb_n)^2 - (a_1^2 + a_2^2 + \cdots + a_n^2)(b_1^2 + b_2^2 + \cdots + b_n^2), \cdots$.

从而得

$$\begin{aligned} T_{n+1} - T_n = &[(a_1b_1 + a_2b_2 + \cdots + a_{n+1}b_{n+1})^2 \\ &- (a_1^2 + a_2^2 + \cdots + a_{n+1}^2)(b_1^2 + b_2^2 + \cdots + b_{n+1}^2)] \\ &- [(a_1b_1 + a_2b_2 + \cdots + a_nb_n)^2 \\ &- (a_1^2 + a_2^2 + \cdots + a_n^2)(b_1^2 + b_2^2 + \cdots + b_n^2)] \\ = &2(a_1b_1 + a_2b_2 + \cdots + a_nb_n)a_{n+1}b_{n+1} + a_{n+1}^2b_{n+1}^2 \\ &- (a_1^2 + a_2^2 + \cdots + a_n)b_{n+1}^2 \\ &- (b_1^2 + b_2^2 + \cdots + b_n^2)a_{n+1}^2 - a_{n+1}^2b_{n+1}^2 \\ = &-[(a_1b_{n+1} - b_1a_{n+1})^2 + (a_2b_{n+1} - b_2a_{n+1})^2 + \cdots \\ &+ (a_nb_{n+1} - b_na_{n+1})^2] \leqslant 0, \end{aligned}$$

$\therefore T_{n+1} \leqslant T_n$,

$\therefore \{T_n\}$ 单调递减.

$\because T_1=(a_1b_1)^2-a_1^2b_1^2=0$,

$$\therefore T_n \leqslant 0 \Rightarrow (a_1b_1+a_2b_2+\cdots+a_nb_n)^2-(a_1^2+a_2^2+\cdots+a_n^2)(b_1^2+b_2^2+\cdots+b_n^2) \leqslant 0$$

$$\Rightarrow (a_1b_1+a_2b_2+\cdots+a_nb_n)^2 \leqslant (a_1^2+a_2^2+\cdots+a_n^2)(b_1^2+b_2^2+\cdots+b_n^2).$$

【例 6.13】　已知两两不等的正数 a,b,c 成等差数列，求证 $a^n+c^n>2b^n$（$n\geqslant 2$ 且 $n\in\mathbf{N}$）.

证　架构 $\{T_n\}$ 为“MM”，即设当 $n\geqslant 2$ 且 $n\in\mathbf{N}$ 时，

$\{T_n\}$：$a^2+c^2-2b^2, a^3+c^3-2b^3, a^4+c^4-2b^4, \cdots, a^n+c^n-2b^n, \cdots$.

从而得
$$T_n-bT_{n-1}=a^{n+1}+c^{n+1}-2b^{n+1}-b(a^n+c^n-2b^n)$$
$$=a^{n+1}+c^{n+1}-b(a^n+c^n)=a^{n+1}+c^{n+1}-\frac{1}{2}(a+c)(a^n+c^n)$$
$$=\frac{1}{2}(a^{n+1}+c^{n+1}-a^nc-ac^n)=\frac{1}{2}(a-c)(a^n-c^n).$$

$\because a,c$ 是不等的正数，

$\therefore \frac{1}{2}(a-c)(a^n-c^n)>0$,

$\therefore T_n-bT_{n-1}>0 \Rightarrow \frac{T_n}{b^n}>\frac{T_{n-1}}{b^{n-1}}$,

$\therefore$ 当 $n\geqslant 2$ 时，新数列 $\left\{\frac{T_{n-1}}{b^{n-1}}\right\}$ 单调递增，其首项为

$$\frac{T_{2-1}}{b^{2-1}}=\frac{T_1}{b}=\frac{a^2+c^2-2b^2}{b}=\frac{a^2+c^2-2\left(\frac{a+c}{2}\right)^2}{b}$$
$$=\frac{2(a^2+c^2)-(a+c)^2}{2b}=\frac{(a-c)^2}{2b},$$

$\therefore \frac{T_{n-1}}{b^{n-1}}>\frac{(a-c)^2}{2b} \Rightarrow T_{n-1}>\frac{1}{2}(a-c)^2b^{n-2}>0 \Rightarrow T_{n-1}>0$（$n\geqslant 2$ 且 $n\in\mathbf{N}$），

即 $a^n+c^n-2b^n>0 \Rightarrow a^n+c^n>2b^n$（$n\geqslant 2$ 且 $n\in\mathbf{N}$）.

【例 6.14】　求证 $2^n>2n+1$（$n\geqslant 3$ 且 $n\in\mathbf{N}$）.

证　架构 $\{T_{n-2}\}$ 为“MM”，即设当 $n\geqslant 3$ 时，

$\{T_{n-2}\}$：$2^3-(2\times 3+1), 2^4-(2\times 4+1), 2^5-(2\times 5+1), \cdots, 2^n-(2n+1)$,

$2^{n+1}-[2\times(n+1)+1],2^{n+2}-[2\times(n+2)+1],\cdots.$

从而得 $T_{n-1}-T_{n-2}=2^{n+1}-[2(n+1)+1]-[2^n-(2n+1)]=2^n-2.$

$\because n\geqslant 3$ 时,$2^n-2>0$,

$\therefore T_{n-1}-T_{n-2}=2^n-2>0\Rightarrow T_{n-1}>T_{n-2}$,

$\therefore \{T_{n-2}\}$ 严格单调递增,其首项为 $T_{3-2}=2^3-7=1>0$,

$\therefore T_{n-2}>0\Rightarrow 2^n-(2n+1)>0\Rightarrow 2^n>2n+1(n\geqslant 3$ 且 $n\in\mathbf{N})$.

§3 三角解法新探

有关三角问题的代数解法,已普遍受到关注. 现就一类三角问题探究其崭新的代数解法——“MM”方法.

【例 6.15】 求证:

$$\sum_{k=0}^{n} r^k\sin(\alpha+k\theta)=\frac{\sin\alpha-r\sin(\alpha-\theta)-r^{n+1}\sin[(n+1)\theta+\alpha]+r^{n+2}\sin(n\theta+\alpha)}{1-2r\cos\theta+r^2}.$$

此题在三角学中是一道经典习题,传统解法比较繁琐,难度较大. 采用“MM”方法,既简且易,优越性十分突出.

证 架构 $\{T_n\}$ 为“MM”,即设当 $n\in\mathbf{N}$ 时,

$\{T_n\}$: $\sin\alpha,\sin\alpha+r\sin(\alpha+\theta)$,

$\sin\alpha+r\sin(\alpha+\theta)+r^2\sin(\alpha+2\theta),\cdots$,

$\sin\alpha+r\sin(\alpha+\theta)+r^2\sin(\alpha+2\theta)+\cdots+r^n\sin(\alpha+n\theta),\cdots$,其中 $n\in\mathbf{N}$.

$$\therefore T_n-T_{n-1}=r^n\sin(\alpha+n\theta)$$

$$=\frac{r^n\sin(\alpha+n\theta)-2r^{n+1}\sin(\alpha+n\theta)\cos\theta+r^{n+2}\sin(\alpha+n\theta)}{1-2r\cos\theta+r^2}$$

$$=\frac{r^n\sin(\alpha+n\theta)-r^{n+1}\sin[\alpha+(n+1)\theta]-r^{n+1}\sin[\alpha+(n-1)\theta]+r^{n+2}\sin(\alpha+n\theta)}{1-2r\cos\theta+r^2},$$

$$\therefore T_n+\frac{r^{n+1}\sin[\alpha+(n+1)\theta]-r^{n+2}\sin(\alpha+n\theta)}{1-2r\cos\theta+r^2}$$

$$=T_{n-1}+\frac{r^n\sin(\alpha+n\theta)-r^{n+1}\sin[(\alpha+(n-1)\theta]}{1-2r\cos\theta+r^2},$$

$\therefore$ 新数列 $\left\{T_n+\dfrac{r^{n+1}\sin[\alpha+(n+1)\theta]-r^{n+2}\sin(\alpha+n\theta)}{1-2r\cos\theta+r^2}\right\}$ 是常数数列,其首

项为

$$T_0+\frac{r\sin(\alpha+\theta)-r^2\sin\alpha}{1-2r\cos\theta+r^2}=\sin\alpha+\frac{r\sin(\alpha+\theta)-r^2\sin\alpha}{1-2r\cos\theta+r^2}=\frac{\sin\alpha-r\sin(\alpha-\theta)}{1-2r\cos\theta+r^2},$$

$$\therefore\ T_n=\frac{\sin\alpha-r\sin(\alpha-\theta)-r^{n+1}\sin[\alpha+(n+1)\theta]+r^{n+2}\sin(\alpha+n\theta)}{1-2r\cos\theta+r^2},$$

即 $\sum\limits_{k=0}^{n}r^k\sin(\alpha+k\theta)=\dfrac{\sin\alpha-r\sin(\alpha-\theta)-r^{n+1}\sin[\alpha+(n+1)\theta]+r^{n+2}\sin(\alpha+n\theta)}{1-2r\cos\theta+r^2}$.

请读者仔细剖析该题解法，定能发现仅以下两处是基础性的三角变换：

(1) $\sin(\alpha+n\theta)\cos\theta=\dfrac{1}{2}\{\sin[\alpha+(n+1)\theta]+\sin[\alpha+(n-1)\theta]\}$；

(2) $\sin(\alpha+\theta)-2\sin\alpha\cos\theta=\sin(\alpha-\theta)$.

其余全是简单的代数式变换．“MM”方法将一个较难的三角问题转化成一个容易处理的问题，仅此而言，“MM”方法在初等数学范畴内该不该占有一席之地呢？

【例 6.16】 化简 $(2\cos\theta-1)(2\cos2\theta-1)(2\cos2^2\theta-1)\cdots(2\cos2^{n-1}\theta-1)$ $\left(\theta\neq2k\pi\pm\dfrac{2\pi}{3},k\in\mathbf{Z}\right)$.

解　架构 $\{T_{n-1}\}$ 为“MM”，即设当 $n\in\mathbf{N}^*$ 时，

$\{T_{n-1}\}$：$2\cos\theta-1,(2\cos\theta-1)(2\cos2\theta-1),$

$(2\cos\theta-1)(2\cos2\theta-1)(2\cos2^2\theta-1),\cdots,$

$(2\cos\theta-1)(2\cos2\theta-1)(2\cos2^2\theta-1)\cdots(2\cos2^{n-1}\theta-1),\cdots.$

从而得 $\dfrac{T_{n-1}}{T_{n-2}}=2\cos2^{n-1}\theta-1$.

按接龙法三角式形变模式得

$$\frac{T_{n-1}}{T_{n-2}}=\frac{4(\cos2^{n-1}\theta)^2-1}{2\cos2^{n-1}\theta+1}=\frac{2\cos2^n\theta+1}{2\cos2^{n-1}\theta+1}\Rightarrow\frac{T_{n-1}}{2\cos2^n\theta+1}=\frac{T_{n-2}}{2\cos2^{n-1}\theta+1},$$

$\therefore$ 新数列 $\left\{\dfrac{T_{n-1}}{2\cos2^n\theta+1}\right\}$ 是常数数列，其首项为

$$\frac{T_0}{2\cos2\theta+1}=\frac{2\cos\theta-1}{2\cos\theta+1}=\frac{1}{2\cos2\theta+1},$$

$\therefore\ T_{n-1}=\dfrac{2\cos2^n\theta+1}{2\cos\theta+1}$，即

$$(2\cos\theta-1)(2\cos2\theta-1)(\cos2^2\theta-1)\cdots(2\cos2^{n-1}\theta-1)=\frac{2\cos2^n\theta+1}{2\cos\theta+1}.$$

注 本题$\frac{T_{n-1}}{T_{n-2}}=2\cos 2^{n-1}\theta-1$，先由商式思索形变，从而得出接龙法三角式形变模式之一：$2\cos 2^{n-1}\theta-1=\frac{2\cos 2^{n}\theta+1}{2\cos 2^{n-1}\theta+1}$.

【例 6.17】 化简$(1+\sec 2\theta)(1+\sec 4\theta)(1+\sec 8\theta)\cdots(1+\sec 2^{n}\theta)$.

解 架构$\{T_n\}$为"MM"，即设当$n\in\mathbf{N}^*$时，

$\{T_n\}$：$1+\sec 2\theta,(1+\sec 2\theta)(1+\sec 4\theta)$,

$(1+\sec 2\theta)(1+\sec 4\theta)(1+\sec 8\theta),\cdots$,

$(1+\sec 2\theta)(1+\sec 4\theta)\cdots(1+\sec 2^{n}\theta),\cdots$.

从而得

$$\frac{T_n}{T_{n-1}}=1+\sec 2^{n}\theta=\tan 2^{n}\theta\cdot\frac{1+\cos 2^{n}\theta}{\sin 2^{n}\theta}=\frac{\tan 2^{n}\theta}{\tan 2^{n-1}\theta}\Rightarrow\frac{T_n}{\tan 2^{n}\theta}=\frac{T_{n-1}}{\tan 2^{n-1}\theta},$$

∴ 新数列$\left\{\frac{T_n}{\tan 2^{n}\theta}\right\}$是常数数列，其首项为

$$\frac{T_1}{\tan 2\theta}=\frac{1+\sec 2\theta}{\tan 2\theta}=\frac{1+\cos 2\theta}{\sin 2\theta}=\cot\theta,$$

∴ $T_n=\cot\theta\cdot\tan 2^{n}\theta$，即

$(1+\sec 2\theta)(1+\sec 4\theta)(1+\sec 8\theta)\cdots(1+\sec 2^{n}\theta)=\cot\theta\cdot\tan 2^{n}\theta$.

注 本题中$\frac{T_n}{T_{n-1}}=1+\sec 2^{n}\theta$，先由"商式"思索形变，从而得出"接龙法三角式形变模式"之一：

$$1+\sec 2^{n}\theta=\frac{\tan 2^{n}\theta}{\tan 2^{n-1}\theta}.$$

【例 6.18】 计算$\sum_{i=1}^{n}\frac{1}{2^{i}}\tan\frac{\theta}{2^{i}}$.

解 架构$\{T_n\}$为"MM"，即设$n\in\mathbf{N}^*$时，

$$T_n=\frac{1}{2}\tan\frac{\theta}{2}+\frac{1}{4}\tan\frac{\theta}{4}+\frac{1}{8}\tan\frac{\theta}{8}+\cdots+\frac{1}{2^{n}}\tan\frac{\theta}{2^{n}},$$

从而得 $T_n-T_{n-1}=\frac{1}{2^{n}}\tan\frac{\theta}{2^{n}}$.

按接龙法三角式形变模式得

$$T_n-T_{n-1}=\frac{1}{2^{n}}\tan\frac{\theta}{2^{n}}=\frac{1}{2^{n}}\cot\frac{\theta}{2^{n}}-\frac{1}{2^{n-1}}\cot\frac{\theta}{2^{n-1}}$$

$$\Rightarrow T_n-\frac{1}{2^n}\cot\frac{\theta}{2^n}=T_{n-1}-\frac{1}{2^{n-1}}\cot\frac{\theta}{2^{n-1}},$$

$\therefore$ 新数列$\left\{T_n-\frac{1}{2^n}\cot\frac{\theta}{2^n}\right\}$是常数数列，其首项为

$$T_1-\frac{1}{2}\cot\frac{\theta}{2}=\frac{1}{2}\tan\frac{\theta}{2}-\frac{1}{2}\cot\frac{\theta}{2}=-\cot\theta,$$

$\therefore T_n=\frac{1}{2^n}\cot\frac{\theta}{2^n}-\cot\theta$，即

$$\sum_{i=1}^{n}\frac{1}{2^i}\tan\frac{\theta}{2^i}=\frac{1}{2^n}\cot\frac{\theta}{2^n}-\cot\theta.$$

注　本题中$T_n-T_{n-1}=\frac{1}{2^n}\tan\frac{\theta}{2^n}$，由接龙法基本定理模型思索形变，从而得出接龙法三角式形变模式之一：

$$\frac{1}{2^n}\tan\frac{\theta}{2^n}=\frac{1}{2^n}\left(\frac{1}{\tan\frac{\theta}{2^n}}-\frac{1-\tan\frac{\theta}{2^n}}{\tan\frac{\theta}{2^n}}\right)=\frac{1}{2^n}\cot\frac{\theta}{2^n}-\frac{1}{2^{n-1}}\cdot\frac{1-\tan\frac{\theta}{2^n}}{2\tan\frac{\theta}{2^n}}$$

$$=\frac{1}{2^n}\cot\frac{\theta}{2^n}-\frac{1}{2^{n-1}}\cdot\frac{1}{\tan\left(2\times\frac{\theta}{2^n}\right)}=\frac{1}{2^n}\cot\frac{\theta}{2^n}-\frac{1}{2^{n-1}}\cot\frac{\theta}{2^{n-1}},$$

即$\frac{1}{2^n}\tan\frac{\theta}{2^n}=\frac{1}{2^n}\cot\frac{\theta}{2^n}-\frac{1}{2^{n-1}}\cot\frac{\theta}{2^{n-1}}$.

【例 6.19】　计算$\sum_{i=1}^{n}\arctan\frac{1}{2i^2}$.

解　架构$\{T_n\}$为“MM”，即设$n\in\mathbf{N}^*$时，

$\{T_n\}$：$\arctan\frac{1}{2},\arctan\frac{1}{2}+\arctan\frac{1}{8},\arctan\frac{1}{2}+\arctan\frac{1}{8}+\arctan\frac{1}{18},\cdots,$

$$\arctan\frac{1}{2}+\arctan\frac{1}{8}+\arctan\frac{1}{18}+\cdots+\arctan\frac{1}{2n^2},\cdots,$$

从而得$T_n-T_{n-1}=\arctan\frac{1}{2n^2}$.

$$\because\ \tan\left(\arctan\frac{n}{n+1}-\arctan\frac{n-1}{n}\right)=\frac{\frac{n}{n+1}-\frac{n-1}{n}}{1+\frac{n}{n+1}\cdot\frac{n-1}{n}}=\frac{1}{2n^2}$$

$$\Rightarrow\arctan\frac{1}{2n^2}=\arctan\frac{n}{n+1}-\arctan\frac{n-1}{n},$$

$\therefore T_n - T_{n-1} = \arctan\frac{1}{2n^2} = \arctan\frac{n}{n+1} - \arctan\frac{n-1}{n}$

$\Rightarrow T_n - \arctan\frac{n}{n+1} = T_{n-1} - \arctan\frac{n-1}{n}$,

$\therefore$ 新数列$\left\{T_n - \arctan\frac{n}{n+1}\right\}$是常数数列,其首项为 $\arctan\frac{1}{2} - \arctan\frac{1}{2} = 0$,

$\therefore T_n = \arctan\frac{n}{n+1}$,即

$$\sum_{i=1}^{n}\arctan\frac{1}{2i^2} = \arctan\frac{n}{n+1}.$$

注 本题中 $T_n - T_{n-1} = \arctan\frac{1}{2n^2}$,由接龙法基本定理模型思索形变,从而得出接龙法三角式形变模式之一:

$\arctan\frac{1}{2n^2} = \arctan\frac{n}{n+1} - \arctan\frac{n-1}{n}$.

【例 6.20】 求证 $\arctan\frac{c_1x-y}{c_1y+x} + \arctan\frac{c_2-c_1}{c_2c_1+1} + \arctan\frac{c_3-c_2}{c_3c_2+1} + \cdots$

$$+\arctan\frac{c_n-c_{n-1}}{c_nc_{n-1}+1} + \arctan\frac{1}{c_n} = \arctan\frac{x}{y}.$$

证 架构$\{T_n\}$为"MM",即设当 $n \in \mathbf{N}^*$ 时,

$T_n = \arctan\frac{c_1x-y}{c_1y+x} + \arctan\frac{c_2-c_1}{c_2c_1+1} + \arctan\frac{c_3-c_2}{c_3c_2+1} + \cdots + \arctan\frac{c_n-c_{n-1}}{c_nc_{n-1}+1}$

$+\arctan\frac{1}{c_n}$.

从而得 $T_n - T_{n-1} = \arctan\frac{c_n-c_{n-1}}{c_nc_{n-1}+1} + \arctan\frac{1}{c_n} - \arctan\frac{1}{c_{n-1}}$

$= \arctan\frac{\frac{1}{c_{n-1}} - \frac{1}{c_n}}{1+\frac{1}{c_{n-1}}\times\frac{1}{c_n}} + \arctan\frac{1}{c_n} - \arctan\frac{1}{c_{n-1}}$

$= \arctan\frac{1}{c_{n-1}} - \arctan\frac{1}{c_n} + \arctan\frac{1}{c_n} - \arctan\frac{1}{c_{n-1}} = 0$,

$\therefore T_n = T_{n-1}$,

$\therefore$ 新数列$\{T_n\}$是常数数列,其首项为

$$\arctan\frac{c_1x-y}{c_1y+x}+\arctan\frac{1}{c_1}=\arctan\frac{\frac{x}{y}-\frac{1}{c_1}}{1+\frac{x}{y}\times\frac{1}{c_1}}+\arctan\frac{1}{c_1}$$

$$=\arctan\frac{x}{y}-\arctan\frac{1}{c_1}+\arctan\frac{1}{c_1}=\arctan\frac{x}{y},$$

$\therefore T_n=\arctan\dfrac{x}{y}$，即

$$\arctan\frac{c_1x-y}{c_1y+x}+\arctan\frac{c_2-c_1}{c_2c_1+1}+\cdots+\arctan\frac{c_n-c_{n-1}}{c_nc_{n-1}+1}+\arctan\frac{1}{c_n}=\arctan\frac{x}{y}.$$

注　本题中 $T_n-T_{n-1}=\arctan\dfrac{c_n-c_{n-1}}{c_nc_{n-1}+1}$，由接龙法基本定理模型思索形变，从而得出接龙法三角式形变模式之一：

$$\arctan\frac{c_n-c_{n-1}}{c_nc_{n-1}+1}=\arctan\frac{1}{c_{n-1}}-\arctan\frac{1}{c_n}.$$

【例 6.21】　计算 $\sum\limits_{i=1}^{n}\arctan\dfrac{x}{1+i(i+1)x^2}$.

解　架构 $\{T_n\}$ 为“MM”，即设当 $n\in\mathbf{N}^*$ 时，

$$T_n=\sum_{i=1}^{n}\arctan\frac{x}{1+i(i+1)x^2},$$

从而得 $T_n-T_{n-1}=\arctan\dfrac{x}{1+n(n+1)x^2}=\arctan\dfrac{(n+1)x-nx}{1+(n+1)x\cdot nx}$.

按接龙法三角式形变模式得

$T_n-T_{n-1}=\arctan(n+1)x-\arctan(nx)$，

即 $T_n-\arctan(n+1)x=T_{n-1}-\arctan(nx)$，

$\therefore$ 数列 $\{T_n-\arctan(n+1)x\}$ 是常数数列，其首项为

$$\arctan\frac{x}{1+2x^2}-\arctan 2x=\arctan\frac{2x-x}{1+2x\cdot x}-\arctan 2x=-\arctan x,$$

$\therefore T_n=\arctan(n+1)x-\arctan x$，

即
$$\sum_{i=1}^{n}\arctan\frac{x}{1+i(i+1)x^2}=\arctan(n+1)x-\arctan x.$$

注　本题中 $T_n-T_{n-1}=\arctan\dfrac{(n+1)x-nx}{1+(n+1)x\cdot nx}$，由接龙法基本定理模型思索形变，易得接龙法三角式形变模式之一：

$$\arctan\frac{(n+1)x-nx}{1+(n+1)x\cdot nx}=\arctan(n+1)x-\arctan(nx).$$

§4 函数方程解法新探

本节所选各例，围绕核心题型逐步深化拓展，题与题之间环环相扣，为了层层透彻剖析，不厌其详，特地每题列出求解思路简析，反反复复揭示思路的来龙去脉，旨在能使读者深刻理解求解方法有规可依，有律有循.

【例 6.22】 设 $f(x)$ 是定义在 $\mathbf{R}$ 上的函数，且满足 $f(1)=0$，$f(x+1)=f(x)+1$，试求 $f(x)$ 的一个解析表达式.

简析 由 $f(x)$ 满足 $f(x+1)=f(x)+1\Rightarrow f(x+1)-f(x)=1$ 联想起数列 $\{a_n\}$ 满足 $a_{n+1}-a_n=1$，它是公差 $d=1$ 的等差数列，即是特征根为 $y_1=y_2=1$ 的二阶线性递推数列，将此数列 $\{a_n\}$ 作为"MM"以架构"MMM"新的理论体系而设计下面两种求解方案.

解 *方法一* 由于 $f(x+1)=f(x)+1$，从而仿效以满足 $a_{n+1}=a_n+1$ 的数列为"MM"，并按接龙法基本定理作如下等价变换：

$$f(x+1)=f(x)+1\Rightarrow f(x+1)-(x+1)=f(x)-x. \tag{1}$$

设 $F(x)=f(x)-x$，由(1)式知新函数 $F(x)$ 是常值函数：$F(1)=f(1)-1=-1$，

$\therefore f(x)-x=-1$，即 $f(x)=x-1$ 是一个符合题意的解析表达式.

方法二 由

$$f(x+1)=f(x)+1\Rightarrow\left.\begin{array}{r}f(x+1)-f(x)=1\\ f(x+2)-f(x+1)=1\\ x\in\mathbf{R}\end{array}\right\}$$

$$\Rightarrow f(x+2)-2f(x+1)+f(x)=0(x\in\mathbf{R}).$$

从而得 $y^2-2y+1=0$，解之得 $y_1=y_2=1$，

$\therefore f(x)=\lambda_1x+\lambda_2$（$\lambda_1,\lambda_2$ 由 $f(1)=0$，$f(2)=f(1)+1=0+1=1$ 确定）.

$\therefore\begin{cases}\lambda_1+\lambda_2=f(1)=0,\\ 2\lambda_1+\lambda_2=f(2)=1,\end{cases}$ 解之得 $\lambda_1=1$，$\lambda_2=-1$，

$\therefore f(x)=x-1$ 是一个符合题意的解析表达式.

【例 6.23】 设 $f(x)$ 是定义在 $\mathbf{R}$ 上的函数，且满足 $f(1)=0$，$f(x+1)=f(x)+x$，试求 $f(x)$ 的一个解析表达式.

简析 由 $f(x)$ 满足 $f(x+1)=f(x)+x \Rightarrow f(x+1)-f(x)=x$ 联想起数列 $\{a_n\}$ 满足 $a_{n+1}-a_n=n$，它是二阶等差数列，即是特征根为 $y_1=y_2=y_3=1$ 的三阶线性递推数列，将此数列 $\{a_n\}$ 作为“MM”以架构“MMM”新的理论体系而设计下面两种求解方案.

解 *方法一* 由于 $f(x+1)=f(x)+x$，从而仿效以满足 $a_{n+1}=a_n+n$ 的数列为“MM”，并按接龙法基本定理作如下等价变换：

$$f(x+1)=f(x)+x \Rightarrow f(x+1)-\frac{1}{2}(x+1)x=f(x)-\frac{1}{2}x(x-1). \quad (2)$$

设 $F(x)=f(x)-\frac{1}{2}x(x-1)$，由(2)式知新函数 $F(x)$ 是常值函数：$F(1)=f(1)-0=0-0=0$.

$\therefore f(x)-\frac{1}{2}x(x-1)=0$，即 $f(x)=\frac{1}{2}x(x-1)$ 是一个符合题意的解析表达式.

方法二 由

$$f(x+1)=f(x)+x(x\in\mathbf{R}) \Rightarrow \left.\begin{aligned} f(x+1)-f(x)&=x \\ f(x+2)-f(x+1)&=x+1 \\ x&\in\mathbf{R} \end{aligned}\right\}$$

$$\left.\begin{aligned} f(x+2)-2f(x+1)+f(x)&=1 \\ \Rightarrow f(x+3)-2f(x+2)+f(x+1)&=1 \\ x&\in\mathbf{R} \end{aligned}\right\}$$

$$\Rightarrow f(x+3)-3f(x+2)+3f(x+1)-f(x)=0,$$

从而得 $y^3-3y^2+3y-1=0$，解之得 $y_1=y_2=y_3=1$，

$\therefore f(x)=\lambda_1 x(x-1)+\lambda_2(x-1)+\lambda_3$（$\lambda_1,\lambda_2,\lambda_3$ 由 $f(0),f(1),f(2)$ 确定）.

$\because$ 当 $x=0$ 时，$\left.\begin{aligned} f(1)&=f(0)+0 \\ f(1)&=0 \end{aligned}\right\} \Rightarrow f(0)=0$，

当 $x=1$ 时，$\left.\begin{aligned} f(2)&=f(1)+1 \\ f(1)&=0 \end{aligned}\right\} \Rightarrow f(2)=1$，

$$\therefore \begin{cases} -\lambda_2+\lambda_3=f(0)=0, \\ \lambda_3=f(1)=0, \\ 2\lambda_1+\lambda_2+\lambda_3=f(2)=1, \end{cases} \quad \text{解之得 } \lambda_1=\frac{1}{2}, \lambda_2=\lambda_3=0.$$

$\therefore f(x)=\frac{1}{2}x(x-1)$ 是一个符合题意的解析表达式.

【例 6.24】 设 $f(x)$ 是定义在 $\mathbf{R}$ 上的函数，且满足 $f(1)=0, f(x+1)=f(x)+x^3$，试求 $f(x)$ 的一个解析表达式.

简析 由 $f(x)$ 满足 $f(x+1)=f(x)+x^3 \Rightarrow f(x+1)-f(x)=x^3$ 联想起数列 $\{a_n\}$ 满足 $a_{n+1}-a_n=n^3$，它是四阶等差数列，即是特征根为 $y_1=y_2=y_3=y_4=y_5=1$ 的五阶线性递推数列，将此数列 $\{a_n\}$ 作为"MM"以架构"MMM"新的理论体系而设计下面三种求解方案(从本题开始将求解程序叙述简化).

解 *方法一* 按接龙法基本定理作等价变换：

$$f(x+1)=f(x)+x^3$$

$$\Rightarrow f(x+1)=f(x)+(x+1)x(x-1)+x$$

$$\Rightarrow f(x+1)-\frac{1}{4}(x+2)(x+1)x(x-1)-\frac{1}{2}(x+1)x$$

$$=f(x)-\frac{1}{4}(x+1)x(x-1)(x-2)-\frac{1}{2}x(x-1). \tag{3}$$

设 $F(x)=f(x)-\frac{1}{4}(x+1)x(x-1)(x-2)-\frac{1}{2}x(x-1)$，由(3)式知新函数 $F(x)$ 是常值函数：$F(1)=f(1)-0-0=0$，

$$\therefore f(x)=\frac{1}{4}(x+1)x(x-1)(x-2)+\frac{1}{2}x(x-1)=\frac{1}{4}x^2(x-1)^2.$$

方法二 按接龙法高次型形变模式作等价变换：

$$f(x+1)=f(x)+x^3$$

$$\Rightarrow f(x+1)=f(x)+x^2\cdot\frac{1}{4}[(x+1)^2-(x-1)^2]$$

$$\Rightarrow f(x+1)-\frac{x^2}{4}(x+1)^2=f(x)-\frac{x^2}{4}(x-1)^2. \tag{4}$$

设 $F(x)=f(x)-\frac{1}{4}x^2(x-1)^2$，由(4)式知新函数 $F(x)$ 是常值函数：

$$F(1)=f(1)-0=0,$$

$\therefore f(x)-\frac{1}{4}x^2(x-1)^2=0$,即 $f(x)=\frac{1}{4}x^2(x-1)^2$.

方法三　$\because f(x+1)=f(x)+x^3$,

$\therefore f(x+5)-5f(x+4)+10f(x+3)-10f(x+2)+5f(x+1)-f(x)=0$,

从而得 $y^5-5y^4+10y^3-10y^2+5y-1=0$,解之得

$$y_1=y_2=y_3=y_4=y_5=1,$$

$\therefore f(x)=\lambda_1 x(x-1)(x-2)(x-3)+\lambda_2 x(x-1)(x-2)+\lambda_3 x(x-1)+\lambda_4 x+\lambda_5$($\lambda_1,\lambda_2,\lambda_3,\lambda_4,\lambda_5$ 由 $f(0),f(1),f(2),f(3),f(4)$ 确定).

由 $f(1)=f(0)+0$ 得 $f(0)=f(1)=0$,

由 $f(2)=f(1)+1$ 得 $f(2)=1$,

由 $f(3)=f(2)+8$ 得 $f(3)=9$,

由 $f(4)=f(3)+27$ 得 $f(4)=36$,

$\therefore \lambda_5=f(0)=0$,

$\lambda_4+\lambda_5=f(1)=0\Rightarrow\lambda_4=0$,

$2\lambda_3=f(2)=1\Rightarrow\lambda_3=\frac{1}{2}$,

$6\lambda_2+6\lambda_3=f(3)=9\Rightarrow\lambda_2=1$,

$24\lambda_1+24\lambda_2+12\lambda_3=f(4)=36\Rightarrow\lambda_1=\frac{1}{24}(36-24-6)=\frac{1}{4}$,

$$\therefore f(x)=\frac{1}{4}x(x-1)(x-2)(x-3)+x(x-1)(x-2)+\frac{1}{2}x(x-1)$$

$$=\frac{1}{4}x(x-1)(x^2-5x+6+4x-8+2)=\frac{1}{4}x^2(x-1)^2.$$

【例 6.25】　设 $f(x)$ 是定义在 **R** 上的函数,且满足 $f(1)=0$,$f(x+1)=2f(x)+1$,试求 $f(x)$ 的一个解析表达式.

简析　由 $f(x)$ 满足 $f(x+1)=2f(x)+1$ 联想起数列 $\{a_n\}$ 满足 $a_{n+1}=2a_n+1$,它是特征根为 $y_1=2$,$y_2=1$ 的二阶线性递推数列,是等比数列(公比 $q=2$)与等差数列构成的混合数列,将此数列 $\{a_n\}$ 作为“MM”以架构“MMM”新的理论体系而设计求解方案.

解　**方法一**　仿效接龙法指数式型形变模式作等价变换:

$f(x+1)=2f(x)+1\Rightarrow f(x+1)+1=2[f(x)+1]$

$$\Rightarrow \frac{1}{2^{x+1}}[f(x+1)+1]=\frac{1}{2^{x}}[f(x)+1]. \qquad (5)$$

设 $F(x)=\frac{1}{2^{x}}[f(x)+1]$,由(5)式知新函数 $F(x)$ 是常值函数:

$$F(1)=[f(1)+1]\cdot\frac{1}{2}=\frac{1}{2},$$

$\therefore\ f(x)=2^{x-1}-1$.

方法二 $\left.\begin{aligned}\because\quad f(x+1)=2f(x)=1\\ f(x+2)-2f(x+1)=1\\ x\in\mathbf{R}\end{aligned}\right\}\Rightarrow f(x+2)-3f(x+1)+2f(x)=0,$

从而得 $y^2-3y+2=0$,解之得 $y_1=2, y_2=1$.

$\therefore\ f(x)=\lambda_1\cdot 2^{x-1}+\lambda_2$($\lambda_1,\lambda_2$ 由 $f(1),f(2)$ 确定).

而 $f(2)=2f(1)=2\times 0+1=1$,

$\therefore\begin{cases}\lambda_1+\lambda_2=f(1)=0,\\ 2\lambda_1+\lambda_2=f(2)=1,\end{cases}$ 解之得 $\lambda_1=1, \lambda_2=-1$,

$\therefore\ f(x)=2^{x-1}-1$.

【例 6.26】 设 $f(x)$ 是定义在 $\mathbf{R}$ 上的函数,且满足 $f(1)=0, f(x+1)=2f(x)+x$,试求 $f(x)$ 的一个解析表达式.

简析 由 $f(x)$ 满足 $f(x+1)=2f(x)+x$ 联想起数列 $\{a_n\}$ 满足 $a_{n+1}=2a_n+n$,它是特征根为 $y_1=2, y_2=y_3=1$ 的三阶线性递推数列,它是由等比数列(公比 $q=2$)与等差数列(公差 $d=1$)构成的混合数列,将此数列 $\{a_n\}$ 作为“MM”以架构“MMM”新的理论体系而设计求解方案.

解 方法一 仿效接龙法指数式型形变模式作等价变换:

$f(x+1)=2f(x)+x$

$\Rightarrow f(x+1)+(x+2)=2[f(x)+(x+1)]$

$$\Rightarrow \frac{1}{2^{x+1}}[f(x+1)+(x+2)]=\frac{1}{2^{x}}[f(x)+(x+1)]. \qquad (6)$$

设 $F(x)=\frac{1}{2^{x}}[f(x)+(x+1)]$,由(6)式知新函数 $F(x)$ 是常值函数:

$$F(1)=\frac{1}{2}[f(1)+2]=1,$$

$\therefore f(x)=2^{x}-x-1$.

方法二

$$\left.\begin{aligned} f(x+1)-2f(x)=x \\ \because\ f(x+2)-2f(x+1)=x+1 \\ x\in\mathbf{R} \end{aligned}\right\}\Rightarrow \left.\begin{aligned} f(x+2)-3f(x+1)+2f(x)=1 \\ f(x+3)-3f(x+2)+2f(x+1)=1 \\ x\in\mathbf{R} \end{aligned}\right\}$$

$\Rightarrow f(x+3)-4f(x+2)+5f(x+1)-2(x)=0(x\in\mathbf{R})$，

从而得 $y^3-4y^2+5y-2=0$，解之得 $y_1=2, y_2=y_3=1$，

$\therefore\ f(x)=\lambda_1\cdot 2^{x-1}+\lambda_2(x-1)+\lambda_3$（$\lambda_1,\lambda_2,\lambda_3$ 由 $f(0), f(1), f(2)$ 确定）.

而 $f(1)=2f(0)+0\Rightarrow f(0)=f(1)=0, f(2)=2f(1)+1=2\times 0+1=1$，

$$\therefore\begin{cases}\frac{1}{2}\lambda_1-\lambda_2+\lambda_3=f(0)=0,\\ \lambda_1+\lambda_3=f(1)=0,\\ 2\lambda_1+\lambda_2+\lambda_3=f(2)=1,\end{cases}\quad \text{解之得 } \lambda_1=2, \lambda_2=-1, \lambda_3=-2.$$

$\therefore\ f(x)=2\times 2^{x-1}-(x-1)-2=2^x-x-1$.

【例 6.27】 设 $f(x)$ 是定义在 $\mathbf{R}$ 上的函数，且满足 $f(1)=0, f(x+1)=2f(x)+x^3$，试求 $f(x)$ 的一个解析表达式.

简析 由 $f(x)$ 满足 $f(x+1)=2f(x)+x^3$ 联想起数列 $\{a_n\}$ 满足 $a_{n+1}=2a_n+n^3$，它是特征根为 $y_1=2, y_2=y_3=y_4=y_5=1$ 的五阶线性递推数列，是由等比数列（公比 $q=2$）与高阶等差数列构成的"混合数列"，将此数列 $\{a_n\}$ 作为"MM"以架构"MMM"新的理论体系而设计求解方案.

解 方法一　仿效接龙法高次型形变模式及接龙法指数式型形变模式作等价变换：

$$\begin{aligned}
&f(x+1)=2f(x)+x^3\\
&\Rightarrow f(x+1)+(x+1)^3=2[f(x)+x^3]+3x^2+3x+1\\
&\Rightarrow f(x+1)+(x+1)^3+3(x+1)^2=2[f(x)+x^3+3x^2]+9x+4\\
&\Rightarrow f(x+1)+(x+1)^3+3(x+1)^2+9(x+1)=2[f(x)+x^3+3x^2+9x]+13\\
&\Rightarrow f(x+1)+(x+1)^3+3(x+1)^2+9(x+1)+13=2[f(x)+x^3+3x^2+9x+13]\\
&\Rightarrow \frac{1}{2^x}[f(x+1)+(x+1)^3+3(x+1)^2+9(x+1)+13]\\
&=\frac{1}{2^{x-1}}[f(x)+x^3+3x^2+9x+13]. \qquad (7)
\end{aligned}$$

设 $F(x)=\frac{1}{2^{x-1}}[f(x)+x^3+3x^2+9x+13]$，由(7)式知新函数 $F(x)$ 是常值函数：

$$F(1)=f(1)+1+3+9+13=26,$$

$\therefore f(x)=13\times 2^x-x^3-3x^2-9x-13.$

方法二

$$\left.\begin{aligned}f(x+1)-2f(x)&=x^3\\ f(x+2)-2f(x+1)&=(x+1)^3\\ x&\in\mathbf{R}\end{aligned}\right\}$$

$$\left.\begin{aligned}&f(x+2)-3f(x+1)+2f(x)=3x^3+3x+1\\ \Rightarrow &f(x+3)-3f(x+2)+2f(x+1)=3(x+1)^2+3(x+1)+1\\ &x\in\mathbf{R}\end{aligned}\right\}$$

$$\left.\begin{aligned}&f(x+3)-4f(x+2)+5f(x+1)-2f(x)=6x+6\\ \Rightarrow &f(x+4)-4f(x+3)+5f(x+2)-2f(x+1)=6(x+1)+6\\ &x\in\mathbf{R}\end{aligned}\right\}$$

$$\left.\begin{aligned}&f(x+4)-5f(x+3)+9f(x+2)-7f(x+1)+2f(x)=6\\ \Rightarrow &f(x+5)-5f(x+4)+9f(x+3)-7f(x+2)+2f(x+1)=6\\ &x\in\mathbf{R}\end{aligned}\right\}$$

$\Rightarrow f(x+5)-6f(x+4)+14f(x+3)-16f(x+2)+9f(x+1)-2f(x)=0(x\in\mathbf{R}).$

从而得 $y^5-6y^4+14y^3-16y^2+9y-2=0$，解之得

$$y_1=2,y_2=y_3=y_4=y_5=1,$$

$\therefore f(x)=\lambda_1\cdot 2^{x-1}+\lambda_2x^3+\lambda_3x^2+\lambda_4x+\lambda_5$（$\lambda_1,\lambda_2,\lambda_3,\lambda_4,\lambda_5$ 由 $f(1),f(2),f(3),f(4),f(5)$ 确定）.

而 $f(1)=0,f(2)=2f(1)+1=1,f(3)=2f(2)+8=10,f(4)=2f(3)+27=47,f(5)=2f(4)+64=158$.（下略）

上面六例中的分析，反复揭示以数列为“MM”架构“MMM”的核心理论，下面不再赘述，留请读者独立思考.

【例 6.28】 设 $f(x)$ 是定义在 $\mathbf{R}$ 上的函数，且满足 $f(0)=0,f(x+3)=f(x)+1$，试求 $f(x)$ 的一个解析表达式.

解 *方法一*　仿效接龙法基本定理作等价变换：

$$f(x+3)=f(x)+1\Rightarrow f(x+3)=f(x)+\frac{1}{3}[(x+3)-x]$$

$$\Rightarrow f(x+3)-\frac{1}{3}(x+3)=f(x)-\frac{1}{3}x. \tag{8}$$

设 $F(x)=f(x)-\frac{1}{3}x$，由(8)式知新数列 $F(x)$ 是常值：

$$F(0)=f(0)+0=0,$$

$\therefore f(x)=\frac{1}{3}x.$

方法二

$$\because \left.\begin{array}{r} f(x+3)-f(x)=1 \\ f(x+6)-f(x+3)=1 \\ x\in \mathbf{R} \end{array}\right\}\Rightarrow f(x+6)-2f(x+3)+f(x)=0,$$

从而得 $y^6-3y^3+1=0$，解之得 $y_1=y_2=1$.

$\therefore f(x)=\lambda_1 x+\lambda_2$（$\lambda_1,\lambda_2$ 由 $f(0),f(3)$ 确定）.

$\because f(0)=0, f(3)=f(0)+1=1,$

$\therefore \lambda_2=f(0)=0, 3\lambda_1+\lambda_2=f(3)=1\Rightarrow \lambda_1=\frac{1}{3},$

$\therefore f(x)=\frac{1}{3}x.$

【例6.29】　设 $f(x)$ 是定义在**R**上的函数，且满足 $f(0)=0, f(x+m)=f(x)+1(m\neq 0)$，试求 $f(x)$ 的一个解析表达式.

解　*方法一*　仿效接龙法基本定理作等价变换：

$$f(x+m)=f(x)+1\Rightarrow f(x+m)=f(x)+\frac{1}{m}[(x+m)-x]$$

$$\Rightarrow f(x+m)-\frac{1}{m}(x+m)=f(x)-\frac{1}{m}x. \tag{9}$$

设 $F(x)=f(x)-\frac{1}{m}x$，由(9)式知新函数 $F(x)$ 是常值函数：

$$F(0)=f(0)+\frac{1}{m}\times 0=0,$$

$\therefore f(x)=\frac{1}{m}x.$

方法二 $\because \left.\begin{aligned} f(x+m)-f(x)=1 \\ f(x+2m)-f(x+m)=1 \\ x\in\mathbf{R} \end{aligned}\right\} \Rightarrow f(x+2m)-2f(x+m)+f(x)$

$=0$，

从而得 $y^{2m}-2y^{m}+1=0$，解之得 $y_1=y_2=1$.

$\therefore f(x)=\lambda_1 x+\lambda_2$（$\lambda_1,\lambda_2$ 由 $f(0),f(m)$ 确定）.

$\because f(0)=0, f(m)=f(0)+1=1$，

$\therefore \begin{cases}\lambda_1\times 0+\lambda_2=f(0)=0, \\ m\lambda_1+\lambda_2=f(m)=1,\end{cases}$ 解之得 $\lambda_1=\dfrac{1}{m},\lambda_2=0$，

$\therefore f(x)=\dfrac{1}{m}x$.

【例 6.30】 设 $f(x)$ 是定义在 $\mathbf{R}$ 上的函数，且满足 $f(x+m)=f(x)+x(m\neq 0)$，$f(0)=0$，试求 $f(x)$ 的一个解析表达式.

解 *方法一* 仿效接龙法基本定理作等价变换：

$$f(x+m)=f(x)+x \Rightarrow f(x)+\frac{1}{2m}[(x+m)x-x(x-m)]$$

$$\Rightarrow f(x+m)-\frac{1}{2m}(x+m)x=f(x)-\frac{1}{2m}x(x-m). \quad (10)$$

设 $F(x)=f(x)-\dfrac{1}{2m}x(x-m)$，由(10)式知新函数 $F(x)$ 是常值函数：

$$F(0)=f(0)-0=0,$$

$\therefore f(x)=\dfrac{1}{2m}x(x-m)$.

方法二 $\because \left.\begin{aligned} f(x+m)-f(x)=x \\ f(x+2m)-f(x+m)=x+m \\ x\in\mathbf{R} \end{aligned}\right\}$

$\Rightarrow \left.\begin{aligned} f(x+2m)-2f(x+m)+f(x)=m \\ f(x+3m)-2f(x+2m)+f(x+m)=m \end{aligned}\right\}$

$\Rightarrow f(x+3m)-3f(x+2m)+3f(x+m)+f(x)=0$，

从而得 $y^{3m}-3y^{2m}+3y^{m}-1=0$，解之得 $y_1=y_2=y_3=1$，

$\therefore f(x)=\lambda_1 x(x-m)+\lambda_2 x+\lambda_3$（$\lambda_1,\lambda_2,\lambda_3$ 由 $f(0),f(m),f(2m)$ 确定）.

而 $f(0)=0, f(m)=f(0)+0=0, f(2m)=f(m)+m=m$，

$\therefore \lambda_3 = f(0) = 0,$

$\lambda_2 m = f(m) = 0 \Rightarrow \lambda_2 = 0,$

$2m^2\lambda_1 = f(2m) = m \Rightarrow \lambda_1 = \dfrac{1}{2m},$

$\therefore f(x) = \dfrac{1}{2m}x(x-m).$

【例 6.31】 设 $f(x)$ 是定义在 $\mathbf{R}$ 上的函数，且满足 $f(1)=0, f(x+m)=2f(x)+1(m\neq 0)$，试求 $f(x)$ 的一个解析表达式.

解 方法一　仿效接龙法指数式形变模式作等价变换：

$f(x+m) = 2f(x)+1$

$\Rightarrow f(x+m)+1 = 2[f(x)+1]$

$$\Rightarrow \frac{1}{2^{\frac{x+m}{m}}}[f(x+m)+1] = \frac{1}{2^{\frac{x}{m}}}[f(x)+1]. \tag{11}$$

设 $F(x) = \dfrac{1}{2^{\frac{x}{m}}}[f(x)+1]$，由(11)式知新函数 $F(x)$ 是常值函数：

$$F(1) = \frac{1}{2^{\frac{1}{m}}}[f(1)+1] = \frac{1}{2^{\frac{1}{m}}},$$

$\therefore \dfrac{1}{2^{\frac{x}{m}}}[f(x)+1] = \dfrac{1}{2^{\frac{1}{m}}} \Rightarrow f(x) = 2^{\frac{x-1}{m}}-1.$

方法二　$\because m\in\mathbf{R}, m\neq 0, x\in\mathbf{R},$

$\therefore x+m\in\mathbf{R},$

$$\therefore \left.\begin{aligned} f(x+m)-2f(x)&=1\\ f(x+2m)-2f(x+m)&=1\\ x&\in\mathbf{R}\\ m&\in\mathbf{R}\end{aligned}\right\} \Rightarrow f(x+2m)-3f(x+m)+2f(x)=0,$$

从而得 $y^{2m}-3y^m+2=0$，解之得 $y_1 = 2^{\frac{1}{m}}, y_2 = 1.$

$\therefore f(x) = \lambda_1\cdot 2^{\frac{x-1}{m}}+\lambda_2$（$\lambda_1,\lambda_2$ 由 $f(1), f(1+m)$ 确定）.

$\therefore \begin{cases}\lambda_1+\lambda_2 = f(1) = 0,\\ 2\lambda_1+\lambda_2 = f(1+m) = 1,\end{cases}$ 解之得 $\lambda_1 = 1, \lambda_2 = -1,$

$\therefore f(x) = 2^{\frac{x-1}{m}}-1.$

【例 6.32】 设 $f(x)$ 是定义在 $\mathbf{R}$ 上的函数，且满足 $f(1)=0, f(x+m)=$

$2f(x)+x(m\neq 0)$，试求 $f(x)$ 的一个解析表达式.

解 *方法一* 仿效接龙法指数式形变模式作等价变换：

$$f(x+m)=2f(x)+x$$

$$\Rightarrow f(x+m)+[(x+m)+m]=2[f(x)+(x+m)]$$

$$\Rightarrow \frac{1}{2^{\frac{x+m}{m}}}[f(x+m)+(\overline{x+m}+m)]=\frac{1}{2^{\frac{x}{m}}}[f(x)+(x+m)]. \qquad (12)$$

设 $F(x)=\frac{1}{2^{\frac{x}{m}}}[f(x)+(x+m)]$，由(12)式知新函数 $F(x)$ 是常值函数：

$$F(1)=\frac{m+1}{2^{\frac{1}{m}}},$$

$\therefore f(x)=(m+1)\cdot 2^{\frac{x-1}{m}}-(x+m)$.

方法二 $\because \left.\begin{array}{r} f(x+m)-2f(x)=x \\ f(x+2m)-2f(x+m)=x+m \\ m\neq 0\in \mathbf{R} \\ x\in \mathbf{R}\end{array}\right\}$

$$\Rightarrow \left.\begin{array}{r} f(x+2m)-3f(x+m)+2f(x)=m \\ f(x+3m)-3f(x+2m)+2f(x+m)=m\end{array}\right\}$$

$$\Rightarrow f(x+3m)-4f(x+2m)+5f(x+m)-2f(x)=0,$$

从而得 $y^{3m}-4y^{2m}+5y^{m}-2=0$，解之得 $y_1=2^{\frac{1}{m}}$，$y_2=y_3=1$，

$\therefore f(x)=\lambda_1\cdot 2^{\frac{x-1}{m}}+\lambda_2 x+\lambda_3$（$\lambda_1,\lambda_2,\lambda_3$ 由 $f(1),f(1+m),f(1+2m)$ 确定）.

$\because f(1)=0,f(1+m)=2f(1)+1=2\times 0+1=1,f(1+2m)=2f(1+m)+(1+m)=3+m$,

$$\therefore \begin{cases}\lambda_1+\lambda_2+\lambda_3=f(1)=0,\\ 2\lambda_1+(1+m)\lambda_2+\lambda_3=f(1+m)=1,\\ 4\lambda_1+(1+2m)\lambda_2+\lambda_3=f(1+2m)=3+m,\end{cases}$$

解之得 $\lambda_1=m+1,\lambda_2=-1,\lambda_3=-m$,

$\therefore f(x)=(m+1)\cdot 2^{\frac{x-1}{m}}-(x+m)$.

后 记

近年来重病复重病，耿耿于怀的一件挠心秘密被友人探悉，他们鼎力相助，使束之高阁年久的旧书稿《奇妙接龙法》得以匆匆修订付梓，总算了却一桩宿愿.

感谢学长赵斌斟字酌句悉心审稿，所提建议言近旨远，入木三分，能遇如此良师益友，乃人生一大快事.

感谢糜冠兴、季民复、祁士清、华昌年、李保仁、胡琛、尹永伟、苏永苟等学长学弟们出谋献策，排难解困，浓浓友情，浇注一株嫩苗——《奇妙接龙法》，但愿能含苞吐艳……

由于病后精力所限，未能对旧稿大刀阔斧加以修正，谬误在所难免，尚祈读者原宥.